JN411261

Realismus und Immensee

寫實主義와 임멘湖

Herausgegeben von
Bohoe Kim

머리말

독일의 19세기 사실주의 Realismus를 시대적 개념으로 파악했을 때, 그 초기의 개념(槪念)은 이상주의의 틀 속에서 전개된 고전주의와 낭만주의가 헤겔의 죽음(1831년)과 괴테의 죽음(1832년), 그리고 프리드리히 슐레겔의 죽음(1829년)으로 종말을 고한 시점, 그리고 격동하는 정치정세와 사회적 투쟁을 외면하고 가정적이고 소시민적 정취에 잠기는 비더마이어 Biedermeier적 문학 경향과 봉건적 탄압정치에 항거하여 민주주의를 옹호하려는 청년 독일파 Das junge Deutschland적 문학경향이 전면에 등장한 1830년대로 볼 수 있다. 바로 이때부터 인간의 일상적인 삶과 사회현실에 관심을 집중시키고 이상주의에 반대하며 1890년경까지 지속되었던 현실주의적 문학운동은 결국 이 운동의 극단적 경향으로 인해 자연주의로 변형되며, 마침내는 인상주의, 신낭만주의 그리고 상징주의의 등장을 초래하는 결과를 가져오게 된다.

그러나 현실에 대한 작가의 문학적 대응방식이나 표현기법의 변천과정과 문학적인 여러 상황을 고려해 본다면 이상에서 말한 사실주의는 1848년 3월 혁명 이후부터 빌헬름 시대의 개막을 알리는 1890년까지의 기간으로 보는 것이 타당성이 있을 것이다. 이 기간 동안 독일 사실주의는 작가의 주관성과 사물의 객관성을 조화롭게 합일시키려는 노력이 전개되었는데, 이것은 현실에 대한 작가의 주관성이 강하게 표출된 3월 혁명 이전의 비더마이어 문학과 청년 독일파 문학과는 완전히 다르고, 객관적 현실만을 일방적으로 추구한 자연주의 문학과도 완전히 구별되기 때문이다.

시민계급에 의한 3월 혁명이 실패로 끝난 직후인 1850년대 초에 문학비평가인 슈미트 Julian Schmidt와 미학자인 피셔 Friedrich Theodor Vischer 등은 사실주의를 강력하게 표방하였고, 슈토름 Theodor Storm, 켈러 Gottfried Keller, 폰타네 Theodor Fontane, 마이어 Conrad Ferdinand Meyer, 라베 Wilhelm Raabe와 같은 사실주의 작가들이 작품 활동을 시작하였다.

이들은 3월 혁명 이전의 문학이 관념주의적 이상주의에서 벗어나 일상적 현실에 눈을 돌리고 있다는 점을 긍정적으로 평가하였지만, 비더마이어 작가들을 낭만주의적 경향을 완전히 탈피하지 못하였다는 점에서, 그리고 청년 독일파 작가들이 정치적 성향을 지나치게 노출시켰다는 점에서 이들을 모두 비판하였다. 이 들이 내세운 사실주의 강령은 현실을 사실 그대로 성실하게 묘사하고, 문학은 문학으로서 본래의 창조정신을 전제로 해야 한다는 것이었다.

사실주의의 종말을 1890년으로 보는 것은 자연주의가 이 시기에 이르러 대세를 이루고 있었다는 사실에 국한된 것만은 아니었다. 정치적 측면에서 본다면 1890년은 프로이센의 수상이자 독일제국의 수상이었던 비스마르크가 해임된 해로서 그가 표방했던 현실정치 Realpolitik의 원칙과 그에 의해서 주도되었던 독일제국의 한 시대가 막을 내린 시점일 뿐만 아니라, 경제적 측면에서도 산업화로 인한 폭발적인 경제성장이 빌헬름 시대의 경제 제국주의로 변천되는 시점이기도 하였다.

또한 1890년은 사실주의 문학의 대표적 작가였던 켈러가 죽은 해였고, 슈토름이 1888년에 죽었으며, 마이어가 정신분열증으로 인해 작품 활동을 끝낸 것이 1891년이라는 사실을 고려해 본다면, 1890년은 분명히 사실주의 시대의 종말을 뜻한다. 물론 사실주의 작가인 폰타네가 1898년에 죽었고, 라베가 그의 마지막 소설을 쓴 것이 1898년이라는 점을 고려해 사실주의를 1900년경까지 생각해 볼 수도 있다. 그러나 1890년은 이미 자연주의 문학운동은 물론이고 자연주의를 극복하기 위한 인상주의, 신낭만주의, 상징주의와 같은 문학운동이 활발하게 전개되었으며, 또한 폰타네 자신이 자연주의를 긍정적으로 수용하려고 했다는 점을 상기해 본다면, 사실주의 시대를 1900년대로 설정한다는 것은 타당성이 없는 것으로 생각된다.

사실주의 산문작가들은 앞에서 언급한 작가들 외에도 많은 작가들이 있지만 무엇보다도 『임멘호수 Immensee』(1850)를 쓴 작가인 슈토름 Theodor Storm(1817-1888)은 독자들에게 아름다운 시적 정조와 애수를 느끼게 하고 있다. 슈토름의 고향은 독일의 북쪽 슐레스비히·홀스타인의 서해안 지방인 후줌 Husum이었다. 고향에 대한 애착이 강했던 그는 법률가로서 애국적인 시를 많이 썼으며 베를린 근교에서 보낸 11년간의 객지생활을 제외하고는 일생동안 고향에서 살았다. 당시 슐레스비히·홀스타인 수는 프로시아와 덴마크 사이에 쟁탈전의 상황에 처해 있었으며, 후에 그곳이 덴마크 지배하에 놓이게 되었을 때, 그는 변호사 자격을 박탈당하게 되었다.

변호사의 아들로서 집안도 넉넉하였던 그는 키일 대학에서 법학공부를 하여 변호사가 되었으며, 키일 대학에서 수학도중 그가 겪은 불행한 사랑은 그의 서정시 및 소설에서 그 흔적을 찾아볼 수 있다.

잠시 베를린 대학에서 유학하고 키일로 돌아왔을 때, 그는 로만틱한 시를 써서 친구인 몸젠 형제와 함께 『세 동무의 노래집』(1843)을 출판하였다.

1847년에는 사촌 여동생 콘스탄츠와 결혼하였으나, 집안일을 돌보며 같이 살던 처녀 도로테아 옌슨과의 관계로 인해 결혼생활에 위기를 맞게 되었지만, 그러나 도로테아가 고향을 떠남으로써 문제는 해결되었다. 1853년 덴마크 정부에 의해 변호사 자격이 박탈되자 그는 베를린 근교에 있는 포츠담 재판소에 직장을 얻어 이주하였고, 3년 후에는 다시 하이리겐 슈타트의 지방재판소 판사로 전임되어 쓸쓸한 시절을 보냈다.

1864년 그의 고향이 덴마크로부터 다시 독립하여 독일로 귀속되었을 때, 그는 고향의 지사로 부임하였으며, 1865년에는 아내 콘스탄츠가 일곱 번째 아이를 낳다가 죽게 되자, 슈토름은 자기의 슬픔을 위로해준 도로테아와 재혼하였다. 본래 도로테아는 13세 소녀시절부터 슈토름을 사모하였다고 한다. 1866년 홀슈타인 주가 포로시아 영토로 편입되자 그의 지사직이 박탈됨으로써 그는 다시 재판관이 되었다가 63세에 공직에서 물러나 홀슈타인의 하데마르센이라는 소도시에 거주하게 된다.

많은 사실주의 작가들과 마찬가지로 50여 편에 이르는 그의 단편소설은 거의 북해를 끼고 있는 고향인 후줌의 자연과 풍물을 배경으로 하고 있다. 잿빛하늘과 검푸른 바다, 파도 드높은 북해를 마주보는 회색의 도시, 꼬불꼬불한 골목, 흰 자작나무의 숲과 목장, 음산한 늪 주변의 분위기, 광활한 개펄과 황무지, 선대의 삶이 그대로 숨쉬고 있는 옛날의 집들, 그리고 토속적인 전설과 유령이야기를 배경으로 전개되는 슈토름의 문학세계는 애수(哀愁)와 무상(無常)이 뒤섞인 추억으로 가득 차있다. 이 같은 분위기는 그의 비종교적 태도에 기인하고 있다. 그는 다른 사실주의 작가들처럼 기독교의 내세사상(來世思想)을 거부하고 인간의 삶을 현실에 국한시키고 있다. 슈토름의 초기소설은 서정시와 같이 아름다운 시적 정조를 띠고 감상과 감미로운 멜랑콜리 속으로 독자를 끌어넣는다. 특히 초기의 소설로는 『임멘호수』, 『대학시절』 외에도 『늦 장미 späte Rosen』(1859) 등이 있으며 말년의 작품으로는 『백마의 기수 Der Schimmelreiter』(1888)가 있다.

슈토름이 유명하게 된 것은 생전에 30판 이상을 출간하였고, 우리에게도 널리 알려진 『임멘호수』(1850)를 통해서였다. 이룰 수 없었던 사랑이야기를 담은 이 단편소설은 고독과 무상에 대한 유일한 대응방법으로 회상의 기법 Erinnerungstechnik을 사용하고 있다. 이러한 기법을 보통 <소설속의 소설>을 갖는 <틀 소설>이라고 하는데, 슈토름의 단편소설은 거의 전부가 이 같은 형식으로 되어있다.

이 작품에 넘쳐흐르는 순결한 사랑의 향기는 한 줄기의 애수와 더불어 젊은 층의 마음에 흐뭇한 정취를 불어 넣어주고 있다. 어느 노인이 산책에서 돌아와 안락의자에 걸터앉는다. 어두워지는 창 밖에서 달빛이 스며들어 벽에 걸린 여인의 조상화를 비추고 있다. 노인은 "엘리자베스!"라고 속삭인다. 그의 머리 속에는 수십 년 전의 추억이 떠오른 것이다. 순결하였던 그 옛날의 첫 사랑, 노인에게 그것은 고통스러우면서도 달콤한 추억인 것이었다.

이 작품의 중심소재는 임멘호수에 떠있는 도달할 수 없는 수련이라고 할 수 있다. 이것은 바로 손에 닿을 것처럼 가까이 있지만 결코 손에 넣을 수 없는 행복과 아름답고 예술적인 것을 추구하는 주인공 라인하르트의 현실에서의 실패를 상징한다. 사라져버린 청춘에 대한 허무함이 작품 전체에 감상적이며 시적인 언어로 애잔하게 흘러넘치고 있다.

동경과 꿈, 환상에 가득 찬, 그러나 소극적인 인물인 라인하르트와 유능하고 적극적이고 활력이 넘치며 출세지향적인 에리히는 예술과 현실 사이의 대립을 나타낸다고 할 수 있다. 작가는 엘리자베스가 라인하르트 대신 에리히를 선택하게 된 이유에 대해서 충분한 근거와 설명을 하지 않고 또한 여러 가지 상황들을 불명확하게 나타내고 있다. 홍방울새와 카나리아의 대치, 새장에 천을 걸쳐놓은 엘리자베스 어머니의 행동, 라인하르트가 수집한 노래 "어머니가 그것을 원했습니다." 호수가로 산보를 가서 딸기를 찾던 옛날을 회상하며 딸기 철이 다시 올 것을 믿는 라인하르트와 고개를 젓는 엘리자베스, 그리고 "저 푸른 산 너머에 있던 우리들의 청춘이 지금은 어디에 있는가?"라고 묻는 라인하르트를 통해 청춘과 사랑은 다시 돌아올 수 없으며, 잔잔한 임멘호수 위에 떠있는 수련과 같은 것이라고 암시하고 있다. "사랑에 대한 동경"과 "이루어지지 못한 사랑"을 담고 있는 이 작품은 슈토름의 초기의 대표작이라 할 수 있다.

2014년 3월

저자 김 보 회

Inhaltverzeichnis

Ⅱ. 임멘호 연구

독일 사실주의와 임멘호

I. 독일 사실주의

i. 독일 사실주의의 개관

1830년을 전환점으로 하여 독일문학에서도 낭만주의적 경향이 사라지고 보다 현실적이고 사실적인 경향이 대두되게 되었다. 이것은 당시의 정치, 사회적 상황과 밀접한 관련이 있는 것으로서 1830년의 프랑스 혁명에서부터 1848년 3월의 독일혁명 사이의 기간을 독일역사에서 3월 전기(前期)라 부름에 따라 문학적으로도 이 시기를 3월 전기로 규정하는 경향을 보이고 있다. 이 시기는 과학과 기술의 급속한 발달, 산업의 근대화, 기차의 개통으로 인한 교통혁명 등으로 과거의 고전주의 이념이나 낭만주의의 꿈과 환상에 잠기는 것을 불가능하게 만들었고 현실사회의 질서에 적응하지 않으면 안 된다는 인식과 사고방식을 갖도록 해주었다. 이 같은 상황에서 독일의 19세기 사실주의 Realismus 문학에 대한 그 초기의 시대적 개념(槪念)은 이상주의의 틀 속에서 전개된 고전주의와 낭만주의가 헤겔의 죽음(1831년)과 괴테의 죽음(1832년), 그리고 프리드리히 슐레겔의 죽음(1829년)으로 종말을 고한 시점과, 격동하는 정치정세와 사회적 투쟁을 외면하고 가정적이고 소시민적 정취에 잠기는 비더마이어 Biedermeier적 문학 경향, 그리고 봉건적 탄압정치에 항거하여 민주주의를 옹호하려는 청년 독일파 Das junge Deutschland의 진보적 문학경향이 전면에 등장한 1830년으로 볼 수 있다. 그리고 1848년 3

월 전기의 단계는 낭만주의적 요소를 다분히 지니고 있으면서도 사실적 경향으로 흘러가는 과도기적 단계라 할 수 있다.

따라서 당시의 시대적 상황이나 현실에 대한 작가의 문학적 대응방식, 그리고 표현기법의 변천과정과 문학적인 여러 상황을 고려해 본다면 이상에서 말한 사실주의는 1848년 3월 혁명 이후부터 빌헬름 시대의 개막을 알리는 1890년까지의 기간, 다시 말해 독일 사실주의1)는 문학적 역사적 개념 historischer Begriff의 측면에서 1850년부터 1890년까지 보는 것이 타당성이 있을 것이다. 이 기간 동안 독일 사실주의는 작가의 주관성과 사물의 객관성을 조화롭게 합일시키려는 노력이 전개되었는데, 이것은 현실에 대한 작가의 주관성이 강하게 표출된 3월 혁명 이전의 비더마이어 문학과 청년 독일파 문학과는 완전히 다르고, 객관적 현실만을 일방적으로 추구한 자연주의 문학과도 완전히 구별되기 때문이다.

시민계급에 의한 3월 혁명이 실패로 끝난 직후인 1850년대 초에 문학비평가인 슈미트 Julian Schmidt와 미학자인 피셔 Friedrich Theodor Vischer 등은 사실주의를 강력하게 표방하였고, 슈토름

1) Vgl. 조창섭: 현실주의 독일문학, 서울대학교출판부, 서울 1994, S. 259. 1848년 3월 혁명이 실패로 끝난 19세기 중반부터 작가의 주관성과 사물의 객관성을 조화롭게 융화시키면서 드라마와 서정시의 창작을 기피하고 소설 창작에 전념하는 작가들이 나타나 사실주의를 진척시켰기 때문에 1840년을 사실주의가 시작된 해로 잡는다. 사실주의가 끝나는 해를 1890년을 잡는 것은 1890년에 사실주의의 대표적 작가들이 사망하였거나 창작활동이 불가능한 상태에 빠졌고, 1888년에 빌헬름 Wilhelm 2세가 황제에 등극하여 현실정치 Realpolitik를 수행하던 비스마르크를 1890년에 해임하여 자기의 시대를 열었다는 시대사적 사건 때문이다. 그러나 무엇보다도 1890년에 자연주의가 주된 문학 경향을 이루었다는 것이 가장 큰 이유라고 할 수 있다.

Theodor Storm, 켈러 Gottfried Keller, 폰타네 Theodor Fontane, 마이어 Conrad Ferdinand Meyer, 라베 Wilhelm Raabe 등과 같은 사실주의 작가들이 작품 활동을 시작하였다. 이들은 3월 혁명 이전의 문학이 관념주의적 이상주의에서 벗어나 일상적 현실에 눈을 돌리고 있다는 점을 긍정적으로 평가하였지만, 비더마이어 작가들이 낭만주의적 경향을 완전히 탈피하지 못하였다는 점에서, 그리고 청년독일파 작가들이 정치적 성향을 지나치게 노출시켰다는 점에서 이들을 모두 비판하였다. 이 들이 내세운 사실주의 강령은 현실을 사실 그대로 성실하게 묘사하고, 문학은 문학으로서 본래의 창조정신을 전제로 해야 한다는 것이었다.

사실주의의 종말을 1890년으로 보는 것은 자연주의가 이 시기에 이르러 대세를 이루고 있었다는 사실에 국한된 것만은 아니었다. 정치적 측면에서 본다면 1890년은 프로이센의 수상이자 독일제국의 수상이었던 비스마르크가 해임된 해로서 그가 표방했던 현실정치 Realpolitik의 원칙과 그에 의해서 주도되었던 독일제국의 한 시대가 막을 내린 시점일 뿐만 아니라, 경제적 측면에서도 산업화로 인한 폭발적인 경제성장이 빌헬름 시대의 경제 제국주의로 변천되는 시점이기도 하였다.

또한 1890년은 사실주의 문학의 대표적 작가였던 켈러가 죽은 해였고, 슈토름이 1888년에 죽었으며, 마이어가 정신분열증으로 인해 작품 활동을 끝낸 것이 1891년이라는 사실을 고려해 본다면, 1890년은 분명히 사실주의 시대의 종말을 뜻한다. 물론 사실주의 작가인 폰타네가 1898년에 죽었고, 라베가 그의 마지막 소설을 쓴 것이

1898년이라는 점을 고려해 사실주의를 1900년경까지 생각해 볼 수도 있다. 그러나 1890년은 이미 자연주의 문학운동은 물론이고 자연주의를 극복하기 위한 인상주의, 신낭만주의, 상징주의와 같은 문학운동이 활발하게 전개되었으며, 또한 폰타네 자신이 자연주의를 긍정적으로 수용하려고 했다는 점을 상기해 본다면, 사실주의 시대를 1900년대로 설정한다는 것은 타당성이 없는 것으로 생각된다.

ii. 사실주의 표현방법

사실주의는 현실적으로 존재하는 것을 어떻게 표현할 것인가 하는 표현방법과 관련되어 있기 때문에 그 표현방법이 변형될 때마다 적합한 의미를 사용하기 위해 시민적 사실주의 Bürgerlicher Realismus, 시적 사실주의 poetischer Realismus, 비판적 사실주의 kritischer Realismus 등과 같이 아주 다양한 수식어[2]를 사용함으로써 사실주의의 개념에 혼란을 야기시키는 결과를 초래하였다. 결국 19세기에 이르러 현실적으로 존재하는 것을 '현실성 Realität'이라는 언어로 대체하여 사용하기 시작하였는데, 이러한 '현실성'을 지닌 대상을 객관적으로 묘사하는 표현방법을 사실주의라 일컫게 되었다.[3]

---

2) Damian Grant: Realism, 김종운 역, 서울대학교 출판부, 서울 1985, S 1. 사실주의는 다음과 같이 다양한 용어로 사용되기도 하였다. 즉 시적 사실주의, 시민적 사실주의, 비판적 사실주의, 지속적 사실주의, 역동적 사실주의, 외면적 사실주의, 공상적 사실주의, 형식적 사실주의, 관념적 사실주의, 하층부 사실주의, 반어적 사실주의, 풍자적 사실주의, 전투적 사실주의, 소박한 사실주의, 국민적 사실주의, 낭맞넉 사실주의, 자연주의적 사실주의, 낙관적 사실주의, 비관적 사실주의, 환상적 사실주의, 조형적 사실주의, 심리적 사실주의, 일상적 사실주의, 사회주의적 사실주의, 객관적 사실주의, 주관적 사실주의, 초주관적 사실주의 등으로 사용되었다.

시민계급에 속한 많은 작가들 가운데에는 자신의 신분에 자부심을 느끼고 국가의 미래를 책임져야 할 젊은이들이 시민계급이라고까지 생각하는 작가들이 있었다. 이들은 자신의 출생지역이나 자신이 활동하는 사회의 공간을 작품 활동의 무대로 삼았으며 주로 시민계급 사회에서 일어난 사건들 중에서 소재를 취해서 다루었다. 따라서 작품에서 주인공이 겪는 갈등과 고민도 시민사회의 고뇌를 반영하고 있을 뿐만 아니라, 이러한 갈등과 고뇌를 해소하는데도 일반 시민계급 사회에서 보편적으로 통용되는 방법을 다루고 있다. 이처럼 시민사회 bürgerliche Gesellschaft와 관련된 것을 서술의 대상으로 삼았을 때 이러한 사실주의를 '시민적 사실주의'라고 한다.[4] 따라서 시민적 사실주의라는 개념은 사실주의 문학을 사회학적인 관점에서 파악한 개념으로 볼 수 있다.

오토 루드비히 Otto Ludwig가 사용한 '시적 사실주의'라는 용어는 작가가 작품을 창작할 때 '현실의 객관적 서술 objektive Poetisierung des Wirklichen'에 환상 Phantasie이라는 작가의 창조정신이 개입되고 있다는 사실을 강조하고 있는 개념이라 할 수 있다. 또한 루드비히의 시적 사실주의에 대한 개념규정은 오랫동안 문학계에서 일반적으로 통용되는 경향을 보였는데, 그의 이러한 개념규정은 무엇보다도 아리스토텔레스의 시학에 근거하여 존재의 대상이 되어 왔던 "예술은 현실의 모방"이라는 미메시스 Mimesis의 일

---

3) Werner Kohlschmidt und Wolfgang Mohr: Reallexikon der deutshcen Literaturgeschichte, Walter de Gruyter & Co. Berlin 1977, S. 343.

4) Günther und Irmagard Schweikle (Hrsg.): Metzlerlexikon, J.B. Metzlerische Verlagsbuchhandlung, Stuttgart 1990, S. 376.

면과 "예술은 작가의 자유로운 창조"라는 포이에시스 Poiesis[5]적인 측면을 둘 다 수용하고 있었기 때문에 문학자들로부터 많은 지지를 받게 되었다.

20세기에 이르러서는 브링크만 R. Brinkmann을 비롯한 평론가들이 사실주의가 추구한 객관적이고 서술적인 측면에는 작가의 주관이 개입될 수 있는 요소가 충분하다고 주장하여 루드비히의 개념 규정에 문제성을 제기하고 있다. 그의 주장에 의하면 작가는 서술하고자 하는 개관적 대상을 자신의 영감을 토대로 하여 이것을 자신의 경험과 결합시키기 때문에, 서술을 함에 있어서 작가의 의도가 개입될 뿐만이 아니라 작가가 어떤 대상을 상세히 묘사하려고 하면 할수록 작가의 주관이 더욱더 다양하게 개입된다는 것이다. 한편 야우스 Jauß는 시적 사실주의의 포이에시스의 기능을 미적 기능과 연관시켜 로이에시스의 생산적 기능을 갖는다고 주장함으로써 소통적 kommunikativ 기능을 갖는 카타르시스 Katharsis와 수용적 기능을 갖는 아이즈테시스 Aisthesis와 대조시키고 있다.

위에서처럼 이 같은 논의의 과정을 거침으로써 시적 사실주의는 문학과 현실 Dichtung und Wirklichkeit을 구분하고 상상과 실제 Imagination und Realität를 구분하여 객관적 서술이 주관적 진술과 상호간의 균형을 갖도록 하는 사실주의를 의미하게 되었다. 따라서

---

5) 포이에시스는 그리스어로서 제작, 생산을 의미한다. 아리스토텔레스는 인간의 지적 활동을 관조, 실천, 제작으로 나누고, 첫째는 이론적 탐구를, 둘째는 정치를 포함한 윤리적 행동을, 셋째는 생산 기술 활동이나 예술 활동을 나타냈다. 그런데 포이에시스가 주로 예술 활동으로 인식되면서 제작학은 시학(poiētik)이 되고, 이것은 시(poiēma)라는 개념을 갖게 되었다.

독일의 시적 사실주의는 문학창작이 자연 속에 있는 객관적 현실에 대한 모방일 뿐만 아니라 창조적인 모사라는 사실을 창작의 기본원칙으로 수용하고 있다. 그래서 시적 사실주의는 사실주의 문학을 문학형식의 역사와 문체에 대한 비판적 관점에서 수용하고 인지한 개념으로 볼 수 있다.

대부분의 독일 사실주의 작가들은 반동적 정치가 지속되는 현실에 직면해서 사회 지배계급과 타협할 수밖에 없었으며 지배계급의 사고나 정책에 따르지 않으면 안 되었다. 이 같은 상황으로 인해 자기 체념에 빠진 작가들은 문학과 현실의 틈 사이에서 이를 극복하지 못하고 이 두 가지 현상을 분리하여 접하게 되었다. 그러나 자본주의 산업사회에 만연되어 점증되어가는 인간성의 상실에 몹시 심려를 표명하였고, 점점 심화되어 가는 계급사회의 모순점에 저항하면서 문학과 현실 사의의 뜸을 좁히고자하는 사회 비평적 경향이 나타나기 시작하였는데, 이러한 형태의 사실주의를 '비판적 사실주의'라고 부른다.

이러한 비판적 사실주의에서는 인간존재와 사회의 관련성이 적대적이고 대립적 관계로 나타나고 있으며 사회라는 하나의 큰 틀을 유지하기 위해 존재하는 법률은 인간존재를 억압하는 수단으로 작용하고 있다. 따라서 이 같은 사실주의에서는 인간에 의한 인간의 착취, 인간에 대한 인간의 투쟁이 존재하는 자본주의적 사회질서의 탄핵이 비판적 사실주의의 근본이 되고 있다. 자본주의 사회에서 인간은 물질과 자신의 이익에 탐닉하고 이기심과 사물과 이익을 추구하는데 몰두하여 인간의 사회적 활동이 물질적인 타산과 이해관계에서 출발함으로써 인간의 본질적인 요소는 사라지고 인간은 타락하게 된다. 결국 비판적 사실주의에서는 인간의 도덕적 윤리적 타락과 몰락을 현실에서 생성된 것으로 생각하기 때문에 자본주의 사회제도를 과감하게 교체하는 것이 인간성과 도덕성을 회복하는 과정이라 할 수 있다.

iii. 3월 혁명 이전의 시대적 상황

독일 역사에서 1815년부터 1848년까지의 기간은 혁명에 이르는 하나의 과정으로서 첨예화한 시민전쟁이 있었고 심각한 정치·사회적 구조변화가 단행되었으며, 자연과학과 기술 분야에서의 발전과 발명으로 인해 수세기 간의 오랜 전통들이 급속도로 사라지게 되었다. 여기서 주목해야 할 것은 시민의 정치·사회적 입지에 관한 것이다. 흔히 '산업혁명'으로 일컬어지는 자본주의로의 진행은 독일의 경우 18세기 말경에 준비되어 19세기의 30년대에 이르러서야 가속적인 변혁단계에 이른다.[6] 그러나 독일의 시민 계급은 아직 정치적으로 자립할 수 없는 수동적 상태에 머물러 있었으며, 봉건적 질곡의 완화와 제거는 시민계급의 자력에 의해서라기보다는 외부, 즉 라인 연방국의 경우는 프랑스의 영향으로부터 혹은 위로부터, 프로이센의 경우는 지배계급 주도의 국가 개혁에 의해서 추진되었다. 그러나 더욱 맹렬히 추진된 독일 자본주의의 주도 세력으로서의 시민은

---

6) Vgl., 허창운 역, 독일문학사(볼프강 보이틴 외), 서울: 삼영사, 1995, S. 265. 독일의 자본주의가 다른 유럽국가에 늦어진 이유는 멀리 국민적 前史에 소급되는 이유들 때문이다. 그 이유들은 영토의 분열, 제한된 경제자원, 절대 계몽주의, 시민의 속물성 등이다.

자신의 억압된 정치적·사회적 입지를 확보하기 위해 봉건적 지배 질서와의 대결을 키워나가기도 하였다.

러시아 프로이센 오스트리아 3국은 1815년 7월 신성동맹 Heilige 을 체결하고 1789년 프랑스 혁명 이전의 체제를 유지하자는 데 합의를 하였는데, 이것은 봉건적 지배 세력의 반동으로서 모든 종류의 혁명운동과 자유사상을 탄압하기로 결정한 합의였다. 이러한 봉건적 반동에 대한 시민적 반대 운동의 정치적 표현은 우선 초기 자유주의 사상에 입각하여 제기된다. 시민적 자유를 획득하려는 시민들의 요구는 입헌 군주제·권력의 분립·사법부의 독립·인권과 시민권(의사표현, 이주, 출판, 집회의 자유)의 보장·상업의 자유와 국민적 통일 등으로 구체화된다. 소시민 계층과 농촌 및 도시의 프롤레타리아 계급에까지 반봉건 저항 운동은 확대되어 크게 민주-공화주의파와 사회-공산주의파의 결성이 확산된다. 사회적 평등에 대한 요구는 초기 자유주의 사상을 뛰어넘어 일련의 항거와 폭동 및 혁명 투쟁으로 표명된다. 이러한 자유주의적 반봉건 저항 운동은 1830년 범유럽적 혁명과 1848년 3월 혁명으로까지 이어진다. 또 한편으로는 독일의 통일을 염원하는 민족주의 세력 역시 봉건적 반동 세력에 대항하여 민족 통일 운동 및 시민 주도의 제헌운동을 벌였지만 위법행위로 매도되어 부분적으로 지하로 밀려나 상당한 위축을 받았다. 이에 반하여 자유민주주의적 항거와 봉기는 더욱 무자비한 박해를 받았음에도 불구하고 이러한 보수 반동의 야만적 만행에 결코 위축되지 않았다.

새로운 시대로의 변혁에 대한 원인 분석에 있어서 대다수의 정치가나 학자 그리고 작가들도 보수파건 진보파건 거의 속수무책이었다. 일부는 걱정스럽게 미래를 내다보고, 일부는 애처롭게 과거를 돌아보았다. 봉건적 질곡으로부터의 해방으로 인한 결과에 대해 두려워하고 사회적 혼란에 불안해하면서 내적으로 움츠러든 자들은 구질서의 옹호자들만이 아니고 시민들도 그러하였다. 이는 확장되어가는 프롤레타리아의 정치적 입장 때문이었고, 저항을 계속했던 시민들도 그들의 목적에 부합하는 한도 내에서만 프롤레타리아와 연대하였다.[7] 이러한 혼란의 시기에 문학은 자기물음을 수행한다. 즉 극명한 계급 대결의 불안한 시대에서 문학은 어떠한 역할을 수행해야 할 것인가 하는 성찰이 진행된 것이다. 3월 혁명 이전시대의 문학은 권력자와 일반 독자들 모두에게 진지하게 받아들여졌다. 이는 당시 모든 계층에서 문학을 하나의 탈정치화된 것으로 보지 않고 정치적이고 이데올로기적인 함의와 실천력을 가지고 있는 것으로 보았다는 것을 반증해준다. 특히 혼란과 전운이 감도는 이 시기를 어떻게 보느냐에 따라 크게 두 가지 경향이 존재했는데, 새로운 세계에 대한 기대감에서 미래를 긍정적으로 본 청년 독일파 문학과, 1789년 프랑스 혁명에 대해 회의적 입장을 취했던 괴테와 쉴러 등의 문학을 돌이켜 보면서 부정적인 입장을 취하는 비더마이어 문학이 그것들이다.

1-1. 비더마이어 문학

3월 혁명 이전의 혼란의 시기에 있어 사회주의 사상과 프롤레타

7) Vgl., 조창섭: a.a.O., S. 21

리아 계급의 확장은 일부 시민에게는 두려움과 혁명에 대한 회의적인 태도를 불러 일으켰다. 이들은 사회적 문제보다도 인성학적 가치들에 눈을 돌려 겸손이나 중용 등을 높이 평가하면서 도덕적으로 엄격하였다. 또한 그들은 구속을 당연한 것으로 받아들이는 초연한 자세와 조용한 가운데 성숙되어 가는 인내심을 지니고 있었다. 그래서 그들은 집단이나 조직의 문제에 초연하고자 하였고 기존의 것에 저항하려고도 하지 않았다. 기존 상황을 순순히 받아들이며 공동체에 순응하는 보수적 경향을 띄게 되고 정치 문제와 종교 문제에 이의를 제기하지 않았다. 그 결과 그들은 보호막을 치고 앉은 영역 내에서 행복을 누리려고 하였다. '보수적'이라는 일반적인 의미를 좀 더 구체적으로 살펴보면 다음과 같다. 첫째 18세기 이래로 공격받은 카톨릭 교회와 기독교의 복고를 주장했다. 멘첼 W. Menzel과 괴레스 Görres 등이 이에 해당된다. 이들은 종교와 정통적 정치질서를 옹호하기까지 한다. 둘째 고전주의의 이상주의적 경향을 계승하여 예술의 독립성을 강조하였다. 이들은 예술에 적대적인 당시의 혼란한 사회를 부정하고 나아가 이러한 사회에 대항하여 예술의 독립성을 지켜내고 싶어 했지만, 당시의 사회적 상황이 극도로 혼란하였기 때문에, 비더마이어계 문학가들은 공세적이라기보다는 수세적인 입장에서 체념적인 정조를 지녔던 것이다. 플라텐 Platen, 뒤커르트 Dückert 등의 작가가 이에 해당된다. 셋째 반고전주의적 낭만주의의 전통을 보존하거나 비판적으로 굴절시킨 경향도 존재하였다. 넷째 전통적인 미학의 고수와 변혁 사이의 적대적 관계 속에 거의 편입시킬 수 없는 경향들도 있었다. 임머만 Immerman이나 헵벨 Hebbel

등이 이에 속한다. 이들은 모두 자유주의적 정치 참여를 부정하고 정치적 정적주의의 경향을 띠었다는 공통된 특징을 갖는다.

이 비더마이어는 후기 낭만주의와 마찬가지로 주변에서는 물론 고딕양식의 특성을 지닌 예술 이교도의 위협을 받으면서, 계몽된 인문주의에 의해 재생된 기독교에 기초를 둔 도덕적·종교적 질서로, 전통을 요구하는 낭만주의적 정신의 도움과 오스트리아·헝가리의 오래된 카톨릭적 우세에 의해 인정되었다. 그러나 또 한편으로는 사실주의적 요소를 수용하여 고전주의와 낭만주의적 전통을 변형시키기도 하였다. 이 같이 사실주의적 요소를 수용한 결과, 모순된 현실을 인정하면서, 이상주의에 대해 지니고 있던 긍정적인 내면성과 사실주의적인 현실성의 종합이 이루어지기도 하였다. 그러면서도 자주 멜랑콜리가 솟아 나오고, 동경과 원망이 깊은 체념과 과거에 대한 침잠에 빠져든다. 도덕적·인성학적 이상과 자연과의 밀접한 접근을 통해 격정과 마적인 폭력을 억누르는 것이 비더마이어 문학의 중요한 특징이다.

또한 이 비더마이어 문학은 앞에서 언급하였듯이 사회적 혼란에서 보수적인 입장을 취하였던 바, 정치체제의 복고주의와 맥을 같이 하고 있다. 이 복고주의는 나폴레옹 전쟁 후 오스트리아의 메테르니히 Klemens von Metternich를 중심으로, 자유주의 운동을 억압하고 유럽의 왕권을 절대주의 시대로 복구하자는 왕정복고주의이다. 복고주의 체제의 정치·경제·사회적 상황은 그 시대의 인간으로 하여금 이상과 현실간의 괴리를 알게 하고 체념과 단념이라는 하나의 생활감정을 형성하게 했다. 이 비더마이어적 체념은 운명의 인과율적 법칙성을 강조하였으며 또한 이것을 사회가 아닌 인간의 개별 운명으로 이양시켜 놓았다. 따라서 사회적 상황에 대한 무관심을 초래하였고, 과거의 전통을 중시하였으며, 인성학적 도덕주의와 체념주의를 강조한 결과, 왕정복고라는 당시의 체제와 이 체제의 이데올로기에 순응함으로써 결국 이 반동적 경향을 강화시켜주었다는 평가가 일반적이다.

1-2. 비더마이어 문학 작가들

칼 레베레히트 임머만 Karl Leberecht Immermann(1796-1840)은 1830년대의 사회격동기에 처한 시민 계급의 발전 과정을 조망하고 보수 세력과 진보 세력 간의 갈등을 서사작품 속에서 형상화 한 작가였다. 그러나 소설가로서는 큰 성공을 거두지 못하였고 극작가로서도 서정시인으로서도 성공을 거두지 못하였으며 오히려 연극감독으로 유명하였다. 한 때 나폴레옹 전투에 참가하여 그와 맞서 싸우기도 하였고 독일이 승리하자 다시 학업의 길로 돌아갔다. 이때부터 그는 보수적인 경향을 띠기 시작했으며, 학생의 본분은 학문에 열중하여 사회의 동량으로 자라야 하는 것이기 때문에 대학생 조합과 같은 학생운동은 그저 시간 낭비에 불과하다는 게 그의 입장이었다. 대학 졸업 후 지방 법원 판사가 된 그는 공직의 권태로운 삶에 싫증을 느끼고 문학 집필을 시작했다. 처음에는 역사와 시대를 다룬 소설을 펴냈는데, 드라마 『티롤의 비극 Trauerspiel in Tirol』(1827)과 영웅 서사시 『뽐내는 사람 Tulifänchen』(1830), 비극 『알렉시스 Alexis』(1832)는 모두 비유적인 작품으로서 당시의 시대 혼란상을 묘사하거나 풍자하였다. 그러나 그는 갈수록 과거로의 회귀 경향을 보이며 신화나 전설을 소재로 다루면서 원형적 인간상과 인성학적 가치를 추구하고 개인의 운명에 초점을 맞추는 경향을 보였다. 소설 『아류들 Die Epigonen』(1836)은 괴테의 『빌헬름 마이스터의 수업시대』를 모범으로 하여 쓴 작품으로서 신흥자본가와 전통 귀족 세력의 갈등을 다루고 있다. 그리고 『뮌히 하우젠 Münchhausen』(1838)에서 그는 동시대인들을 풍자하면서 공격하기도 하였다. 철학자 헤겔, 낭만주의 작가 괴레스 Görres와 케르너, 청년 독일파인 구츠코우 Gutzkow 등의 당대 주요 인사가 그의 야유의 대상이었다. 또한 그는 정치, 경제, 의학, 문학, 예술 등에서 진행되고 있는 바람직하지 못한 당대의 제 경향들도 들추어서 조롱하고 야유를 보냈다. 이 작품에서는 이러한 조롱과 비판의 반정립으로 목가적인 농민의 삶이 등장하며 비더마이어적 생활감정과 체념적 정조가 두드러지게 나타난다.

에두아르트 뫼리케 Eduard Mörike(1804-1875)는 낭만주의와 사실주의의 중간에 위치하며 정치운동과 거리를 두고 시사문제를 외면한 채 협소한 소시민 생활 속으로 도피, 자신이 속한 소시민적 삶의 영역을 정교하고도 세밀하게 묘사해 사실주의 문학에 얼마간의 영향을 미치기도 하였다. 그의 가장 큰 업적은 시 분야에서 이루어졌다. 그는 그리 많지 않은 시를 창작하였으나 독특한 언어 선택과 형식의 자유로운 활용으로 섬세한 인간 감정을 변칙적인 선율에 담아 전달하고, 마음에 와 닿는 감동이나 치솟는 사랑의 열정을 효과적으로 형상화하였다는 평가를 받고 있다. 뫼리케는 시 창작에 있어서 예술의 허구성 Die Fiction der Kunst은 속 마음을 전달하는 신호이며 예술의 조화 Die Harmonie der Kunst는 환상에 불과한 것으로 간주하였기 때문에 '넋두리시 Unsinnpoesie'라는 특이한 유형의 시를 창작하였다. 작품으로는 민요조가 두드러진 『아그네스 Agnes』, 『버림받은 소녀 Das verlassene Mägdlein』 등이 있고, 자연을 그리고 있는 자연시와 담시로는 『봄날 Frühling』, 『뭄멜호수의 요정들 Die Geister am Mummelsee』 등이 있다. 특히 『은거 Verbogenheit』라는 시에서는 사회혼란으로부터 도피하여 내면적 기쁨과 인성학적 가치를 중요하게 생각하는 그의 비더마이어적인 사고방식이 현저하게 표현되어 있다.

2-1. 청년 독일파 문학

1848년 3월 혁명 이전의 혼란한 사회 상황에서 예술이 수행하였던 자기물음에 대한 두 가지 답변 중 하나는 이미 살펴본 비더마이어 문학의 보수적·복고적 경향이었고, 다른 하나는 당시의 심화된 계급 모순을 비판적으로 폭로하면서 새로운 세계에 대한 기대를 갖었던 청년 독일파 문학이었다. 청년독일파는 프랑크푸르트 독일연방의회(1835)의 출판 금지 조치로 인해 비로소 하나의 그룹으로 모아진[8] 일군의 자유주의적인 작가들로, 이들의 공통적인 특성은 연방

---

8) 협의의 의미에서 '청년독일파'는 연방의회 결의문에서 언급된 하이네, 구츠코우, 라우베, 뷘바르크, 문트 등 5인의 작가에만 국한하기도 한다. 그러나 상기 언급한 5인 보다 훨씬 단호한 민주주의적 노력에도 불구하고 연방결의의 판금작가 리스트에 오르지는 않았던 뵈르네와 약간 명의 젊은 세대 작가들도 넓은 의미의 '청년독일파'에 속한다고 볼 수 있다.

회의의 금지령 속에서 파악될 수 있다. “모든 계급의 독자들이 언제라도 접근 가능한 오락 문학적 글들을 통해서 그들은 가장 뻔뻔스러운 방식으로 기독교를 공격하고, 기존의 사회적인 관계의 위신을 떨어뜨리게 하며 또한 모든 기율과 관습을 무너뜨리고 있다.”라고 지적하고 있듯이 청년 독일파의 활동이 주로 대중매체를 통해 이루어졌다는 것을 알 수 있다. 이 시대 문학의 중요한 특징 중 하나는 윤전기 발명(1820) 등으로 인한 출판업과 신문업의 비약적인 성장과 문학 및 매체 시장의 확대라고 할 수 있다. 시민들은 자신의 요구를 이러한 물질적 기반을 통해 표현할 수 있게 된 것이다. 그 중에서도 청년 독일파는 대중매체를 통한 효과적이고 슬기로운 글쓰기 방식을 채택하여 자신들의 세계관적 문학적 주제를 표출하고 선전하였다. 청년 독일파 작가들은 많은 비판적·문학적 잡지의 창간인, 발행인, 편집자로서 두각을 나타냈고, 그런 잡지를 통해 소위 근대적 관념들을 효과적으로 대중화하였다. 예를 들어 『독일평론』(구츠코/비엔바르크), 『불사조』(구츠코), 『오로라』(라우베), 『문학 조디아쿠스』(문트) 『독일 전보』(구츠코) 등이 청년 독일파의 매체들이었다. 20년대 이래로 뵈르네 L. Börne와 하이네가 추진했던 비판적인 단초들을 계승함으로써 청년 독일파 작가들은 문학, 문화 그리고 정치에 대한 비평을 문학 활동의 주축으로 삼은 것이다.

그러나 청년 독일파에 속한 일군의 작가들 사이에서도 의견이 서로 달랐기 때문에, 활동 초기에는 괴테를 비판하는 등 청년독일파와 유사한 비판적 반전통주의자로 알려진 멘첼 W.Menzel은 1835년 이후 세계관의 급선회를 통해, 청년 독일파에 속하는 작가와 작품을 비방함으로써 결국 그에 의해서 독일 연방의회의 금서조치가 취해지고, 기독교적 신념과 왕정복고를 지지하면서 비더마이어적 경향을 띠게 된다. 연방의회의 금서령을 받은 인물 중 라우베, 문트, 빈바르크 등은 봉건 사회의 폐해를 비판하고 개선하여 입헌 군주제를 관철하려 하였으나, 이러한 정치개혁을 넘어선 혁명은 반대하는 입장을 취했다. 그러나 이들 중 하이네와 금서령을 받지 않았던 뵈르네는 혁명적 민주주의자였으며 정치적·사회적 모순을 혁명적인 방법으로 이룩하려는 세계관을 지니고 있었던 인물들이다. 또한 몇몇 작가들은 시민적 자유와 조국의 통일을 동시에 요구하기도 하였다.

이들의 문학 경향은 이들 보다 더 급진적인 경향들로 인해, 특히 시민적 자유주의 경향을 뛰어넘는 사회주의에 의해, 점차로 위축되고 혁명을 거치면서는 온건한 태도를 취하였으며 혁명 이후에는 대부분 체념과 지방주의 Provinzialismus로 빠지게 된다. 1830년 7월 프랑스 혁명을 기점으로 그리고 혁명의 영향으로 활동하기 시작한 청년 독일파는 참여 문학이라는 시사성 때문에 시대를 초월할 수 있는 작가와 작품을 많이 남기지 못하고 1848년 3월 혁명을 기점으로 혁명의 실패와 함께 종말을 고하였다. 내부분의 청년 독일파 작가들은 혁명 이후 정치적 현실로부터 등을 돌리고 외국으로 이주하거나 변두리 지방에 내려가 칩거하기도 하였는데, 이것은 이후 사실주의로 이행하는 과정이라는 평가도 있다. 이러한 현실에서도 헤어베크나 하이네와 같은 소수 작가들은 계속하여 혁명적인 민주주의 사상을 대변하기도 하였다.

2-2. 청년 독일파 문학의 작가들

하인리히 하이네 Heinrich Heine(1797-1856)는 청년 독일파의 대부분 작가들이 정치성향을 과도하게 주장한 나머지 예술의 존재 법칙을 무시하였던 것과는 반대로 낭만주의의 영향을 받아 자기의 독특한 창작 기법을 개발하여 예술성이 담긴 작품들을 만들어내면서 급진적인 정치적 성향을 가지고 있었다. 그는 청년 독일파의 '스승'으로서 하나의 거목 역할을 하였으며 19세기 중엽 독일문학의 중심인물로 평가된다. 그는 일찍이 빈부의 격차로 인한 사회적 대립을 목격하면서 기존 사회에 대한 비판적인 의식을 갖게 되었다. 초기 작품 활동에서 나타난 낭만주의적 경향은 시간이 지날수록 감상성을 벗어나 민중을 움직여 감동시키는 것이 예술의 본질에 속한다고 생각하였다. 따라서 그의 시에는 풍자와 반어를 사용하는 어법이 등장하게 되고 또한 시의 내용도 비판적인 반 시민성이 표현되었다. 1830년 프랑스 7월 혁명 이후 자유주의적 시민운동과 사회주의적 민중 운동을 더욱 탄압한 비인회의 의장이었던 메테르니히는 하이네의 문학 활동에도 경고를 하였으며, 이에 위협을 받는 독일에서는 도저히 자유로운 창작활동을 할 수 없다고 판단한 하이네는 1831년 봄 파리로 정치망명을 떠났다. 그는 파리에서 평생을 걸쳐 활동했는데, 생시몽 Saint-Simon[9] 등의 프랑스 공산주의 사상에 영향을 받아 '인간 평등의 이념'에 충실한 문학 활동을 하였다. 그는 주로 독일 신문에 기고하는 형식으로 프랑스의 정치 문화와 민중 봉기를

9) 생시몽주의는 국가가 모든 부를 소유해야 하며, 노동자는 노동의 질과 양에 따라 분배받을 자격이 주어진다고 주장하는 사회주의 이데올로기.

소개하면서 독일의 상황과 미래에 대해서 역설하였다.

그러나 비판적이고 풍자적인 글들로 인해 그는 독일 검열당국과 험악한 관계에 봉착하게 되었고, 1835년 말에는 독일 연방의회가 그의 모든 작품에 대한 전국적 금지령을 시행하고자 했다. 1840년 하이네는 파리의 독일 급진주의자 지도자였던 뵈르네 Ludwig Börne에 관해 재치 있지만 경솔한 책을 썼다. 여기에서 하이네는 천박한 정치적 행동주의라고 생각한 것에 대해 자신의 미묘한 입장을 옹호하려고 했으나, 이 책에서 보인 거만하고 무자비한 태도로 인해 모든 동료들로부터 소외되었다. 1840년대 이후에는 더욱 진보적인 성향을 드러내면서 정치투쟁의 전면에 나섰다. 1827년에는 영국을 무대로 하여 『영국단장』을 써서 나중에 『여행화첩』의 제4권으로 수록되었으며, 그 때까지의 서정시를 모은 『노래책 Buch der Lieder』(11827)[10]을 발간하였다. 이 속에 있는 『젊은 고민 Junge Leiden』은 그 자신이 삼촌의 딸 아말리에를, 그리고 후에는 그녀의 동생 테레제를 짝사랑하던 체험이 묘사되어 있다. 그는 프랑스의 새로운 질서에 관해 일련의 신문논설을 썼는데, 이 글들을 모아 『프랑스의 정황 Franzosische Zustande』(1832)이라는 책자로 펴냈다. 이어서 독일 문화에 관한 연구논문집 『낭만파 Die Romantische Schule』(1833-1835)와 『독일 종교와 철학의 역사에 대하여 Zur Geschichte der Religion und Philosophie in Deutschland』(1834-1835)를 썼는데,

10) 하이네의 대학생활 이전 시기에 그는 삼촌의 두 딸을 짝사랑하여 온통 정신을 빼앗기고 있었지만, 둘 중 누구도 이 몽상적이고 무능한 사촌에게 미래를 맡기겠다는 의향은 없었던 것으로 보인다. 이런 경험을 한 다음 세월이 흐른 후 그의 외로운 감정들이 『노래책』으로 묶여 나왔다.

여기에서 그는 독일의 현재와 바로 이전 시대를 비판하기 시작하면서 종교개혁, 계몽주의, 근대 비판철학 등 독일 유산이 지닌 폭넓은 혁명적 잠재력을 논했다. 이 저서들은 프랑스 독자를 염두에 둔 것으로 프랑스어로 출판되었다.

하이네는 '시' 분야의 연애시에서 당대의 사회문제로 시선을 돌렸다. 그가 1830-1831년에 쓴 『새 봄 Neuer Fruhling』에 수록된 첫 번째 계열의 시들은 연애시들을 더욱 개성 있게 재현한 것이며, 또 하이네가 일생 동안 쓴 장르인 발라드 시들도 들어 있다. 그러나 또 다른 계열은 『시대시 Zeitgedichte』라는 제목으로 되어 있는 정치적 풍자시들이다. 이들 중 몇 편은 카알 마르크스의 신문 『전진 Vorwarts』을 위해 쓴 것이었다. 하이네는 1843년 말 젊은 마르크스와 알게 되었으며, 바로 그 무렵에 독일에 있는 가족들을 방문한 후 보수반동적인 독일 상황을 통렬히 공격한 정치 풍자시 『독일, 어느 겨울 동화 Deutschland, ein Wintermärchen』(1844)[11]와 운문 서사시 『아타트롤. 한 여름 밤의 꿈 Atta Troll. Ein Sommernachtstraum』(1843-1845)[12]을 썼는데, 이 시들은 시 형식을 빌어서 자신의 정치

11) 파리 망명 이후 12년 만의 고국 방문이 모체가 된 여행시 『독일. 어느 겨울동화』는 하이네의 사실적이며 개인적인 여행 이야기와 꿈을 통해 묘사되는 세계와 역사에 대한 이념적이며 근원적인 성찰이 교차되며 진행된다. 이 같은 교차를 통해, 이 작품은 단순한 여행 체험에 대한 서술에서 나아가 1840년대 독일의 상황에 대한 하나의 총체적인 그림을 전달해주고 있다. 그러나 이 작품의 진정한 가치는 '직접적'인 현실 참여를 내세운 정치 문학이 형식과 문체, 아이러니와 풍자 등의 미적 수단을 통해 '예술 작품'으로 승화될 수 있음을 보여주었다는 데 있다.

12) 『아타 트롤. 한 여름 밤의 꿈』은 급진적 사상을 대표하는 아타 트롤의 이야기를 통해 과격하고 맹목적이며 교조화한 이념의 모순을 폭로한다. 귀족 정치와 가톨릭교회로 대표되는 구체제에 대한 투쟁을 계속하면서도, 다른 한편으로는

적 성향을 선명하고도 집약적으로 보여주었다. 이러한 정치시 혹은 세태시는 1848년 3월 혁명 이전 10여년 동안 정치적 현실을 비판하려는 경향시로 자리 잡았다. 1844년 그의 서정적 작품의 총결산인 『신시집 Neue Gedichte』(1844)[13]은 감미로운 애정시를 주로 썼던 낭만주의 초기 시와는 완전히 결별하고 정치적 참여시를 주로 수록하였다. 1848년 병으로 눕게 된 그가 병상에서 쓴 시집인 『로만체로 Romanzero』(1851)는 역사와 히브리 전통에 대한 묵상과 인간 조건에 관한 통절한 비탄과 음울한 해석들로 가득하다. 그의 희망이었던 1848년 혁명의 실패는 척추결핵에 걸린 그를 육체적인 고통에 더하여 끝없는 좌절감에 젖게 한다. 이제 정치적 진보에 대한 낙관주의는 그의 개인적인 고통 속에서 더 이상 희망이 없는 것으로 전락한다. 이러한 주변 상황의 열악한 여건 속에서 쓰여진 『로만체로』는 하나의 일관된 테마를 보여주는데, 그것은 다름 아닌 병든 시인의 눈에 비친 지리멸렬한 세계의 모습이다. 이 시집은 『역사 이야기』, 『애가』, 『히브리의 노래』 등 3부로 나누어져 그 구성에서 하나의 완결된 구조를 이루고 있다. 역사적인 테마를 다루고 있는 제1부와 제3부가 가장 개인적인 내용을 담고 있는 제2부를 마치 과일의 핵처럼 둘러싸고 있다. 그러나 그가 취급하는 역사는 역사 그 자체로 작용하지 않고, 역사적 소재를 통해 시에서 보편성을 구현하고자 한다.

현실성이 결여된 이념 추구의 무용함에 대한 고발을 멈추지 않았던 하이네는 이 시를 통해 지식인들의 '각성'을 매우 낭만적으로 촉구하고 있다.

13) 하이네의 파리생활의 결과물로 이 산문적인 시 『신시집』이 탄생하게 되었으며, 이 시점에서 극명하게 대두되는 점은 괴테에 대한 태도의 변화이다. 즉 하이네는 이 『신시집』을 내기 전에는 괴테를 그렇게 비판하지 않았었다.

마지막 시집인 『1853년과 1854년의 시 Gedichte 1853 und 1854』도 비슷한 종류에 속한다. 하이네는 거의 8년 동안 고통을 겪다가 1856년에 사망하여 프랑스의 몽마르트르 공동묘지에 묻히게 된다. 그는 무엇보다도 정치적으로 독일보다 진보적이었던 프랑스의 정치 문화를 독일에 소개하고 독일의 각성을 촉구하였다는 점에서 의미가 크다.

슐레지엔에서 출생하여 특히 연극방면에서 활동한 **하인리히 라우베 Heinrich Laube**(1806-1884)는 비인의 부르크 극장의 지배인으로서 훌륭한 업적을 남겼다. 극작가이자 연극 평론가이며, 소설가이기도 한 그는 하이네의 영향을 받아 기행문을 집필하여 신문과 잡지에 기고하기도 하였다. 그의 창작 목표는 민주적인 방법으로 통일국가를 형성하는 것이었다. '청년독일파'의 중심인물로 간주된 그는 1833년 「고상한 세계를 위한 잡지」에 기고한 글에서 '청년독일 jungendeutsch'이라는 단어를 처음 사용한 장본인이기도 하다. 그의 삼부작 『청년 유럽 Das junge Europa』(1833-1837)은 프랑스 생시몽주의에 영향을 받은 흔적을 볼 수 있으며, 이 책은 청년독일파 문학의 대표 격으로 평가받고 있다. 1부 『시인들 Poeten』에서 그는 7월 혁명을 찬미하여 "하나의 국민이 자신의 권리를 위해 싸우는 피의 투쟁"이라고 하였고, 모든 면에서의 해방을 부르짖고 결혼을 가리켜 "단지 형식적이며, 단순히 외적 사물, 특히 아내의 물질적 소유"를 확보하기 위한 형식에 지나지 않는 것으로 규정하였다. 특히 젊은 세대의 환영을 받아 많이 읽혀졌다. 2부 『전사들 Die Krieger』, 3부 『시민들 Die Bürger』로 구성되었으며 자전적 소설로 당시 폴란드

봉기에 대한 자신의 지지를 서술하고 있으며, 그가 수감되었던 6개월간의 감옥 생활도 생생하게 묘사되어 있다. 그러나 이 작품에 나타나는 정치적 관심은 19세기 중엽까지 독일 정신사에서 나타나는 특징으로 볼 수 있을 정도로 체념적인 정조가 상당히 지배적이며, 결국 이것은 그의 1848년 혁명 이후 정치적 관심의 현저한 위축을 설명해주기도 한다.

이 밖에 그는 역사로부터 취재한 이야기, 정치에 관련된 것, 그리고 귀중한 자료가 되는 극장사로서 『부르크 극장 Das Burgtheater』(1868), 『북독일 극장 Das Norddeutsche Theater』(1872), 『비인의 시립극장 Wiener Stadttheater』을 남겼다.

테오도르 문트 Theodor Mundt(1808-1861)의 『마돈나 혹은 성녀와의 대담 Madonna, oder Unterhaltungen mit einer Heiligen』(1835)라는 작품은 생시몽 주의를 표방하면서 공화국에 대한 열망을 표현하였다. 이 책으로 인해 그는 연방의회의 금서령을 받게 된다.

칼 페르디난트 구츠코우 Karl Ferdinand Gutzkow(1811-1878)는 베를린에서 출생하였으며 '청년독일파'의 지도적 인물로서 독일 현대 사회소설의 선구자이다. 처음에는 저널리스트였으나 환상적이며 풍자적인 작품 『신의 이야기, 마하구루 Maha Guru, Geschichte eines Gottes』(1833)로 독자의 관심을 끌게 되었다. 1835년 출판된 결혼제도를 공격하는 희곡 『의심하는 여인, 발리 Wally, die Zweiflerin』는 종교적 회의주의가 깔려 있으며 낭만주의에 맞서 청년독일운동이 시작되는 계기가 되었다. 또한 이 희곡으로 격렬한 논쟁이 일어나면서 연방의회는 구츠코우를 3개월 동안 투옥하고 그의 모든 작품을 발행 금지했다. 석방 뒤에는 구성이 짜임새가 있고 극적 효과가 높은 희곡들 가운데 첫 작품인 비극 『야만인 리하르트 Richard Savage』(1839)를 내놓았다. 또 가정 비극 『베르너 혹은 가슴과 세계 Werner oder Herz und Welt』(1840)는 오랫동안 독일 극장에서 상연되었다. 또 독창적이고 시사적인 풍자 희극 『타르튀페의 모델 Das Urbild des Tartüffe』(1844)과 종교의 자유를 위한 스피노자 선구자들의 순교 이야기를 다룬 『우리엘 아코스타 Uriel Acosta』를 썼다. 이무렵 당시의 교육이론을 재미있게 풍자한 『블라제도브와 그의 아들들 Blasedow und seine Söhne』(1838)을 펴냈다. 1847년 드레스덴으로 가서 낭만주의 작가이며 희곡 이론가인 티크에 이어 궁정극장의 문학 담당 고문이 되었다. 1850년에는 현대 독일 사회소설의 기점으로 볼 수 있는 9권으로 된 『영혼의 기사(騎士)들 Die Ritter Vom Geiste』의 첫 권을 내놓았는데, 이 작품은 자연주의 운동의 선구적 역할을 하였다. 유명한 마지막 작품 『로마의 마술사 Der Zauberer von Rom』(1858-1861)는 남부 독일에 사는 로마 카톨릭교도의 생활을 깊이 있게 다루었다.

그 중에서도 『의심하는 여인, 발리』는 실제로 있었던 사건을 소재로 한 작품이다. 함부르크의 어느 상인의 딸 발리는 문학에 대한 열렬한 숭배자였다. 어느 시인의 아내가 된 그녀는 남편으로 하여금 위대한 작품을 쓰도록 노력을 아끼지 않았다. 그러나 학교 선생님인 남편에게서 훌륭한 작품이 나오지 않자, 그녀는 남편에게 창작의 자극을 주기 위해 여행도 시키고 평범한 생활에서 변화를 가져오기 위해 직장까지 사퇴하도록 한다. 그러나 남편은 이로 인해 더 큰 고통만을 당할 뿐이다. 마침내 그녀는 위대한 작품을 탄생시키기 위해서는 획기적인 정신적 충격이 필요하다고 생각하고 자살할 것을 결심하고, 마침내 자신의 가슴을 찔러 자살을 하게 된다. 그녀는 유언으로 남편을 격려하며 슬픔에 잠기지 말고 이러한 고통을 계기로 훌륭한 시인이 되라고 권유한다. 이 사건은 당시 작가들에게 커다란 충격이 되었으며, 그녀를 문학의 여신처럼 찬양하는 사람도 있었다.

이 작품에서 구츠코우는 현실과 문학 사이의 벽을 허물고 있으며, 동시에 언어 면에서 볼 때, 낭만주의적 정신분열적 문체와 베르테르적 감상적 문체가 혼합되어 있다. 여주인공 발리는 신과 불멸성에 대한 회의적인 생각을 그녀의 일기장에 적고 있다. 그녀는 종교적인 열망을 가지고 있음에도 불구하고, 신앙을 가져보지 못했기 때문에 자살한 것이며, 발리를 사모하는 체 자르 C sar는 현대의 회의적인 지성이라고 볼 수 있다.

루트비히 뵈르네 Ludwig Börne(1786-1837)는 피압박자의 해방과 평등권에 대한 열망이 골수에 사무쳐있다. 유태교에서 신교로 개종했으며, 처음에는 의술에 종사하다가 나폴레옹에 의해 유태인 평등권이 반포된 이후로는 법관생활을 하였다. 7월 혁명 이후 파리로 가서 『파리통신 Schilderungen aus Paris』과 『파리에서 온 편지 Brief aus Paris』(1831-1834)를 썼다. 일찍이 그가 발간한 평론지 『저울 Die Waage』에서는 그의 연극에 대한 평론과 정치에 대한 평론이 특징적으로 나타나 있고, 모든 문학작품의 목적이 정치적 투쟁의 방법이라는 점에서 '청년독일파'와 동일한 목적의식을 가지고 있었지만, 하이네와는 관계가 별로 좋지 않았고 괴테를 극도로 혐오하였다. 한편 그는 작품 『멘첼, 반프랑스주의자 Menzel, der Franzosenfresser』에서 청년 독일파의 일부 글들을 비판하면서도 정치적 반동기의 억압 조처에 대항하는 청년 독일파 작가들을 논쟁적 필치로 옹호하고 있다. 그는 이상적 사회주의에 영향을 받아 독일에서도 혁명의 가능성이 있다는 의견을 가지고 있었으며, 이 점은 현실적이고 냉정한 현실 의식을 지녔던 하이네와 갈등을 일으켜 결국 교우관계가 깨지기도 하였다.

호프만 폰 팔러스레벤 Heinrich Hoffmann von Fallersleben (1798-1874)은 브레스라우 대학의 도서관 사서에서 독문학 교수까지 되었으나 『비정치적 노래집 Unpolitische Lieder』(1840)을 발간함으로써 이 속에 담겨진 정치적 성향 때문에 교수직에서 면직되었다. 그 후 각지를 방랑하며 소박하고 쾌활한 노래를 불러 대단한 인기를 끌었다. 『어린이의 노래』, 『방랑자의 노래』 등 정열적인 것들이 많지만, 그 중에서도 1848년에 쓴 『독일, 가장 뛰어난 독일 Deutschland, Deutschland über Alles』은 독일의 국가(國歌)로 되어서 그의 이름을 길이 남게 하였다. 그런데 이 노래는 그가 영국의 헬고란트 Helgoland 섬에서 1841년 8월 26일에 만든 『독일인의 노래 Lied der Deutschen』에서 유래한 것이다. 이것은 그가 영국의 헬고란트 섬을 방랑하며 이국땅에서 조국을 그리며 쓴 노래였다. 팔러스레벤이 『독일인의 노래』를 만들 당시 독일은 39개의 다양한 독립국가들로 구성되어 있었던 '독일 연맹 Deutscher Bund'의 형태였으며, 이러한 정치적 상황은 그로 하여금 자유로운 통일 국가를 열망하는 노래를 만들게 한 동기를 제공했다. 또한 단순하면서도 매력적인 그의 운문은 조국애와 동포애를 담고 있어 독일 학생운동에 큰 영향을 끼쳤다.

페르디난트 프라이리히라트 Ferdinand Freiligrath(1810-1876)는 교사의 아들로 베스트팔렌 주에서 태어난 그는 독학으로 시인으로서의 교양을 쌓았다. 그는 시의 사명이 정치보다 더 고차원적인 위치에 있다는 것을 확신하면서 젊은 정열이 그로 하여금 정의를 위해 투쟁하도록 하였다. 『자, 나가자 Ca ira』(1846), 『정치 사회 신시집 Neuere politische und soziale Gedichte』(1849) 등은 노동자 계급의 생활과 자유를 위한 그의 투쟁을 그린 시들이다. 이로 인해 그는 국가로부터 장려금을 받지 못했을 뿐만 아니라 벨기에, 스위스, 런던으로까지 망명을 해야만 했다. 한때 그는 카알 마르크스와 『신(新) 라인 신문 Neue Rheinische Zeitung』을 발간하기도 하였다. 이처럼 그는 정치적이고 혁명적인 시인으로서 활동했을 뿐만 아니라 번역에 있어서도 특이한 면이 있었다. 그는 세익스피어, 롱펠로우, 번즈 등의 작품을 번역하였는데, 영감을 가지고 감명있게 번역하여 창작시다운 면모를 보여주고 있다. 또한 그는 시작(詩作)에 있어서 사막, 맹수, 뱀 등을 삽입해서 이국적인 정취를 풍기게 하는 시적 경향을 나타냈다. 『사자의 기행 Löwenritt』, 『모르인의 왕 Der Mohrenfürst』 등이 이러한 유형이며, 순수한 서정시로는 『사랑의 지속 Der liebe Dauer』, 『꽃의 복수 Der Blumen Rache』 등의 우아한 작품들이 있다. 대체적으로 볼 때 그의 시는 훌륭한 작품으로 평가되며 후세에도 많은 영향을 미쳤다.

3. 1815-1848년 문학의 문학사적 의미

우선 이 시기에 존재하였던 문학의 두 가지 경향, 즉 비더마이어와 청년 독일파 문학에서 보이는 변별성을 살펴보면 다음과 같이 언급될 수 있다. 청년 독일파 작가들은 당시의 시대적 혼란과 혁명적 전운이라는 상황을 문학과 언론 활동을 통해 논의를 공격적으로 이끌면서, 예술의 목적성과 작가의 사회 참여성을 강조하였고, 새로운 사회를 위한 변혁을 긍정적으로 사고하였다. 반면 비더마이어 작가들은 상황을 회의적으로 평가하고 과거로 회귀하거나 상황의 주변으로 물러나 이를 체념적인 정조로 바라보며 개인의 인성학적 가치인 겸손이나 체념을 주제화 하였으며, 결국 이러한 태도를 통해 당시의 정치적 반동을 암묵적으로 혹은 결과적으로 동의하였다.

또 한편으로는 이들 두 문학 경향이 이전과 이후의 문학사에 어떠한 역할을 하였는지 또는 어떠한 차별성을 갖고 있는가에 대해 살펴보면, 우선 비더마이어 문학은 비록 보수적인 경향과 복고주의적 태도를 취했음에도 불구하고, 또한 시대의 정치 상황에 등을 돌려 한가로운 소시민적 일상으로 침잠했음에도 불구하고, 이러한 생활 감정의 표현에 있어서는 사실주의적 요소가 가미되었음은 부인할 수 없다. 즉 한가로운 고향의 정취나 평화로운 소시민의 생활을 소재로 삼아 이를 사실적으로 그리려고 노력한 흔적을 찾아 볼 수 있다. 전술한 바와 같이 비더마이어는 이전의 고전주의나 낭만주의를 계승 혹은 변형하였다는 점을 상기할 때 이들의 사실주의적 문체는 과도기적 역할의 성격을 엿볼 수 있다. 이 비더마이어를 '사실적 이상주의 Realidealismus' 혹은 '초기사실주의 Frührealismus'라고 호칭하려는 일련의 시도들에서도 비더마이어 문학과 사실주의의 연관성을 찾아볼 수 있다.

청년 독일파 문학의 참여성과 경향성은 1848년 3월 혁명 이후 눈에 띄게 줄어들고 체념 섞인 지방주의로 변질되어, 독일 사실주의만의 독특한 특징인 '시적 사실주의 poetischer Realismus'로 진행된다. 비록 하이네 등의 소수 작가들은 그들의 혁명적 민주주의 의식을 포기하지 않았으나 1848년 혁명 실패에 따른 사회전반에 걸친 냉소주의와 패배의식은 더 이상 정치적 낙관주의를 들어서지 못하게 하였다. 문학에서도 청년 독일파의 혁명 이후 정치성 소진은 다른 유럽 국가들에 비해 정치성이 현저히 뒤떨어지는 독일 사실주의 문학사를 배태하는데 일조 하였다. 그러나 이들의 저항 정신과 사회비판의식은 먼 훗날 자연주의의 태동에 간접적으로나마 영향을 주었다는 평가도 있다. 언론 매체를 이용하여 자신들의 진보적인 신념을 널리 알리려 했던 청년 독일의 정치적 문학관은, 1848년 혁명의 실패로 인하여 잠재되었던 문학의 정치화를 부르짖었던 자연주의 문학관과 상당한 유사성을 갖고 있다는 것이 이를 증명해 주고 있다.

iv. 사실주의의 정치 · 경제 · 사회적 배경

1. 사실주의의 정치적 배경

1848년의 3월 혁명은 자유주의적 시민계급에 의해서 주도된 것으로서 민족주의에 입각한 독일통일과 민주주의 원칙에 기초를 둔 의회제도의 확립을 그 목표로 하고 있었다. 그러나 이 목표를 달성한다는 것은 결코 쉬운 일이 아니었다. 혁명이 일어난 지 두 달 후에 소집된 프랑크푸르트 국민회의 Nationalversammlung가 임시 행정부를 구성하는 등 의욕적인 출발을 시도했지만 그 내부의 정치 및 행정조직을 가지고 있지 못하였기 때문에 처음부터 기존 지배세력의 눈치를 살피지 않을 수 없었다. 이것이 바로 이 혁명의 한계이자 비극이었던 것이다. 귀족을 중심으로 한 기존의 지배세력이 시민계급에 의해서 주도된 혁명을 지지할 이유가 없었던 것이다. 결국 국민회의는 프로이센과 오스트리아의 보수적 반동세력의 거부적인 태도로 1년 만에 강제 해산되고 시민혁명의 꿈은 산산이 부서졌다.

그 결과 시민계급은 1850년대 이후 그들의 정치적 요구를 보류한 채 다시금 부상하기 시작한 반동적 정치체제와 타협하지 않으면 안 되었다. '독일 자유주의의 비극'이라 칭하는 이 같은 시민계급의 타협은 비스마르크 Otto von Bismark(1815-1898)의 등장과 더불어 더욱 구체화되기에 이르렀다. 외교관으로 활동한 비스마르크는 프로이센의 수상으로 임명되자 취임연설을 통해 "독일이 주시하고 있는 것은 프로이센의 자유주의가 아니라 프로이센의 힘이다. 이 시대의 커다란 문제들은 연설이나 다수결 따위로 결정되는 것이 아니라 피와 강철로 결정된다"라고 언급함으로써 민주주의의 대원칙을 거부하고, 더 나아가 전쟁을 통한 독일의 통일을 강조하였다. 실제로 그는 1864년 덴마크 전쟁과 1866년 프로이센-오스트리아 전쟁을 승리로 이끌어 오스트리아 세력을 일단은 배제시킨 다음, 1870-1871년 독일과 프랑스의 전쟁에서 승리를 발판으로 1871년 1월에 프로이센을 주축으로 한 독일제국을 재 창건함으로써 독일민족의 염원이었던 통일의 위업을 이루게 된다.

이 과정에서 독일 시민계급은 통일 문제에 집착한 나머지 3월 혁명 이전의 순수 자유주의 이념을 민족주의적 자유주의 Nationalliberalismus로 변질시킴으로써 비스마르크의 강권정치를 묵인하는 결과를 초래하였다. 결국 시민계급은 비스마르크에 의한 독일의 통일이 시민의 정치적 자유를 담보로 해서 이루어졌다는 사실을 외면한 것이다. 반면 대부분의 시민들은 독불전쟁 이후 전쟁 승리로 인해 자기도취에 빠졌고 국수주의적 애국심을 앞세워 전쟁을 찬양하였으며, 비스마르크와 같은 인물을 역사의 주체로 영웅시하게 되었다. 그러나 사려깊은 학자나 문학가들은 이 같은 상황을 부정적 시각으로 보았는데, 특히 니체 Nietzsche는 1870-1871년의 위대한 승리는 "독일정신의 거세(去勢)"로 작용할 수 있다고 경고하고 낙관주의에 빠진 국민의식을 비판하였다. 니체의 이 같은 경고는 국가우선주의 의한 인간 개성의 파괴와 산업화에 따른 다양한 사회적 부작용을 고려할 때 결코 좌시할 수 없는 일이었다.

2. 사실주의의 경제적 배경

독일의 산업화는 1850년에서 1875년 사이에 집중적으로 이루어졌다. 이것은 시민계급이 정치 분야에서의 활동이 제한됨으로써 자신들의 노력과 정열을 학문과 경제 분야에 심혈을 기울였기 때문이었다. 이로 인해 물리학, 화학, 생물학, 의학 등 자연과학의 발전과 교통, 통신, 인쇄업 등에서 놀라울 정도로 진보된 기술혁명은 독일의 산업화를 이끌 수 있는 원동력이 되었다. 이를 토대로 많은 생산 공장들이 설립되었는데, 여기에는 지멘스 Siemens(1847), 스코다 Skoda

(1859), 오펠 Opel(1862)과 같은 기계공업과 훼히스트 Höchst(1856), 바이어 Bayer(1863), 바스프 BASF(1865) 등과 같은 화학공업, 그리고 차이스 Zeiss(1846), 라이츠 Leitz(1849) 같은 광학 공업체가 설립되었고, 하파크 Hapag(1847), 로이트 Lloyd(1857) 같은 해운 보험사들이 설립되었으며, 이와 함께 기업체에 자금을 지원해줄 은행들도 많이 증가되었다. 예를 들어 프로이센의 경우 1850년대에 10개에 불과하던 은행의 수가 1872년에는 50여개로 증가되었다. 이외에도 독불전쟁의 승리 이후에 프랑스로부터 50억프랑에 달하는 막대한 배상금이 들어와 1870년대 초에는 1,000개 이상의 회사들이 설립되기도 하였다. 특히 1890년대 초까지 설립된 회사들, 즉 튀센 Thyssen, 만네스만 Mannesmann, 아네게 AEG, 헨켈 Henckel 등은 독일 산업화의 결과로서 오늘날까지도 매우 중요한 역할을 하고 있다.

1850년 이후 이루어진 독일의 산업화는 생산 공장이나 은행의 설립 이외에도 철강 생산량의 급속한 증가와 철도와 도로망의 건설과 확장을 통해서도 짐작할 수 있다. 산업화시대의 주요 에너지요소라 할 수 있는 석탄은 1850년대에 160만톤이 생산되었으나 1870년대에는 3,300만톤이 생산되었고, 산업화시대의 상징으로 일컬어지는 철도는 1840년에 500㎞에 불과했으나 1875년에는 2,800㎞로 증대되었다.

3. 사실주의의 사회적 배경

자본주의의 경제체제 아래에서 진행된 이 같은 산업화는 노동자문제를 포함한 다양한 사회문제를 노출시켰다. 농업이 기계화되고 도시에 공장이 설립됨으로써 많은 사람들이 도시로 몰려들어 인구의 도시 집중화 현상으로 주택, 교육, 위생, 상하수도 등 다양한 문제점들이 발생하였고 동시에 공장 노동자로 전락한 사람들의 저임금에 관한 문제도 시급한 현안 문제로 대두되었다. 따라서 당시의 베를린 서부지역 근교와 같은 빈민가가 대도시마다 생기게 되었는데, 이곳에서의 비참한 생활상은 이후에 자연주의 문학에서 중심테마로 등장하기도 하였다. 공장노동자, 일용노동자, 빈민가들과 같은 프로레타리를 위한 운동은 라잘레 Ferdinand Lassalle의 「독일 노동자 총연맹」과 리프크네히트 Wilhelm Liebknecht와 베벨 August Bebel의 「사회민주주의 노동당」을 중심으로 활발하게 전개되었으나 큰 성과를 얻지 못하고 비스마르크의 '사회주의자 법'(1787)에 의해서 혹독한 탄압을 받게 되었다. 물론 의료보험이나 산재보험과 같은 사회보장법(1883-1889)이 있었으나 이들은 결국 산업화시대의 소외계층으로 머물게 된다.

산업화시대에 나타난 또 다른 현상은 시민계급의 동질성 Identität 상실이다. 산업화의 과정에서 핵심적 역할을 했던 시민계급이 산업화에 따른 경제적 보상을 가장 받았음에도 불구하고 정치적으로는 아무런 능력을 발휘할 수 없었기 때문에 그들 사이에는 동질성이 상실되이 분열될 수밖에 없었다. 같은 시민계급사회에서도 부유한 시민계층, 교육수준이 높은 계층, 가난하고 교육수준이 낮은 소시민계층으로 뚜렷하게 구별되었다. 특히 이들 시민계급은 정치, 외교, 군사 등 각 분야에서 절대적인 권한을 가지고 있던 귀족계급을 압도할 수 있는 힘이 없었기 때문에 단지 이들 귀족계급의 사고방식이나 생활양식을 모방할 뿐이었다. 예를 들어 호화로운 저택을 구입하여 고급스럽게 장식하거나 자식을 군 장교로 만들려고 온갖 노력을 기울이거나 귀족의 작위를 얻으려고 애를 쓰는 것이 당시 시민계층의 사고와 행동방식이었다. 물론 이 같은 현상은 대부분 부유한 시민계층에서 나타났지만 소시민계층에서도 전혀 없었던 것은 아니다. 또 하나는 산업화과정에서 나타난 사람들의 불안과 초조감이라 할 수 있다. 산업화과정에서 많은 부를 획득한 시민계층이 노동자계층으로 몰락했고, 많은 귀족들도 소시민계급으로 전락했다는 점을 고려해 본다면 당시 사람들의 심리적 상황을 쉽게 짐작할 수 있다.

사실주의의 정치·경제·사회적인 면을 살펴보면 산업화로 인해 모든 것이 혼란스럽고 복잡한 갈등의 상황이라고 할 수 있다. 낙관주의와 비관주의에 따른 불안과 초조, 보수와 진보의식의 대립, 귀족계급과 시민계급의 대립, 신 구의 갈등 등 여러 가지 요소가 당시의 특징적 형태라 할 수 있다.

v. 사실주의의 정신적·문화적 배경

1. 사실주의의 정신적 배경

자연과학의 발달에 따른 산업화, 비스마르크의 독일통일 그리고 산업화 과정에서 노출된 사회계층 사이의 갈등은 당시 사람들의 정신세계에 커다란 영향을 끼쳤다. 특히 철학계에서 종래에 많은 영향을 주었던 관념주의는 그 권위를 상실하고 현실에 바탕을 둔 유물론적 사고방식이 널리 퍼지기 시작하였다. 마르크스 Karl Marx와 엥겔스 Friedrich Engels는 『독일 이데올로기 Die deutsche Ideologie』

(1845)와 『공산당 선언 Manifest der kommunistischen Partei』(1848)을 통해 "의식이 생활을 규정하는 것이 아니라 생활이 의식을 규정한다"는 유물론적 명제를 토대로 하여 인류역사를 계급투쟁의 역사로 규정하고 무산계급에 의한 혁명을 주장하였다. 이것은 이성적 '절대정신'에 의해 역사가 진보한다는 헤겔 G.W.F. Hegel의 이론을 부정하는 것으로 이 같은 사상은 마르크스의 『자본론 Das Kapital』에서 구체적으로 명시되었다.

켈러 Gottfried Keller(1819-1890)[14]에게 많은 영향을 끼쳤던 포이어바하 Ludwig Feuerbach도 경험적 현실과 인식능력을 그의 사상의 근본으로 삼았다. 그의 종교서적 『종교의 본질 Wesen der Religion』은 기독교를 포함한 모든 종교를 인류학으로 규정하고 있는데, 그에 의하면 신은 인간에 의해 만들어진 하나의 이상상 Idealbild이라는 것이다. 그래서 현실에 관심을 가지고 있었던 포이어바하는 추상적 관념에 의해 씌어진 문학을 헛된 문학으로 규정하고 있다. 사실 유물론적 사고방식이나 인류학적 세계관은 실증주의에 근거한 자연과학적 인식으로 인해 더욱 확고하게 되었다. 포이어바하를 비롯한 유물론자들은 역사발전에 대해 나름대로의 신념을 가지고 있었는데, 이 점에 있어서는 헤겔도 이들과 유사한 관점을 지니고 있다고 할 수 있다. 그러나 3월 혁명이 좌절된 이후 산업화

---

14) Vgl. 조창섭: a.a.O.,S. 354. 켈러는 스위스가 낳은 시적 사실주의의 교양소설의 대표적 작가이다. 그는 장 파울Jean Paul의 문학 형식을 사회비판에 적합한 사실주의의 형식으로 변형하여 활용하면서 괴테 Goethe의 세계상에 입각한 고전주의를 계승하고 있으며 포이에르바하 Feuerbach의 철학 사상에 입각한 3월 전기 시대의 급진 자유주의 문학을 계승하였다.

에 따른 부작용이 발생하자 쇼펜하우어 Arthur Schopenhauer의 염세주의 철학과 그의 역사관이 사람들의 주목을 받게 되었는데, 그에 의하면 이 세계는 비이성적이고 맹목적인 힘의 현실로서 이 속에서 살아간다는 것은 고통을 의미한다. 그런데 이것은 삶에 대한 의지 때문이며, 따라서 이러한 삶에 대한 의지를 버리고 어떠한 탐욕도 없이 무(無)의 세계에 침잠했을 때 모든 고통이 사라진다는 것이다. 여기에서 무의 세계는 관조의 세계이며, 예술은 이 같은 관조의 세계를 그대로 옮겨놓는 것이다. 이 같은 관점에서 볼 때 쇼펜하우어의 철학은 현실과의 투쟁을 포기한다는 것을 암시하고 있지만, 어쨌든 당시의 유물론적 세계관이 인간의 정신 상태에 큰 영향을 주었다는 것은 사실이라 할 수 있다.

2. 사실주의의 문화적 배경

요약해서 말한다면 사실주의는 대중문화의 시대라고 할 수 있다. 소수의 독서애호가들에 국한되었던 문학에 대한 현실적 상황이 소시민과 노동자들에게까지 확대됨으로써 출판사들은 하층계급의 욕구에 부합되는 감동적이고 애로틱한 사랑과 남녀 간의 스캔들, 모험심과 자극적인 범죄를 내용으로 담고 있는 서적들을 발간하였고, 단순한 오락을 즐기기 위한 통속물도 많은 시민들에게 제공되었다. 시민계급은 단순한 오락물뿐만이 아니라 교양을 위한 정보나 지식을 얻고자 하였는데, 바로 이들의 취향에 맞추기 위해 많은 잡지와 출판물이 발간되었다. 그런데 이들 가운데서도 사회, 문화, 학문, 가정 등 시민사회에 필요한 내용을 담고 있는 『정자 Gartenlaube』가 아주 많은 독서층을 확보하고 있었고 시민들의 의식세계에 아주 많은 영향을 끼쳤으며, 시민계급의 기대에 부합하는 오락적이고 도덕적인 내용을 무비판적으로 기술하고 있다. 그리고 펠릭스 단 Felix Dahn의 『로마 전투 Ein Kampf um Rom』, 에버스 G.M. Ebers의 『에집트의 공주 Eine ägyptische Königstochter』, 프라이타크 Gustav Freytag의 『조상들 Die Ahnen』, 셰펠 Viktor von Scheffel의 『에케하르트 Ekkehard』와 같은 역사소설, 하크렌더 F.W. Hackländer의 사회소설, 마이 Karl May의 서부 인디언 소설 등은 사실주의 시대에 가장 훌륭한 작품이라 할 수 있다. 이러한 소설들의 내용은 시민계급의 도덕성과 윤리적 가치, 인간으로서의 책임과 의무, 성실과 절약, 그리고 박애정신과 애국심을 예찬하는 것으로 이루어져 있다. 물론 이 소설들은 당시에 사람들의 인기를 끌고 시민계급의 흥미를 유발시킬 수 있었지만 당시 사회의 모순과 갈등에 대한 비판의식을 마비시키는 결과를 초래하기도 하였다.

vi. 사실주의 문학

'시적 사실주의 Poetischer Realismus'[15)]라는 명칭은 오토 루트비

15) 이 용어는 루드비히의 논문 『시적 사실주의 Der poetischer Realismus』에서 나온 말이다. 독일문학은 1830년대를 전후해서 여러 유파가 병립해서 발전하지만, 1840년대에 접어들면서 다시 통일된 성격을 지니게 되었다. 이 시대의 독일작가들은 각기 독자적인 발전을 이룩하면서 작품의 소재, 언어, 그리고 지역에 따라 그 특성을 달리하고 있으나, 현실에 충실한 묘사방법, 생생한 현실에 대한 애착, 그리고 서민적 인간성에 있어서는 모두 일치하고 있었다. 이 시대의 작가들은 위선적인 모든 가치관에 반기를 들고 몰락하는 서민계급의 이익을 옹호하고, 그들이 즐겨 사용한 소설형식에서 현실을 철저하게 파헤쳐 묘사하였는데, 바로 이러한 문학형식을 루드뷔히는 '시적 사실주의'라는 말로 표현하였다. 즉

히 Otto Ludwig(1813-1865)가 명명한 것으로 19세기 후반의 사실주의 특성을 표현하는 말이다. 즉 위선적인 가치관에 반기를 들고 사회의 추악한 암흑면과 인간의 동물적인 욕구 같은 것을 노출시키는 데까지는 추락하지 않고 인간의 생활과 존재 속에서 가치 있고 의미가 있다고 생각되는 부분을 선택하여 그 속에 담겨진 현실을 철저히 파헤쳐 묘사함으로써 영원한 인간성을 추구하려고 한 표현방식이다. 이 시대의 작가들은 하나의 규범철학이나 세계관이 엄존하지 못하고 훔볼트 Humboldt의 우주론, 다윈 Darwin의 진화론, 쇼펜하우어 Schopenhauer의 염세주의에 큰 영향을 받았다. 또한 이 속에는 고전주의와 낭만주의의 전통이 아직도 남아 있어 지난 시절의 영웅을 되살려 보려는 의욕과 현실적·진보적 욕구가 겹쳐서 나타났다.

1848년 3월 혁명의 좌절로 인해 시민계급은 깊은 체념에 빠지게 되지만, 그들은 자신들에게 닥친 정치·사회적 현실을 부정하지 않고 사실 그대로 받아들이지 않으면 안 되었고, 혁명 이전의 이상주의적 사고와 행동을 버리고 모든 것을 현실적이고 객관적 입장에서 바라보았다. 사실주의 문학도 이 같은 의식의 변화와 흐름을 따라 전개되었는데, 당시의 문학비평가들, 즉 슈미트 Julian Schmidt, 마르크그라프 Marggraff, 고트샬 Rudolff Gottschall, 푸르츠 Robert Prutz, 헤트너 Hermann Hettner 등은 문학과 삶의 합일을 주장하고 문학의 근본적인 대상으로 삶의 현실을 강조했다. 그들은 고전주의

시적 사실주의는 현실을 철저히 묘사하면서도 내면적인 깊이를 숭상하고 미(美)를 소중히 여기는 표현방식이다.

와 낭만주의가 예술과 삶을 분리시켜 현실을 무시하고 이상과 동경의 세계에 안주하였다고 비판하고, 청년독일파의 문학이 현실에 많은 관심을 갖고 있었지만 미적인 면을 도외시하고 현실의 혐오스런 부분만을 강조하여 과도한 주관주의에 빠졌다고 주장하였다. 바로 이들은 과거의 문학에 대한 비판을 통해 사실주의 문학이론을 제시하였다. 본래 사실주의란 그 자체의 의미처럼 사회의 모든 현실을 사실 그대로 묘사하는 것이며, 사실주의 문학이론에서 핵심적 요인으로 등장한 것이 바로 **'사회현실'**과 **'현실 묘사'**의 방식이다. 그런데 이 **사회현실**이란 3월 혁명 직후의 특수한 상황, 즉 3월 혁명 직후에 사회가 총체적으로 내포하고 있는 혼란되고 모순된 현실이 아니라, 보수적인 사회분위기에 영합된 자유주의적 시민계급의 건전한 현실을 의미한다. 결국 이 같은 사회현실의 상황에서 요구되는 것은 건전한 오성(悟性)에 의해서 인식된 근면, 검소, 절약, 조국애, 도덕성과 같은 시민의식이었다. 따라서 현실을 묘사하는데 있어서 긍정적인 측면이 배제되거나 삶에 대한 즐거움과 관련이 없는 작품은 도덕적으로나 미학적으로 무가치한 것으로 간주되었다. 당시에 슈미트를 비롯한 비평가들이 청년독일파의 문학을 거부한 것과 영국의 디킨스 Charles Dickens의 문학을 높이 평가하면서도 그 작품 속에 묘사된 비참한 현실에 대해 부정적 반응을 나타낸 것은 그들의 관점과 달랐기 때문이었다.

사실주의 문학에서 **현실묘사**라는 방식의 중요성을 고려해 볼 때, "현실을 어떻게 묘사할 것인가"라는 논제에 관해 많은 비평가나 작가들이 문제를 제기하였다. 그들은 사실주의의 현실주의적 단순성을 내세워 종래의 문학에서 사용되던 일체의 수사학적 요소를 배제하고 누구나 쉽게 이해할 수 있는 단순하고 구체적인 문체를 요구하였다. 이러한 문체는 상징적이거나 비유적인 표현이 없고 과장되거나 열정 Pathos적인 면이 개입되지 않은 건조한 문체, 즉 일상적인 언어를 기본으로 하는 문체를 의미한다. 바로 작가나 비평가들은 이 같은 문체를 통해서 현실을 정확하게 묘사하였다. 1850년대에 사실주의 이론의 대표자라고 할 수 있는 슈미트도 "문학이 현실의 복사에 불과하다면, 문학의 존재이유가 무엇인가를 모르겠다."라고 말하고, 문학이 인간을 고양시키고 즐겁게 해주기 위해서는 인간적이면서도 시적인 진실이 절대적으로 필요하다고 주장했다. 루트비히는 '시적 사실주의'라는 개념을 부각시키면서 사실주의란 "우리가 현실세계로부터 인식하고 있는 것이 우리에게 내재되어 있는 법칙을 통해 재탄생된 세계"라고 말했다. 이 말은 사실주의가 현실의 모방이라는 밈메시스 Mimesis적인 성격을 지니고 있지만 상상력에 근거한 작가의 자유로운 창작능력을 가리키는 포이에시스 Poiesis[16]와도 깊은 관계가 있다는 것을 강조하는 것이다.

이 같은 관점에서 본다면 독일의 사실주의는 두 가지 면, 즉 문학의 자주성과 포이에시스적 측면을 강조했던 고전주의와 낭만주의의 문학전통을 완전히 탈피하지 못한 것으로 볼 수 있다. 사실주의의

16) 포이에시스는 그리스어로서 제작, 생산을 의미한다. 아리스토텔레스는 인간의 지적 활동을 관조, 실천, 제작으로 나누고, 첫째는 이론적 탐구를, 둘째는 정치를 포함한 윤리적 행동을, 셋째는 생산 기술 활동이나 예술 활동을 나타냈다. 그런데 포이에시스가 주로 예술 활동으로 인식되면서 제작학은 시학 poetik이 되고, 이것은 시 poem라는 개념을 갖게 되었다.

문학이론은 그 후 폰타네, 켈러, 라베와 같은 사실주의 작가들에 의해서 더욱 구체화되었는데, 이들은 문학의 대상인 현실을 시민계급의 건전한 현실에 국한시키지 않고 아름다운 것과 추악한 것, 밝은 것과 어두운 것, 이상적인 것과 현실적인 것 등을 동시적으로 포괄하는 현실의 총체적인 모습을 문학의 대상으로 삼았다. 그러나 이들 작가들도 현실을 묘사하는 방식에 있어서는 현실을 예술적인 대상으로 상승시키고 그 대상이 이 세계와 현실의 모사로 존재하기를 요구하고 있다는 점에서는 당시의 문학 비평가들과 동일한 견해를 지니고 있었다.

1-1. 사실주의 소설

사실주의 시대에 가장 두드러지게 나타난 것은 소설이었다. 산업화와 독일통일이라는 현실에 직면함으로써 여기에서 생겨나는 문제점들을 포괄적이고 객관적으로 묘사하기 위해서는 형식적으로 어떤 제약을 받지 않는 소설이 가장 적합하였다. 특히 소설은 빠른 속도로 증가한 독자층의 취향을 만족시키는데 있어서도 효과적이었으며, 인간과 사물을 세밀하게 묘사한다는 사실주의의 관점에도 부합되었기 때문에 사실주의 시대에는 아주 많은 소설들이 씌어졌다. 물론 소설은 작가의 개성이나 취향에 따라 약간의 차이가 있지만 전체적으로 보면 몇 가지 공통점을 지니고 있다. 즉 19세기 중엽 이후 인간과 사회의 내외적 상황을 객관적으로 묘사하였다는 점, 인간과 현실 사이의 갈등을 묘사하는데 있어서 좌절과 체념이 나타나지만 이것이 작가의 확고한 윤리의식을 토대로 조화적인 세계로 지양하고 있다는 점이다.

소설은 형식면에서 장편소설 Roman과 단편소설 Novelle로 구분할 수 있지만 사실주의 소설의 다양성을 조망하기 위해서는 소재와 주제에 따라 4가지 유형, 즉 사회소설, 역사소설, 마을소설, 교양소설 등으로 분류할 수 있다.

사회소설 Gesellschaftsroman은 사실주의 소설의 대표적인 소설형식이다. 19세기 후반의 독일사회는 경제적으로는 자본주의 체제로 산업화가 급속도로 이루어졌고 사회적으로는 시민계급과 귀족계급, 시민계급과 무산계급, 시민계급 상호간에 갈등이 심화되었고, 정치적으로는 통일운동의 결과로 독일제국이 창건되었으며, 철학적으로는 실증주의, 진보주의, 유물주의가 뒤섞인 혼란된 사회였다. 그러나 독일 사회소설은 영국, 프랑스, 러시아의 사회소설과는 달리 당시의 독일사회를 올바로 표현하지 못하였다. 이것은 독일 사회소설이 직접적인 사회비판이나 사회고발의 성격보다는 주어진 현실을 현실로 인정하는 가운데 영원히 인간적인 것을 추구하려는 경향이 강했기 때문이었다.

역사소설 Geschichtsroman은 사실주의 시대에 가장 번성했던 소설형식으로 19세기가 역사학의 시대였음을 나타내는 현상임을 알 수 있다. 랑케 Ranke, 니부르 Niebuhr, 드로이센 Droysen, 트라이취케 Treitschke, 몸젠 Mommsen 등에 의한 역사학의 발전과 일반인들의 역사학에 대한 관심, 그리고 허구보다는 사실적인 것에 중점을 둔 사실주의의 경향이 역사소설을 널리 파급시킨 요인이 된 것으로 볼 수 있다. 당시 독일의 역사소설을 보면 폰타네 Theodor Fontane

(1819-1898)[17]의 『폭풍전야 Vor dem Sturm』나 알렉시스 Willibald Alexis의 『안정이 시민의 제일의무 Ruhe ist die erste Bürgerpflicht』처럼 영국작가 스코트 Walter Scott의 '허구의 중도적 인물'을 주인공으로 하여 과거의 역사적 현실을 독자들에게 전달하는 유형이 있었고, 릴 W.H. Riehl이나 단 F. Dahn, 에버스 G. Ebers의 소설처럼 문화적인 측면에서부터 그리스나 이집트의 신화까지도 소재로 삼은 유형이 있으며, 라베 wilhelm Raabe나 마이어의 역사소설처럼 작가의 역사관이나 세계관을 부각시킨 소설의 유형도 있다. 어쨌든 이 역사소설들은 현실이 아닌 과거를 소재로 하고 있는 것이지만 간접적으로는 현실에 대한 일말의 내용을 포괄하고 있다는 사실이다.

마을소설 Dorfroman은 농촌 마을이나 향토지역을 소설의 무대로 설정하고 특정지역의 생활상과 인간상을 부각시키면서 동시에 도덕적인 교훈을 통해 민중을 계몽시키려는 의도를 지니고 있다. 따라서 마을소설은 농촌의 비참한 현실보다는 그 속에서 조화롭게 이루어지는 삶의 모습에 가치를 두어 묘사하고 있다. 신의 섭리에 순응하며 살아가는 순박한 농민을 주제로 하고 있는 고트헬프 Jeremias Gotthelf[18]의 작품과 아우어바하 Bertold Auerbach의 『슈바르츠발트

17) Vgl. Joachim Bark u.a. (Hrsg): Epochen der deutschen Literatur, Ernst Klett Schulbuchverlag, Stuttgart 1989, S. 314. 하인리히 만 Heinrich Mann은 폰타네를 현대 독일 소설의 창시자로 불렀는데, 그 이유는 자신과 동생 토마스 만 Th. Mann을 위시한 후세의 많은 소설가들에게 영향을 주었기 때문이다. 독일이 동서독으로 나누어져 있던 1953년 동독의 포츠담에는 "테오도르 폰타네 문고"가 설립되어 폰타네에 관한 간행물을 정기적으로 발간되었으며 20세기 후반에 접어들면서 그에 대한 연구는 더욱 활발해졌다.

18) Vgl. Bernd Lutz(Hrsg.): Metzler Autoren Lexikon, J. B. Metzlerische Verlagsbuchhandlung, Stuttgart 1986, S. 206f. 고트헬프는 스위스 베른 Bern

마을이야기 Schwarzwälder Dorfgeschichten』가 대표적인 작품이라 할 수 있다. 마을소설의 이 같은 경향은 당시 매우 심각했던 도시화 현상에 대한 깊은 인식에 그 원인이 있었고, 결국은 전원생활과 낙천주의라는 현실 도피적 삶으로 인해 사회생활을 외면하고 안이한 삶에 정주하는 문학이라는 부정적인 평가를 초래하였다. 또한 이 소설에 나타난 특이한 현상은 언어묘사에 있어서 많은 방언이 사용되어 독자들에게 부정적 요소로 작용했다는 점이다.

괴테 J.W. von Goethe의 『빌헬름 마이스터의 수업시대 Wilhelm Meisters Lehrjahre』 이후 독일 소설양식으로 자리 잡았던 교양소설 Bildungsroman은 그 성격이 많이 달라졌다. 종래의 교양소설이 한 인간의 내면적인 성숙과정을 묘사하고 있었다면, 사실주의에서의 교양소설은 한 인간의 사회화과정과 개인과 사회와의 관계를 묘사하는 것이라 할 수 있다. 켈러의 『녹색의 하인리히 Der grüne Heinrich』는 이 시대의 대표적인 교양소설로서 주인공은 교양의 목표인 완전한 인간의 경지에 이르지 못하고 고향에 돌아오자마자 죽게 된다. 이 같은 비극적인 종말은 종래의 교양소설에서는 찾아볼 수 없는 것으로서 여기에서 작가가 의도했던 것은 교양목표를 달성하는 것이 아니라 이 목표를 달성하는 과정에서 일어나는 개인과 사회와의 관계를 묘사하는데 있었다.

에서 알아주는 도시 귀족가문의 혈통으로 무르텐 Murten에서 1797년에 태어났다. 그는 교육가이자 사회 개혁가인 요한 하인리히 페스탈로치 Johann Heinrich Pestalozzi와 알고 지내면서 그의 이념에 영향을 받아 문학 창작을 통해서 또한 직접적인 정치 참여를 통해서 사회 개혁을 해보려고 노력하였다.

1-2. 사실주의 소설 작가들

앞에서는 사실주의의 소설형태에 대해서 알아보았는데 여기에서는 당시 소설작가들에 대해 언급해 보고자 한다. 고트헬프는 농민을 계도하고 이들을 산업사회의 병폐로부터 보호하려고 하였기 때문에[19] 그 소설의 주인공들은 그가 목사직을 수행하고 있는 곳의 농부들과, 농부들의 아내, 머슴, 마을의 가난한 아이들로 구성되어 있다. 물론 이로 인해 구조상으로 그의 소설이 지루하다는 느낌을 주기도 하지만, 방언과 표준어를 알맞게 사용함으로써 구체적인 상황을 사실적으로 묘사하기 때문에, 그의 소설은 자연스럽고 소박하고 꾸밈이 없는 면을 보여주고 있다. 그는 농민소설 Bauernroman[20]에서 두각을 나타내 켈러가 작품활동을 하기 시작한 이전의 시대에 스위스에서 가장 훌륭한 소설가로서의 명성을 얻었다. 또한 그는 산

19) 그는 『농민의 거울 혹은 예레미아스 고트헬프의 인생사 Der Bauernspiegel oder Lebensgeschichte des Jeremias Gotthelf』(1837), 『5명의 소녀가 소주를 마시고 비참하게 죽었단다 Wie fünf Mädchen im Branntwein jämmerlich umkommen』(1838), 『소주 폭음가 두르슬리 Dursli Branntwinsäufer』(1939) 등의 작품에서 스위스 민중을 교화하려는 노력을 보이면서 금주(禁酒)를 권고하고 있으며, 『어느 교사의 고뇌와 기쁨 Leiden und Freuden eines Schulmeisters』(1838/39)에서 그는 자신이 주(州)의 교육 위원(1835-1845)으로서 알게 된 초등학교의 설립과 운영에서 나타난 모순점과 그리고 교사 양성 과정에서 야기된 병폐들을 비판하며 개선을 요구하고 있다. 『안네 베비 요베거는 가정 살림을 어떻게 하며 의사와의 관계는 어떠한가 Wie Anne Bäbi Jowäger haushaltet und wie es ihr dem Doktor geht』(1843/44)에서 미신과 잘못된 의료행위의 근절을 계도하고 편협한 모성애가 가정의 행복을 파괴할 수 있다는 위험을 제시하고 있다.

20) 울리 소설 Uli-Roman은 그의 창작의 결정체로서 농민소설의 대표적 작품이다. 이 작품은 1841년에 나온 『머슴 울리는 어떻게 행복해지는가 Wie Uli, der Knecht, glücklich wird』(1814)와 1847년에 나온 『소작인 울리 Uli der Pächter』(1847)로 구성되어 있다.

업사회라는 시대의 흐름과 함께 농민들에게까지 닥쳐온 산업화와 혼돈이라는 시대의 변화에 저항하여 인간에 대한 윤리교육과 종교교육을 통해 농촌의 기독교적이고 가부장적 생활 전통을 지켜 나가려고 노력하였다.

스위스의 소설가이고 본명이 비치우스 Albert Bitzius인 **고트헬프 Jeremias Gotthelf**(1797-1854)는 그의 작품에서 베른의 시골 사람들을 생생하게 묘사하고, 그들의 미덕을 찬양하였으며, 전통적인 교회와 가정생활을 옹호하였다. 그는 베른에서 목사의 아들로 태어나 베른과 괴팅겐에서 신학을 공부하고, 베른에서 귀족지배체제를 폐지하기 위한 정치활동에도 참여하였으며, 정치적으로는 보수적이었다. 1831년에 베른 주에 있는 에멘탈의 한촌(寒村)에 거처를 정하고 1932년에 목사가 되었으며, 틈틈이 소설을 썼다. 그는 소설을 농민교화(敎化)를 목적으로 썼는데, 농민생활을 사실적으로 묘사해서 켈러 G. Keller로부터 "독창적이며 위대한 서사적 천재"라는 절찬을 받았다.

스위스의 자유주의에 급진적 경향이 나타나기 시작했을 때, 고트헬프는 좀 더 보수적 경향으로 바뀌었다. 그가 글을 쓰게 된 동기도 물질주의로부터 위협받는 세계에서 그리스도교 신앙을 보존하려는 열망에 있었고, 또 한편으로는 농민을 계도하고 이들을 산업사회의 병폐로부터 보호하려고 하였기 때문에, 그 소설의 주인공들은 그가 목사직을 수행하고 있는 곳의 농부들과, 농부들의 아내, 머슴, 마을의 가난한 아이들로 구성되어 있다. 물론 이로 인해 구조상으로 그의 소설이 지루하다는 느낌을 주기도 하지만, 방언과 표준어를 알맞게 사용함으로써 구체적인 상황을 사실적으로 묘사하기 때문에, 그의 소설은 자연스럽고 소박하고 꾸밈이 없는 면을 보여주어 농민소설 Bauernroman[21]에서 특히 두각을 나타내고 있다. 그는 『농부의 거울 Der Bauernspiegel』(1837), 『5명의 소녀가 소주를 마시고 비참하게 죽었단다 Wie fünf Mädchen im Branntwein jämmerlich umkommen』(1838), 『소주 폭음가 두르슬리 Dursli Branntweinsäufer』(1939) 등의 작품에서 스위스 민중을 교화하려는 노력을 보이면서 금주(禁酒)를 권고하고 있으며, 『어느 교사의 고뇌와 기쁨 Leiden und Freuden eines Schulmeisters』(1838/39)에서 그는 자신이 주(州)의 교육위원(1835-1845)으로서 알게 된 초등학교의 설립과 운영에서 나타난 모순점과 그리고 교사 양성 과정에서 야기된 병폐들을 비판하며 개선을 요구하고 있다. 『안네 베비 요베거는 가정 살림을 어떻게 하며 의사와의 관계는 어떠한가 Wie Anne Bäbi Jowäger haushaltet und wie es ihr dem Doktor geht』(1843)에서 미신과 잘못된 의료행위의 근절을 계도하고 편협한 모성애가 가정의 행복을 파괴할 수 있다는 위험을 제시하고 있다. 그 외에도 『가난한 사람들의 요구』(1840), 『머슴 울리 Uli der Knecht』(1841), 『금전과 정신』(1849), 『소작인 울리 Uli der Pachter』(1849), 『현대정신과 베른정신』(1852) 등이 있으며, 단편으로는 『검은 거미 Die schwarz Spinne』(1842), 『괴짜 하녀, 엘지 Elsi, die seltsame Magd』(1843) 등이 있다. 그가 쓴 13편의 장편과 50편이 넘는 단편소설들은 서사 작가로서의

21) 1841년에 나온 『머슴 울리는 어떻게 행복해지는가 Wie Uli, der Knecht, glücklich wird』와 1847년에 나온 『소작인 울리 Uli der Pachter』는 농민소설의 대표적 작품이다.

천재성과 시적 자질뿐 아니라, 사람들에 대한 깊은 관심을 보여준다. 그는 심리적 관찰과 상상력 및 언어의 창조적 힘을 통하여 생생하게 인물들을 그려냈다.

『농부의 거울 Der Bauernspiegel』에 등장하는 주인공 예레미아스 고트헬프라는 이름은 작가가 이 작품을 쓴 이후부터 작가의 필명(筆名)이 되었다. 여기에서는 고용살이를 하는 젊은 농부 고트헬프의 쓰라린 생활과 주인공이 사회의 인습, 편견, 무지, 퇴폐를 상대로 싸우면서 살아가는 과정이 묘사되고 있으며, 특별한 극적인 줄거리는 찾아 볼 수가 없다. 『머슴 울리 Uli der Knecht』에서도 하층계급의 농민 생활이 사실적으로 묘사되고 있다. 평범한 젊은 농부가 과오와 무지로부터 사물을 인식하는 능력이 생겨서 자신을 향상시키려고 노력하는 교양소설이다. 특히 사건을 사실적으로 관찰하고 여자의 심리와 본성을 꿰뚫어 분석하는 작가의 능력이 특징적으로 나타난다. 이것은 교만하고 경박한 여성 엘리지와 그 반대로 사생아이지만 성실하고 마음이 착한 프리넬리와의 대조, 그리고 프리넬리의 영향으로 주인공 울리의 마음이 정화되어 향상된 길을 가게 되는 과정 등에서 나타난다. 『괴짜 하녀, 엘지 Elsi, die seltsame Magd』에서 모든 비천한 것에 대해 경멸심을 품고 있던 제분소 딸인 엘지는 집안이 몰락하자 자존심을 버리고 남의 집 하녀로서 성실하게 일을 한다. 그녀는 자신을 사모하는 젊은 농부 그리스텐에게 마음속으로는 애정을 가지고 있었으나 자기 아버지의 행실을 부끄럽게 생각하고 그리스텐의 구혼을 거절한다. 그리스텐은 실연하여 고민 끝에 결국은 전쟁터로 나가게 된다. 마지막까지 구혼을 거절하던 엘지는 마음을 바꿔 전쟁터로 그를 찾아가지만 그리스텐은 이미 전사한 시체로 남아있었다. 결국 그녀는 전사한 애인의 뒤를 따라 죽게 된다. 켈러는 이 작품을 『헤르만과 도르테아』에 비할만한 훌륭한 작품이라고 찬양하였다.

북독일 슐레스비히-홀슈타인의 서해안 지방에 위치한 후줌 Husum에서 변호사의 아들로 태어난 **슈토름 Theodor Storm**(1817-1888)은 1837년부터 킬대학과 베를린 대학에서 법률을 공부하였다. 그는 학생시절에 괴테, 하이네, 아이헨도르프, 뫼리케 등의 세계에 접하여 문학적으로 눈을 떴고, 소녀 베르타 Berta와의 사랑의 체험이 그를 서정시인으로 출발하게 하였다. 이것은 당시 몸젠 형제와 함께 발표한 『세 동무의 노래집 Liedererbuch dreier Freunde』(1843)에 잘 나타나 있다. 졸업 후 고향에서 변호사를 개업했으나, 당시 덴마크 영토이던 슐레스비히 홀스타인의 독립운동에 참가했기 때문에 변호사직을 박탈당하여 1853년 베를린 근교의 포츠담으로 이주했다. 또한 그는 1847년에 사촌 여동생 콘스탄체 Constanze와 결혼했으나, 집안일을 돌보며 같이 살던 처녀 도르테아 옌스 Dorothea Jensen과의 관계로 인해 결혼생활에 위기를 맞게 되었지만, 도로데아가 고향을 떠남으로써 문제는 해결되었다. 포츠담에서 3년 후인 1856년 작센의 하일리겐슈타트 지방재판소 판사로 옮겨와 심한 향수에 젖어 세월을 보내던 중, 얼마 후에 슐레스비히 홀슈타인의 독립이 이루어지자, 1864년 고향에 돌아와 주지사(州知事)로 부임하였으며, 1865년에는 아내 콘스탄체가 일곱 번째 아이를 낳다가 죽게 되자, 슈토름은 자기의 슬픔을 위로해준 도로테아와 재혼하였다. 본래 도로테아는

13세 소녀시절부터 슈토름을 사모하였다고 한다. 1866년 홀슈타인주가 포러시아 영토로 편입되자 그의 지사직이 박탈됨으로써 그는 다시 재판관이 되었다가 63세에 공직에서 물러나 홀슈타인의 하데마르셴이라는 소도시에 거주하게 된다.

그의 소설은 50여 편이나 되지만, 그의 작풍(作風)은 대략 전후 2기로 나누어진다. 즉 전기의 것은 젊은 날의 사랑을 추상(追想)하는 노인을 묘사한 『임멘호(湖) Immensee』(1849)를 위시하여 『앙겔리카 Angelika』(1855), 『늦장미 Späte Rosen』(1859), 『대학시절 Auf der Universität』(1862), 『바다의 건너편에서 Von jenseits des Meeres』(1864), 『성 유르겐에서 In St. Jürgen』(1867) 등으로, 모두가 낭만적인 정조(情調)가 풍부한 서정적 작품들이다. 또한 주로 30대에 쓰여진 많은 서정시는 뫼리케와 아이헨도르프의 그것과 비견할 수 있다. 후기 작품은 사실적(寫實的) 수법에 예리한 심리 해부를 덧붙이고 있다. 『카르스텐 쿠라토르 Carsten Curator』(1878), 『한스 키르히와 아들 하인즈 키르히 Hans und Heinz Kirch』(1882) 등과 연대기(年代期) 소설인 『수사자(水死者) Aquis submersus』(1876), 『레나테 Renate』(1878) 등이 있고, 최후의 작품인 『백마의 기수 Der Schimmelreiter』(1888)는 원숙기의 최고 걸작이라고 할 수 있다. 그리고 특징적인 작품으로 『삼색 제비꽃 Viola tricolor』(1873)[22]이 있다.

---

22) 이 작품은 작가 자신이 남편과 아버지로서 겪은 영적인 갈등을 자전적 형식으로 형상화한 작품이다. 재혼으로 맞이한 아내가 전처의 아이를 받아들이면서 겪는 정신적 어려움과 그것을 애정으로 승화시키는 과정이 아름답게 그려져 있다. 주인공 루돌프는 문헌학을 전공한 학자인데, 그는 어린 시절 일찍이 어머니를 여의고 고독한 청년기를 보낸다. 그는 죽은 어머니의 초상화를 장미로 장식하여 서랍 속에 고이 간직하고, 계모가 꾸짖어도 친어머니를 잊지 못한다. 성년

그는 일생동안 장편소설과 희곡에는 손을 대지 않았고, 사상적인 깊이는 없으나, 북해를 끼고 있는 고향 후줌의 자연과 풍물을 배경으로 하여 평범한 인생의 꿈과 사랑을 묘사했다. 즉 고향의 잿빛하늘과 검푸른 바다, 파도 드높은 북해를 마주보는 회색의 도시, 꼬불꼬불한 골목, 흰 자작나무의 숲과 목장, 음산한 늪 주변의 분위기, 광활한 개펄과 황무지, 선대의 삶이 그대로 숨쉬고 있는 옛날의 집들, 그리고 토속적인 전설과 유령이야기를 배경으로 전개되는 슈토름의 문학세계는 애수(哀愁)와 무상(無常)이 뒤섞인 추억으로 가득차있다. 이 같은 분위기는 그의 비종교적 태도에 기인하고 있다. 그는 다른 사실주의 작가들처럼 기독교의 내세사상을 거부하고 인간의 삶을 현실에 국한시키고 있다. 그의 500여 편의 시, 50여 편의 단편소설과 동화는 모두 고향 땅에 뿌리박고 있으며, 자신의 체험을

이 된 그는 마리라는 여자와 결혼하는데, 마리는 결혼 후 아들 네시를 낳았지만, 병약하여 죽게 된다. 루돌프는 아내와 함께 살았던 시간을 애써 마음속에 떠올리는데, 꿈속에서 아내와 함께 있을 때 자신의 고독은 그다지 큰 고통으로 다가오지 않는다. 장년이 된 루돌프는 이네스라는 여성과 두 번째 결혼을 하게 된다. 이네스는 남편과 아들 네시 사이에서 어떤 혼란스러움을 느낀다. 즉 남편은 아직도 죽은 부인 마리를 잊지 못하고, 아들 네시 역시 죽은 어머니에게 심리적으로 집착하고 있다. 루돌프는 고적한 서재에서 떠나간 여인들을 생각하는데, 책상 위에는 죽은 두 여인의 초상화가 놓여 있다. 이네스는 루돌프의 태도에 불만을 품고 고통을 느끼며, 남편에게 죽은 아내를 잊으라고 말한다. 비록 후처로 들어왔나고 하더라도 사랑 받지 않으면, 여자로서 살아갈 수 없다고 이네스는 여러 번 하소연한다. 그런데 부부의 갈등은 자식의 탄생으로 해결된다. 바로 이네스가 아기를 분만함으로써, 루돌프는 커다란 행복감에 젖어들고, 그 이후에야 비로소 그녀는 루돌프의 아내, 네시의 어머니로서 행복하게 살아간다. 이 작품은 이렇게 조화로운 결말로 끝을 맺는다. 작품 속의 이 같은 내용은 슈토름의 자전적인 면과 동일하다. 즉 슈토름 자신은 실제로 두 번째 부인인 도로테아와 오랫동안 갈등을 빚고 있었다. 그러나 1868년에 도로테아가 딸 프리드리케를 출산하게 되자, 슈토름과 도로테아 사이의 갈등은 완화되었다. 작가는 바로 자신의 이러한 체험을 이 작품 속에 반영하고 있다.

바탕으로 하였다. 작품의 발전도 생활체험을 토대로 초기의 애수가 서린 서정의 세계에서 서사적인 심리적 갈등의 세계로, 그리고 최후에는 비극적 세계로 이르는 시적 사실주의를 완성하였다.

틀소설로 된 『임멘호』는 늙은 라인하르트의 회상, 즉 엘리자베트 Elisabeth, 라인하르트 Reinhardt, 에리히 Erich, 그리고 라인하르트의 엘리자베트를 향한 순수한 사랑 등이 틀 속에서 간결한 형태를 이루고 있으며, 이 전체적인 틀 속에 10개의 회상하는 장면이 나누어져 있다. 어느 늦가을 오후에 한 노인이 산책에서 돌아와 2층 방으로 들어가, 검은 액자가 있는 곳으로 걸어가서 '엘리자베트'라고 말하는데, 바로 이 순간 틀의 전개과정이 종료되고 사건은 그의 유년 시절로 되돌아가 이루지 못한 사랑의 추억들, 즉 소꿉친구인 엘리사베드와 들판에서 함께 뛰놀던 행복했던 유년시절, 그녀를 위해 썼던 시들과 그녀에게 들려주었던 동화들, 어느 여름날 유학을 떠나면서 맞이한 그녀와의 작별이 눈앞에 펼쳐진다. 그가 부활절 휴가를 맞아 고향에 돌아왔을 때, 그는 엘리자베트가 놀라울 정도로 변해버린 것을 느끼게 된다. 그가 그녀에게 선물했던 홍방울새는 죽어버리고, 그 자리에는 친구인 에리히가 그녀에게 선물한 카나리아가 금으로 장식된 새장 속에서 날개를 퍼덕이고 있다. 라인하르트는 "홍방울새가 카나리아로 변했나보지"라고 자신의 불편한 심기를 토로한다. 휴가를 끝내고 고향을 떠날 때, 그는 그녀에게 자신을 기다려달라는 부탁을 한다. 그러나 그는 그녀에게 더 이상 편지를 쓰지 않았는데, 2년 후 어머니로부터 받은 편지에서 그녀가 그녀 어머니의 강요로 에리히의 청혼을 받아들여 결혼하게 된다는 것을 알게 된다.

오랜 세월이 지난 후 그는 에리히의 초대로 임멘호를 방문하지만, 지난 시절의 이루지 못한 사랑의 추억들로 인해서 에리히 농장에서의 엘리자베트와의 만남은 그에게 괴롭고 가슴 아픈 고통만을 가져다 줄뿐이다. 그가 농장을 방문하는 동안 그는 에리히와 엘리자베트가 열정과 사랑이 없는 부부로 살고 있다는 것을 알게 되지만, 라인하르트와 엘리자베트는 현 상태를 변화시키기 위한 용기를 갖지 못한다. 그는 쓰라린 마음으로 그녀와 영원한 작별을 나누고 세상에 직면하기 위해 그곳을 떠나지만, 그녀는 살아남기 위해 그곳에 머무른다. 이렇게 해서 엘리자베트와 이별을 하는 장면으로 회상은 종결되고 이야기의 배경은 다시 노인의 현 상태로 돌아간다. 틀 구조의 결말이 최초의 회상상태로 돌아감으로써 지금까지 서술된 사건이 노인이 회상하였다는 사실을 다시금 인식시키고 진행되는 이야기의 현재와 회상된 과거의 이야기를 대비시키고 있다.

『백마의 기수』는 슈토름이 죽기 직전에 완성한 소설이다. 그는 일생동안 많은 시와 단편소설을 썼는데, 소설의 분량이 대부분 짧은 편이다. 그 중에서 이 작품은 제일 긴 분량을 가지고 있다. 작품의 처음에는 작가 자신이 1인칭 화자가 되어 서두를 이끌고, 다음은 잡지 기자가 나타나 1인칭 화법으로 이야기를 시작해 나간다. 그리고 다시 학교 선생님이 3인칭 화법으로 나타나 주인공의 일생에 대해 이야기를 전개해 나가는데, 이 학교선생님의 이야기가 작품의 대부분을 차지하며 핵심내용을 이루고 있다. 이 작품의 시간적 배경은 18세기 중엽이고 공간적 배경은 네덜란드와 독일북부 접경지역인 프리스란트 지역이다. 이곳은 오래전부터 불어 닥치는 해일 때문에 수많은 재산과 인명이 피해를 보는 지역이다. 가난한 농부의 아들로 태어난 하우케 하이엔 Hauke Haien은 다소 내성적이지만 총명하고 수학을 잘하는 소년이었다. 그는 어렸을 때부터 제방에 관심이 많아서 시간이 있을 때마다 "어떻게 하면 훌륭한 제방을 만들 수 있을까?"하고 생각하곤 했다. 그는 성장하면서 젊은 나이에 제방 감독관이 되어 새로운 제방을 쌓게 된다. 그러나 수많은 난관이 그 앞에 놓여있었다. 우선 사사건건 그의 일에 트집을 잡는 올레 페텔스와 그의 측근들, 여러 가지 자연적인 악조건, 그 당시 사회에 만연되어 있는 미신들과 사람들의 불합리한 사고방식들이 가로막고 있어서, 그는 이러한 것들과 싸워야만 했다. 그의 편은 아무도 없었고 그에게는 외로움만이 가득했다. 이런 와중에 그에게 유일한 버팀목이 되었던 것은 가족이었다. 조합장의 딸인 부인 엘케의 변함없는 사랑, 모자라기는 해도 사랑스러운 딸 뷘케의 존재가 힘든 상황을 극복하게 만들었다. 또한 이 난관들을 극복하는 하우케 자신의 불굴의 의지가 있었기 때문에 그는 제방을 성공적으로 만들 수 있었다. 그러나 새 제방을 완성한 후에 구 제방과 새 제방을 연결하는 부분에서 둑이 터져 자신의 가족을 잃게 되자, 하우케는 백마를 몰아 가족을 구하기 위해 물속에 뛰어들지만 거세게 몰아치는 파도 속에서 사람의 그림자는 찾을 수 없었다. 그래서 지금까지도 폭풍이 거센 밤이면 백마를 탄 그의 모습이 제방위에 나타난다고 전해진다.

슈토름의 문학은 이 작품에서 초기의 감상성을 탈피하여 웅장한 북독일의 자연묘사와 북독일인의 성격을 부각시켜 신비스럽고 기이한 분위기 속에서 하나의 특수한 인간상을 나타내고 있다.

이외에도 『성 유르겐에서 In St. Jürgen』는 한 노인의 추억담으로 구성되어 있다. 아그네스 Agnes라는 처녀와 하레 Hrre라는 청년은 서로 사랑하는 사이였는데, 하레는 피아노제조공이 되기 위해 고향을 떠나 여러 해가 지나도 돌아오지 않는다. 나름대로의 사정으로 돌아오지 못한 그는 오랜 세월이 지난 후에 고향으로 돌아왔으나, 애인 아그네스는 이미 죽은 후였다. 그래서 그는 공허한 마음을 억제할 수 없어 고향을 뒤로하고 방랑의 길을 떠난다. 그의 작품은 물론 서정적이고 감상적이며 사랑스런 이야기이지만 위대한 문학이라고 할 수는 없다. 『바다의 건너편에서 Von jenseits des Meeres』는 초기작품의 우울하고 감상적인 심리상태에 머물지 않고 적극적으로 자신의 행복을 얻으려는 작가의 발전된 묘사방법이 나타나 있다. 혼혈의 소녀 엔니는 아버지의 나라인 독일에 유학하여, 독일청년 알프레드의 집에 머물면서 그와 서로 사랑하는 사이가 된다. 학업을 마친 후에 엔니는 어머니의 나라인 서인도로 갈 것인가 독일에 머무를 것인가를 망설이다가 결국 인도로 돌아간다. 고향으로 돌아간 그녀는 여러 가지 경험을 하고 실망하여 알프레드에게 구원의 편지를 쓴다. 그러자 알프레드는 그녀를 찾아가 그녀와 함께 독일로 돌아온다는 이야기이다.

『한스 키르히와 아들 하인즈 키르히 Hans und Heinz Kirch』는 간결한 문체로 된 비극이다. 여기에는 명예심이 강한 아버지와 반항적인 아들 사이의 갈등이 핵심이 되고 있다. 집을 나간 아들이 돌아왔지만 아버지는 아들을 다시 밖으로 쫓아낸다. 그러자 아들은 물에서 배가 파선(破船)되어 죽음을 맞이한다. 오랜 세월이 지나 아버지는 아들의 애인이었던 뱃사공의 딸과 쓸쓸한 만년을 보내는데, 마음속으로는 따뜻하고 온정이 많은 심성을 가지고 있으면서도 겉으로는 냉엄한 아버지의 성격은 슈토름 부친의 모습을 그대로 반영한 것으로 작가의 자전적인 면을 근거로 하고 있다.

민주주의를 정착시키기 위해 인간 교육을 문학의 과제로 삼은 **켈러 Gottfried Keller**(1819-1890)는 자신의 문학 활동을 정치활동과 일치시켰다.[23] 프랑스 혁명 이 후 자유주의 사상을 가진 목공인 아버지와 지성적인 문벌가의 딸인 어머니 사이에서 취리히의 구시가에서 태어난 그는 일찍이 세상을 떠난 부친의 유지를 이어 공업학교에 입학했으나 교사 배척사건에 연루되어 퇴학(1834) 당했다. 그는 보수적인 농민에 대항하여 자유주의적 이념을 지닌 목사 다비드 슈트라우스의 취리히 초빙(1839)에 찬성하는 등 자유주의적인 분위기 속에서 성장하였다. 선천적인 자연애(自然愛)와 그림에 재능이 있었던 그는 풍경화가가 되기 위해 뮌헨으로 갔지만(1840년), 이곳에서의 생활도 실패하고 2년이 채 못 되어 귀향하여, 정치시를 신문·잡지 등에 발표하며 지방의 보수파에 대항했다. 그즈음 문학에 관심을 갖게 되어 1847년 스위스가 시민혁명에 성공하자 주정부(州政府)의 장학금을 얻어서 하이델베르크대학에서(1848-1850) 법학, 문학사 등을 공부하고, 당시 과외 강의로서 포이어바흐의 「종교의 본질에 관한 강연」을 듣고 큰 감명을 받았다. 1850년 그는 다시 베

23) 『젤트빌라의 사람들 Die Leute von Seldwyla』(1856)의 1부에 수록되어 있는 노벨레 『찌푸린 얼굴의 판크라츠 Pankraz, der Schmoller』(1856)에서 켈러는 주관적인 상상에 부합되는 세계를 찾아 환상의 세계로 도피하는 한 인간의 운명을 그리면서 바람직한 사회 발전을 유도하는 정치 교육을 시도하고 있다.

를린으로 가서 극작가가 되기 위한 수련을 하였으나 성과를 거두지 못하고, 경제적인 고통과 베티 Betty에 대한 불행한 사랑을 겪었을 뿐이다. 그러나 그 사랑의 체험은 후에 그의 창작에 큰 도움이 되었다. 그 후 출판사로부터 빚 독촉에 못이겨 자전적 소설을 썼는데, 이것이 후일 명작으로 칭송된『녹색의 하인리히 Der grüne Heinrich』(1854)의 초판이었다. 또 그 사이에 집필된『젤트뷜라의 사람들 Die Leute von Seldwyla』(1856)이라는 단편집도 출판되어 문인으로서 널리 알려졌으나 생활이 보장되지 못해 작가활동을 중단한 후 다시 귀향하여 주정부(州政府)의 서기관이 되었다. 켈러가 다시 창작활동을 시작한 것은 퇴관(1876)을 전후한 50세를 넘어서였는데, 그는 주로 젊었을 때의 사상태도에 입각하여 시민사회에의 참여, 시민적 윤리의 확립을 항상 문제로 삼았다. 그러나 그는 묘사에 있어서 현실을 냉혹하게 폭로하는 것이 아니라, 오히려 인간성이 풍부하며 재미있고, 예리한 점은 있으나 따뜻함을 느끼게 하는 것이었다. 장편에는『녹색의 하인리히』 외에 미완성의 사회소설『마르틴 살란더』(1886)가 있는데, 여기에서는 가까운 장래의 사회개혁과 인간혁명의 가능성을 묘사하고 있다. 많은 단편들이『일곱 개의 전설 Sieben Legenden』(1872)과『젤트빌라의 사람들』(제1부 1856, 제2부 1874) 등에 수록되어 있다. 그 중에서도『젤트빌라의 사람들』은 지극히 스위스적인 가공의 소도시 풍속을 풍자와 유머로 묘사하여 인생의 진정한 의의를 구하고 있다. 그리고 관직을 떠난 후에 쓴 것으로『쮜리히 단편집 Zürich Novellen』(1877),『격언시 Das Sinngedicht』(1881) 등이 있고, 서정시 부분에서는『저녁노래 Abendlied』,『저녁

비 Abendregen』, 『별들 밑에서 Unter den Sternen』, 『밤의 정숙 Stille der Nacht』 등이 있다.

『녹색의 하인리히』의 제명(題名)은 주인공 하인리히가 어렸을 때 언제나 녹색의 상의를 입고 다닌 데서 유래한다. 1854년에 초고가 완성했으나, 여러 가지 점으로 마음에 들지 않아 이것을 태워버리고 개작에 착수하여 1879년에서 1880년에 걸쳐 완성했다. 초판본과 개작본 사이에 가로놓인 25년의 세월은 작자의 인생관·예술관을 심화시켜, 후자에서는 그의 말미에서 전자와 같이 주인공을 죽이지 않고, 활동적인 생활에 들어가게 한다. 즉 낭만적인 공상으로부터 활동과 협동의 생활로 들여보낸다. 교양소설인 『녹색의 하인리히』[24]는

---

24) 하인리히는 스위스의 농촌에 가까운 작은 도시에서 어머니의 손으로 자랐다. 그가 '녹색의 하인리히'라고 불리는 것은 항상 아버지가 입었던 푸른 양복을 고쳐서 입었기 때문이다. 학교·가정·이웃·놀이터 등에서 하인리히는 점차로 유년기의 지식과 신앙에 눈뜨기 시작한다. 그러던 어느 날, 무능한 교사에 대한 데모 행진에 가담하여 그는 퇴학 처분을 받는다. 할 수 없이 그는 조상 대대로 고향 땅에 살고 있는 작은아버지 댁에 몸을 의탁하게 된다. 풍부한 자연의 부(富)와 따뜻한 인정이 넘치는 농촌 환경은 하인리히에게 비로소 천직을 자각하게 해준다. 스케치북을 가지고 풍경과 나무들을 사생하고 다니는 동안 풍경화가가 되려고 결심한 그는 곧 마을로 돌아가 어머니께 자기의 결심을 이야기한다. 얼마 후 천박한 인쇄화 제조를 부업으로 삼고 있는 화숙(畵塾)에 입문한 그는 그곳에서 오히려 해로운 직공적 기술을 습득한 것뿐이었다. 그래서 다시 작은아버지가 계시는 마을로 돌아와 비로소 자연 그 자체를 묘사하기가 얼마나 힘든 일인가를 깨닫는다. 시내와 마을을 왕래하는 동안 그는 마을에 있는 두 여성에게 점점 마음이 이끌린다. 하나는 고요한 호반에서 은둔 생활을 하고 있는 철학자의 딸 안나이고, 다른 하나는 유디트라고 불리는 남편을 잃은 젊은 부인인데, 아름다운 육체와 소박한 성품을 지니고 있어 그녀가 뻗치는 애무의 손길을 그는 거절할 수 없었다. 어느 해 이웃 마을끼리 합동으로 야외극 『빌헬름 텔』을 상연하게 되었다. 여기에서 역할을 맡아 출연하게 된 그는 마을 사람들과 자리를 같이하며 비로소 넓은 세상의 물정을 알게 된다. 이윽고 감사제가 끝나고 안나와 단둘이서 산길을 걸어오던 하인리히는 처음으로 그녀와 뜨거운 키스를 나눈다. 그날 밤 늦게 하인리히는 자칫하면 유디트의 유혹에 넘어갈 뻔

괴테의 『빌헬름 마이스터의 도제 수업』의 전통에 따라 예민하고 사색적인 유년기, 사춘기, 그리고 성숙기의 초상을 보여주는 형식으로 쓰여졌다. 그가 늘 입는 옷의 색깔을 따서 '녹색의 하인리히'라 불리는 주인공은 스위스의 작은 마을에서 사랑하는 어머니와 함께 살고 있다. 하인리히가 나이를 먹고, 도시에 가서 학교에 다니기 시작하면서 작가는 하인리히의 도덕적, 철학적 성장에 초점을 맞춘다. 하인리히는 화가가 되고 싶은 마음을 가지고 있고 동시에 두 여인에게 마음이 끌리게 되는데, 이 여인들은 순수하고 정숙한 안나와 세속적이고 노련한 유디트이다. 이 두 가지 야망에 이끌린 하인리히는 예술가로서의 패배와 사랑의 상실을 맛보고 나서야 비로소 시골에서의 소박하지만 쓸모 있는 삶을 위해 예술가로서의 야망을 버리면서 성숙해진다. 성장 과정에서 겪는 하인리히의 인생 수업은 고통스

하다가 겨우 벗어나 폭풍우 속을 헤맨다. 그 후 안나는 가엽게도 병을 앓고 세상을 떠난다. 그리고 유디트도 얼마 후 아메리카로 이민을 떠난다. 한편 풍경화에서 인체화로 전환하려고 마음먹고 해부학을 연구하려고 한 그는 고향에 계신 어머니에게 자주 돈을 요구하고 끼니도 제대로 잇지 못하는 어려운 생활을 계속한다. 지금까지 그린 그림도 전부 팔아 버리고 깃발공장 화공으로까지 전락하여 비로소 그는 자기의 재능에 절망하고 향수에 사로잡혀 무일푼으로 걸어서 어머니 곁으로 돌아간다. 도중에 위기에서 구원받은 어느 백작의 성에서 그는 우연히도 자기 작품을 수집하고 있던 사람이 백작이었다는 것을 알게 되고, 그의 권유로 자기 재능에 대한 마지막 시도로서 그림을 그리기 시작한다. 그러나 여기에서도 그는 백작의 딸 도로테아에 대한 괴로운 연정 때문에 그곳을 도망치듯 떠나 버린다. 그러나 이때는 백작의 호의와 뜻밖의 유산을 상속받아 그의 수중에는 많은 재산이 있었다. 그는 자신의 불효를 사죄하려고 고향 땅을 밟았지만, 어머니는 이미 임종을 맞이하고 있었다. 고독하게 홀로 남겨진 그는 지난날 백작의 말에서 암시를 받는다. 즉 전체를 위해 봉사하는 정치활동은 예술활동과 마찬가지로 높은 가치가 있다고 생각하여 면사무소에 근무하고 군수로 승진된다. 평화롭고 의의 있는 생활을 하고 있는 그의 곁에는 그의 앞날을 걱정해서 아메리카에서 돌아온 유디트가 따뜻한 우애를 바치며 그의 생활을 위로한다.

럽지만 결코 무의미한 것은 아니다.

초고에서는 주인공의 어머니가 임종을 기다리고 있고, 주인공 자신도 우수(憂愁) 끝에 죽는다. 그러나 개작에서는 하인리히가 고국에서 화가로서의 훌륭한 활동을 하며, 유디트 또한 미국에서 돌아와 그의 집에 함께 기거하는 것으로 되어 있어 좀 더 희망에 차 있다. 주인공 하인리히는 젊은 시절에 자신의 정열을 예술에 바쳤으나, 재능의 부족을 자각하여 공공적인 일에 몰두하여 거기에서 자기의 평화를 찾아낸다. 이 작품은 작가의 구상력(構想力)과 사실주의가 낳은 독일 교양소설의 최고봉의 하나라 할 수 있다.

『젤트빌라의 사람들』은 1부는 1856년에, 2부는 1874년에 완성되었으며 각부마다 5편의 단편이 수록되어 있다. 젤트빌라라는 마을에서는 사람들이 괴으르고, 공적인 일보다는 사적인 일을 앞세우고, 반대를 위한 반대를 일삼는데, 이 중에서도 켈러는 기이한 인물로 나타난다. 1부에는 『마을의 로미오와 율리아 Romio und Julia auf dem Dorf』, 『3인의 직공』 등 다섯 편의 작품이 실려 있고, 2부에는 『옷이 사람을 만든다 Kleider machen Leute』를 비롯한 5편의 작품들이 수록되어 있다. 『마을의 로미오와 율리아 Romio und Julia auf dem Dorf』은 『젤트빌라의 사람들』에 실린 작품 중 가장 아름다운 이야기이다. 잘리와 브렌헨은 서로 사랑하는 사이지만, 임자 없는 땅을 놓고 벌이는 두 집안 간의 감정과 욕심 때문에, 두 사람은 두 집안싸움의 희생양이 된다. 현실에서 결합이 불가능하다는 것을 깨달은 그들은 이루어질 수 없는 사랑에서 벗어나려고 하지만, 그럴수록 더욱더 가까워져 그들은 둘만의 결혼식을 올린 뒤 서로 껴안고 강물에 몸을 던져 자살을 한다. "배가 도시에 가까워졌을 때, 가을 아침의 안개 속에서 희끄무레한 형체 두 개가 서로 꼭 껴안고 어두운 뱃전을 떠나 차가운 강물 속으로 미끄러지듯 들어갔다." 들꽃처럼 아름다운 러브스토리가 스위스 산간마을을 배경으로 펼쳐지는 아름다운 사랑 이야기이다.

『옷이 사람을 만든다 Kleider machen Leute』에서는 주인공인 젤트빌라의 한 가난한 재단사가 골다하 Goldach를 향해 방랑하던 중 우연히 어떤 마부의 호의로 어느 귀족에게 인계하기 위해 끌고 가던 빈 마차를 얻어 타게 된다. 골다하에 도착하자 그곳의 사람들은 호화로운 마차를 타고 도착한데다 고귀한 차림의 의복과 귀족적인 용모를 지닌 멜랑콜리한 모습의 그 재단사를 정치적 박해 때문에 폴란드에서 떠나온 백작으로 오인하고 온갖 호의를 베푼다. 주인공은 수차례에 걸쳐 이러한 호의에서 벗어나려 하지만 번번이 실패하고 점차 자신의 가짜 백작 역할에 빠져들어 급기야 훌륭한 집안 출신의 한 아가씨와 사랑에 빠져 약혼까지 하기에 이른다. 그러나 처음부터 주인공의 존재에 의심을 품고 있던 한 골다하 사람의 음모로 인해 결국은 그 정체가 폭로된다. 그러나 주인공의 행동이 악의에서 비롯된 것이 아님을 확인한 아가씨는 주위의 온갖 반대에도 불구하고 결국 주인공과 결합하며, 주인공은 마침내 수완 좋은 양복점 사장으로 성공함으로써 두 사람은 경제적 행복을 완성시킨다.

물론 이 단편을 보면 허황된 면이 있지만, 그래도 천성이 순수한 사람은 어쨌든 진실한 애정을 보여주는 좋은 여자도 만날 수 있고, 그렇게 되면 가난도 벗어나고 훌륭한 시민으로서 재탄생할 수 있음을 보여주고 있다. 시민사회의 현실에서는 이처럼 환상적인 사랑이 가능할 수도 있고, 그러한 사랑뿐만 아니라 직업에서도 성공할 수 있기 때문에, 이 작품은 시민사회의 휴머니즘 교육 차원에서 문학의 표본으로 간주되었다.

이외에도 『일곱 개의 전설 Sieben Legenden』은 켈러가 베를린에 체류 중 베티와의 불행한 사랑을 경험했을 때, 그 시초가 된 작품으로 18세기의 신학자 코제갈텐의 『성담집(聖譚集)』을 토대로 해서 이것을 변형시켜 전설속의 여성들을 생생하게 재현시켰으며, 『쮜리히 단편집 Zürich Novellen』은 작가가 관리에서 은퇴한 후에 조용한 교외에 거주하면서 창작에 몰두하여 쓴 최초의 작품으로 당시 유명한 『독일전망 Deutsche Rundschau』에 발표되었다. 그 내용은 자기 고향의 옛 시대를 연구한 것으로 역사적 사실에 구애된 것이 아니라, 그가 서기관으로 근무할 때 다루거나 얻을 수 있었던 고문서나 역사적 자료를 이용하여 자신의 상상력을 발휘한 것이다. 『격언시 Das Sinngedicht』는 틀소설로서 주인공인 자연과학자 라인하르트가 레싱의 책에서 17세기의 시인 로가우 Logau의 격언시를 발견한다. "하얀 백합꽃을 어떻게 하면 빨간 장미꽃으로 만들 수 있느냐? 하얀 갈라테아를 키스하라. 그러면 그녀는 얼굴을 붉히고 미소지으리라." 연구에 싫증이 난 라인하르트는 여행을 떠난다. 그래서 얼굴을 붉히며 미소짓는 여인을 만나면 결혼할 것이라고 생각한다. 그러나 그의 실험은 항상 실패했다. 왜냐하면 미소를 짓는 여인은 얼굴을 붉히지 않고, 얼굴을 붉히는 여자는 미소를 짓지 않기 때문이었다. 어느 날 그가 성에 투숙하게 되었을 때 성주와 성주의 아름다운 여인 루씨를 만나게 되는데, 그는 성주에게 자기의 여행에 대해 이야기한다. 여기에서 그들은 결혼에 대해 토의를 하며 자신의 견해를 이야기한다. 이 이야기가 소설속의 소설로서 틀이이야기가 된다. 그러는 사이에 라인하르트와 루씨는 서로 마음이 끌렸으며, 라링하르트는 키스할 때 루씨의 미소를 띤 얼굴이 빨갛게 되는 것을 보게 되었다.

노이루핀 Neuruppin에서 태어난 **폰타네 Theodor Fontane** (1819-1898)는 아버지의 직업을 이어받아 약사가 되었으나 바로 그 직업을 포기하고 문필가의 생활로 접어들었다. 그는 프로이센 정부신문의 통신원으로 런던에 체류했고, 여러 신문에 기고를 하며 마르크 브란덴부르크 여행기와 세 번에 걸친 비스마르크 통일 전쟁 체험기를 집필했으며, 60세가 다 되어서 본격적인 전업 소설가의 길로 들어섰다. 역사적 내용과 정치·사회상을 해학적이고 풍자적인 기법으로 담아내는 담시 시인으로 출발한 폰타네는 사회소설의 대가로서 14편의 장편소설과 4편의 단편 소설 중에서 2편의 역사소설을 제외하고는 모두 당시의 사회현실을 다룬 사회소설을 집필하였다. 그의 소설은 독특한 대화를 통해 시대비판을 묘사하고 있기 때문에, 많은 잡담과 대화로 이루어져 있고, 이러한 내용들은 독자들에게 깊은 감명을 주고 있다.

단편 작품인 『그레테 민데 Grete Minde』(1879)는 시민 가정에서 일어나는 배다른 형제간의 갈등을 통해 냉혹한 사회현실을 비판하고 있고, 『간통녀 L'Adultera』(1882)[25]는 폰타네가 창작한 6편의 소

25) 베를린에서 대기업을 경영하는 사업가의 아내가 3명의 자식을 버리고 젊은 애

설 중에서 첫 번째 소설로서 자본주의 사회의 전형적인 현상들을 제시하고 있다. 범죄소설인 『배나무 밑에서 Unterm Birnbaum』(1885)는 폰타네가 시골 생활에서 소재를 취한 작품으로 그가 오더브루흐 Oderbruch지역을 여행할 때 받은 많은 인상들을 결합시켜 이 작품의 줄거리를 전개하고 있다. 장편소설 『쎄실레 Cecile』(1887)에서는 서로에게 맞지 않는 결혼은 비극과 불행만을 가져다 준다는 과정을 묘사하고 있으며, 『얽힘과 섥힘 Irrungen Wirrungen』(1888)은 귀족사회의 잘못된 관습으로 인해 두 남녀의 순수한 사랑이 결실을 맺지 못하지만, 서로가 즐거웠던 사랑을 추억으로 간직하고 앞날의 행복을 축복하면서 담담히 작별하는 내용이다. 종래의 소설과는 매우 다른 방식으로 현실생활에서 더 많은 가능성이 있는 방향으로 대담하게 그려낸 것이 이 작품의 특색이다. 풍자적이고 재미있는 줄거리로 된 『예니 트라이벨 부인』(1892)은 폰타네의 걸작 중의 하나로 당시 베를린과 사교계, 그리고 인간의 허식적 심리를 교묘하게 묘사했다. 장편소설인 『에피 브리스트 Effi Briest』(1895)는 폰타네가 76세에 작성한 작품으로 간통사건을 다루고 있으며, 묘사방법에 있어서는 냉정성을 나타내고 있는데, 여기에서는 단지 사회적인 체면과 의무감으로 사건이 기계적으로 진행된다. 그리고 그의 작품에서 묘사되는 삶에 대한 권태, 간통, 질투 등은 프랑스 문학에 잘 나오는 소재인데, 이것은 작가가 프랑스의 혈통을 이어 받은 데에 그 원인이 있다. 자전적 요소를 지니고 있는 『슈테힐린 Stechlin』

인과 로마로 달아난 사건과, 입센 Ibsen의 극작품 『노라 혹은 인형의 집 Nora oder ein Puppenheim』을 소재로 하여 만든 작품이다.

(1897)은 폰타네의 일생에서 마지막으로 저술된 작품이며, 사건의 내용뿐만이 아니라 작가의 사상, 생활, 습관, 환경 등이 자세히 묘사되고 있다.

폰타네는 당시에 많은 리얼리스트와는 달리 진보적이고 사회주의적인 사상을 지니지 않았고 동시에 구시대적인 것에도 집착하지 않았다. 그는 오직 과거의 사회·문화적 가치관이 붕괴되기 시작한 19세기 말의 독일 사회상을 뛰어난 해학과 반어를 통해 표현함으로써 독일의 대표적 사실주의 작가로 부상하였다. 하인리히 만 Heinlich Mann은 폰타네의 사실주의 기법과 관련하여 그의 소설들이 미래에도 유효하다는 "한 시대의 사회적 기록문서"라고 말했으며, 그의 인간심리에 대한 깊이 있는 묘사는 토마스 만Thomas Mann으로 이어지는 독일 현대 소설의 초석이 되었다.

폰타네의 대표작인 『에피 브리스트』는 19세기 독일 사실주의 문학 작품 중 가장 유명한 소설이다. 흔히 톨스토이의 『안나 카레니나』, 흘로베르의 『마담 보바리』와 함께 19세기에 여성의 관점에서 쓰여진 결혼 이야기 3부작 중 한 작품으로 거론된다. 당시 독일에서 큰 화제가 되었던 실제 사건을 소재로 한 이 작품은 여인의 간통사건을 통해 한 여성을 파괴하는 당대의 낡은 관습을 비판한 가장 성공적인 사회소설이다. 에피 브리스트는 귀족 집안의 무남독녀로 부모와 주위 사람들의 사랑을 받으며 구김살 없이 성장한다. 사건은 에피보다 21세 연상인 38세의 인슈테텐 남작이 에피에게 청혼하면서부터 시작된다. 인슈테텐은 지적이고 능력은 있으나 세상사를 사회의 눈으로 판단하는 보수적인 남자다. 무미건조한 결혼생활을 하던 부부 사이에 남편의 군대 시절 친구인 크람파스가 에피를 유혹하기 시작한다. 남편과는 정반대로 법과 질서를 무시하고 시와 연극에 조예가 깊은 크람파스는 인슈테텐을 넌지시 비판하고 노련한 솜씨로 에피의 마음을 사로잡는데 성공한다. 에피와 크람파스와의 부절적한 관계는 7년이란 세월이 흐른 후, 둘 사이의 비밀 편지 묶음이 우연히 인슈테텐의 눈에 띄게 되면서 폭로된다. 여기에서 소설은 대전환을 맞이하고 당시의 관습대로 에피의 운명은 파국으로 치닫는다. 마음의 순수한 요구를 따르려는 주인공 에피는 사회의 인습과 갈등을 빚게 되고, 결국 사회의 인습이 승리를 거두지만, 사회는 이미 도덕성을 상실한 부당한 것으로 폭로된다. 이 작품은 토마스 만 등 독일의 현대작가들에게 큰 영향을 끼쳤으며, 오늘날 독일 학생들의 필독서로 지정되어 학교에서 활발히 토론되고 있다.

『폭풍 전야 Vor dem Sturm』(1878)는 폰타네가 59세 때 쓴 처녀작으로 1812-1813년대를 무대로 하여 독일인의 생활을 깊이 파고들어가 귀족의 생활과 농민들의 생활 등 총체적인 사회조직이 전쟁을 앞두고 준비되어가는 상태가 매우 객관적이고 냉정하게 서술되어 있다. 예리한 성격묘사와 사실묘사로 젊은 작가들로부터 자연주의 선구자로 존경을 받았으나, 자연주의 작가들처럼 사회의 추잡한 면을 파헤친 것이 아니라 평범한 사건을 공정하고 솔직하게 묘사하고 있다. 월터스코트의 본을 딴 역사소설이다. 『얽힘과 설킴 Irrungen Wirrungen』은 구신분제도의 모순을 비판하여 이전의 소설과는 전혀 다르게 진전된 방식이지만, 현실생활에서는 더욱 많은 가능성이 제시되고 있다. 보토 남작은 우연히 시민계급의 여성 레네를 알게 되어 서로 마음이 끌려 순수한 사랑을 하게 된다. 레네는 세탁부의 딸이었기 때문에 근위장교이며 남작인 보토의 배우자가 되기에는 적합하지 않았다. 그들은 진심으로 서로를 사랑하였으나 비극을 일으키지 않기 위해, 남작이 다른 여성과 결혼하게 되었을 때, 그들은 마지막으로 만나서 다정스럽게 이별의 정을 나누고, 즐거웠던 사랑을 추억하고 앞날의 행복을 축복해주면서 서로 헤어진다. 레네도 보토와 헤어진 후 성실한 남자를 만나 결혼한다.

『예니 트라이벨 부인』(1892)에서는 산업사회로 발전하면서 귀족계급에 필적할 정도로 부상한 신흥 부르조아 사회의 이중적 또는 기만적 가치관을 비판하고 있다. 주인공 예니는 청년 슈미트와 결혼까지 하였는데, 부자인 트라이벨로부터 구혼을 받게 되자 슈미트를 버리고 트라이벨과 재혼한다. 슈미트는 고등학교 교사가 되었는데, 그의 딸 코린나에게 트라이벨 부인은 자신이 교양이 있다는 것을 과시하고, 청춘의 순정이 무엇보다도 중요하다는 이야기를 한다. 그런데 그녀의 아들이 코린나와 사이가 좋아지자 당황하여 가난한 교사의 딸을 며느리로 삼을 수 없다며 함부르크의 어느 부유한 가문의 딸을 며느리 감으로 고르는 이중적 가치관을 보여준다. 『슈테힐린 Stechlin』의 주인공 멜루지네는 신질서와 구질서의 균형을 추구하며 급격한 지배가 아닌 점진적 사회 변화를 제시하고 있다. 이것은 노년의 폰타네의 사상과 가치관을 반영하는 것이다. 이 작품은 폰타네의 마지막 집필이며 사건 내용뿐만 아니라 저자의 사상, 생활, 습관, 환경이 자세히 묘사되어 있으며, 작가의 세계관이나 소설 형식상의 기법이 최고조에 달했다는 긍정적인 평가와, 서술상의 구성이 긴밀하지 못하고 긴장감이 결여되었으며, 작가의 노령화로 인해 창작력이 떨어지는 작품이라는 상반되는 평가를 받고 있다. 이 작품의 가장 두드러진 특징이자 이러한 상반된 평가를 낳은 이유는, 전통적인 소설의 구성요소인 사건이나 줄거리, 인물 등이 약화되고 그 대신 한담(閑談) Causerie식의 대화위주로 소설이 전개되는데 있다. 이러한 경향은 초기의 작품인 『그레테 민데』에 나타나는 주인공들의 정열이나 구성상의 긴박감이 거의 존재하지 않는다.

19세기 후반 스위스를 대표하는 시인이며 소설가인 **마이어 Conrad Ferdinand Meyer**(1825-1895)는 취리히의 귀족출신이다. 그의 부친은 법률가·역사가로서 예민한 성격이었고, 어머니는 아름답고 훌륭한 재능을 지니고 있었으나 광란증에 걸려 자살하였다. 마이어는 15세 때에 부친이 사망하고 고향인 취리히대학에서 법률학을 전공하였으며, 역사학과 미학에도 관심을 가지고 있었다. 집안이 부유하였기 때문에 그는 직장을 가지지 않았으나, 내면적으로는 우울하고 괴로운 생활을 하였다. 이것은 그가 부친으로부터는 소심한 성격을, 어머니로부터는 우울증 성향을 물려받아 청소년 시절과 만년에 이로 인해 어두운 날들을 보냈기 때문이다. 그는 32세 때에 프랑스 여행을 하고 이듬해에는 이탈리아를 여행하면서 르네상스의 위대한 예술작품을 접하게 되고, 미켈란젤로로부터 깊은 감명을 받았다. 이로 인해 그의 소설은 '틀에 박힌 소설' 형식의 역사소설로서 역사상의 위대한 시대, 특히 르네상스기(期)나 종교전쟁에서 소재를 취하였으며, 문체는 간결하고 세련된 형식미를 갖추어 언어에 의한 뛰어난 조형미술이라는 느낌을 준다. 그런데 독일어와 불어에 능통

했던 마이어는 어느 언어로 창작할 것인가를 망설이다가 1870년 보불전쟁에서 독일이 승리하자 독일어를 택하였다고 한다.

그는 창작활동을 늦게 시작하여 작품의 수는 적은 편이나, 보불전쟁과 독일통일에서 나타난 비스마르크의 위대성에 큰 충격을 받아 독일적 시인으로서의 확고한 자각을 갖게 되었다. 그가 46세 때 쓴 처녀작 『후텐의 최후의 날 Huttens letzte Tage』(1871)은 비스마르크에 의한 보불전쟁의 승리에 자극받아 집필된 작품으로, 이 작품이 나온 이 후부터 20년 동안 『유르크 예나취 Jurg Jenatsch』(1876), 『성자(聖者) Der Heilige』(1879), 『구스타브 아돌프의 시동(侍童) Gustav Adolfs Page』(1882), 『소년의 고민 Das Leiden eines Knaben』(1883), 『수도사의 결혼식 Die Hochzeit des Mönchs』(1884), 『여재판관 Die Richterin』(1885), 『페스카라의 유혹 Die Versuchung des Pescara』(1887) 등의 뛰어난 장·단편소설을 발표하였다. 마이어는 서정시에서도 언어에 의한 조형미를 추구한 점에서 독일시에 새로운 장을 열었으며, 자신의 체험을 직접 표출하지 않고 비유와 상징을 통해 서정적인 정조를 전달하는 사물시 unpersönliche Lyrik를 창작하였다. 마이어의 사물시는 서정시의 새로운 단계의 시작을 알리는 것으로 사실주의를 대표하는 서정시로 평가받고 있다. 그의 『시집』(1882)에서는 투명한 어구로 사랑과 죽음을 애처롭고도 아름답게 노래하여 후일 릴케의 작품세계의 선구적 역할을 하고 있다.

2권의 장편소설인 『유르크 예나취』로 마이어의 작가로서의 위치가 더욱 확고해졌다. 주인공 유르크는 30년 전쟁시대에 신교 목사이며 스위스 그라우펜 지방의 독립투사였다. 당시 스위스는 프랑스,

오스트리아, 스페인 등 강대국들의 쟁탈지로서 피비린내 나는 전투가 계속되었다. 신교도가 구교도에게 압박을 받아 유르크의 아내가 학살되자, 그는 구교도의 지도자 플란타를 도끼로 쳐 죽인다. 그런데 플란타의 딸 루크레티아 Lukretia는 유르크의 어린 시절의 친구이고 애인이었다. 그는 애인과 그라우펜의 독립을 위해 용맹스런 투쟁을 계속하는데, 때로는 은인을 배반하기도 하고, 때로는 자기의 신앙을 개종하기도 하는 등 모든 술책을 동원하여, 마침내 독립을 쟁취한다. 그러자 유르크를 암살하려는 음모가 시도된다. 그의 암살계획을 알게 된 루크레티아는 그를 사랑하면서도 아버지의 원수로 생각한다. 결국 그녀는 유르크에게 달려가지만, 그는 이미 암살자들에게 포위되어 있었다. 유르크의 부하인 루카치는 주인의 생명을 구하고 자신의 목숨을 바치면서, 그녀에게 도끼를 넘겨주고 쓰러지는데, 그 도끼는 바로 그녀의 아버지를 살해한 도끼였다. 그녀는 도끼로 애인인 유르크의 머리를 쳐서 살해한다. 그 때 유르크 앞에 서있는 루크레티아를 바라보는 그의 눈에는 애정이 넘쳐흐르고, 그의 얼굴에는 잠시 미소가 떠돌 듯 하더니 덜석 쓰러져버린다. 루크레티아가 정신을 차렸을 때, 그녀는 애인의 시체의 머리를 자기의 무릎위에 올려놓고 있었다. 방안은 조용하고 머리위에서 흔들거리는 촛불은 모두 타버려 그녀의 목과 이마로 흘러내린다.

이 작품에서는 인간의 결정적인 순간, 즉 사건의 결정적인 전환점을 포착하여 묘사하고 있기 때문에 마이어의 관점에서는 장편소설에서도 노벨레처럼 운명의 전환점이 있을 수 있다는 것이다.

『수도사의 결혼식』은 마이어의 작품 중에서 가장 유명하고 표현에 있어 가장 세련된 작품으로 틀소설의 형식을 갖추고 있는데, 소설 속에서 단테가 이야기를 서술하는 것으로 사건이 전개된다. 수도사 아스톨레의 형이 약혼녀인 디아나와 함께 강을 건너다 물에 빠져 죽게 되었는데, 디아나만이 아스톨레에 의해 구조된다. 그녀의 아버지는 임종할 때 아스톨레에게 디아나와 결혼할 것을 부탁한다. 그래서 순하고 마음이 약한 아스톨레는 디아나와의 결혼을 승낙하고 환속하게 된다. 그러나 그에게는 옛날의 애인 안티오페가 디아나보다 더 매력적이고 마음에 끌렸다. 그래서 디아나를 버리고 안티오페와 결혼을 하게 되는데, 그 결혼식에서 디아나는 안티오페를 칼로 찔러 살해하고 아스톨레도 디아나의 오빠에 의해 살해되는 비극이다. 이러한 비극의 내용이 바로 틀소설의 구조를 이루고 있다.

이외에도 『후텐의 최후의 날 Huttens letzte Tage』은 마이어가 최초로 성공을 거둔 작품으로 주인공 후텐이 문필과 검으로 정의를 위해 싸웠으나, 이제는 병이 들어 죽음을 목전에 두고 취리히의 작은 섬에서 요양하며 자신의 과거를 회상한다. 이 속에는 끓어오르는 분노와 한편으로는 즐거움과 괴로움이 함께 어우러져 나타나며, 마침내 그는 자신의 위대한 과거를 생각하며 숨을 거둔다. 『성자(聖者) Der Heilige』에서 마이어는 표면상으로 왕권과 교권의 투쟁이라는 사건을 전개시키고 있지만 그 이면에는 인간의 욕정과 이로 인한 여러 가지 사건의 동기와 변화를 묘사함으로써 새로운 면을 보여주고 있다. 주인공인 성자 토마스는 영국의왕 헨리 3세 아래에서 재상을 지냈는데, 자기의 딸이 왕에게 유린되어 목숨까지 잃게 되는 상황에 처하게 되지만, 아무런 복수를 하지 못하고 모든 것을 운명에 맡길 뿐이다. 그러다 그가 운이 좋게도 캔터베리의 대사교(大司教)의 지위에 오르자 직권으로서 교회를 위해 왕과 투쟁하여 왕을 파문시키는데, 결국 왕은 암살자에 의해 살해된다. 『구스타브 아돌프의 시동(侍童) Gustav Adolfs Page』에서는 주인공인 어느 젊은 처녀가 자신의 신분을 감추고 스웨덴 왕의 시동이 되어 전쟁에서 왕과 함께 전사한다는 이야기이다. 마이어는 사건을 전개하는 과정에서 에로틱한 분위기가 나타나지 않도록 세심하게 주의를 기울여 묘사하지만, 왕이 처녀인줄 모르고 시동을 대하는 엄격성이 나타나고 또한 처녀인 시동이 자신을 억제하면 할수록 더욱 더 솟구쳐 오르는 본능적 성욕이 작품 전체에 흐르는 분위기에 스며들어 있다. 루이 14세의 시대를 배경으로 하고 있는 『소년의 고민 Das Leiden eines Knaben』은 작가 자신의 경험을 묘사한 작품으로 어느 원수(元帥)의 아들인 줄리안이 예수잇트 수도원에 위탁되었는데, 그는 승려들의 탐욕을 만족시키지 못하고 그들의 악덕과 비행을 폭로함으로써 결국은 그들에 의해 죽임을 당하게 된다는 이야기이다. 이 작품에서 주인공 줄리안의 처지와 심리상태는 작가가 어렸을 때 경험한 자신의 체험을 반영한 것이다.

『여재판관 Die Richterin』에서는 카알대제의 거칠고 격렬한 시대적 배경과 험준한 스위스의 자연풍경이 묘사되어 있다. 존경받는 여재판관 스템마 Stemma는 과거에 페레그린이라는 학자와 사랑에 빠져 있었는데, 부친의 강요로 결혼한 후 부득이한 사정으로 남편을 독살하게 된다. 그런데 전 남편과의 사이에서 태어난 딸 팔마와 현재의 남편과의 사이에서 태어난 아들 볼프린이 서로 사랑하는 사이라는 것을 스템마가 알게 된다. 그녀는 양심의 가책을 느끼고 아이들에게 과거를 고백하여 그들이 서로 사랑을 계속하도록 하고 스스로 목숨을 끊는다. 그리고 죽음을 목전에 둔 마이어의 죽음에 대한 종교적 관점을 제시하고 있는 『페스카라의 유혹 Die Versuchung des Pescara』에서는 죽음만이 인간의 모든 고통과 고뇌를 초월할 수 있고 인간의 유혹을 벗어날 수 있다는 것을 보여주고 있다. 신성로마제국의 명장 페스카라는 병으로 죽음을 목전에 두고 있어 권력, 명예, 여성 등 모든 유혹을 뿌리치고 배반의 계획도 포기함으로써 황제에게 모든 충성을 다하게 된다.

빌헬름 라베 Wilhelm Raabe(1831-1910)[26]는 브라운슈바이크 근교의 엣셀스하우젠에서 태어났으며 일찍이 아버지가 사망하자 학업을 중단하고 마그데부르크에서 서점 점원이 되어 여러 작가의 작품을 접하고, 새커리 등 영국 작가에게 관심을 갖게 되었다. 1854년 베를린대학의 청강생이 되어 철학·역사·문학을 공부하면서 뜻밖에도 마그데부르크 시절의 다독(多讀)이 꽃을 피워 야콥 코르비누스 Jakob Corvinus라는 필명으로 『참새거리의 역사 Die Chronik der Sperlinggasse』(1856)를 자비로 출판, 헵벨 Friedrich Hcbbel의 칭찬을 받아 문필가의 길로 나섰다. 처녀작인 이 작품은 베를린의 슈프레가세 Spreegasse를 변경시킨 것으로 베를린 뒷골목에서 일어나는

26) Vgl. Bernd Lutz (Hrsg.): a.a.O., S. 498. 사실주의의 중요 작가인 라베는 시민계급의 자유주의 사상을 옹호하였으며, 1866년 프로이센과 오스트리아가 주도권 쟁탈을 위해 충돌하고 있을 때, 슈투트가르트에서 프로이센이 주도하는 소독일 통일을 지지하여 오스트리아가 주도하는 대독일 통일을 지지하는 주변 사람들로부터 외면당하기도 하였다.

여러 가지 이야기를 관찰하여 어느 노인의 회상담을 하나의 형식으로 그려낸 작품이며, 베를린의 번화가 생활을 유머가 넘치는 필치로 묘사하여 라베 특유의 교묘한 설화기법[27]을 나타내고 있다.

이 작품을 출발점으로 하여 『숲에서 온 사람들 Die Leute aus dem Wald』(1863)에는 청년 독일파의 안이한 태도가 반영되어 있고, 라베의 세계관이 잘 나타나 있으며, 대도시의 온갖 위력, 배금주의와 향락욕, 계급의 알력 등의 틈바구니에서서, 숲에서 온 소박한 현실적 이상주의자들의 운명을 개척하는 고난이 서술되어 있다. 그리고 『굶주린 목사 Der Hungerpastor』(1864), 『아부 텔판 Abu Telfan』(1867), 『영구차 Schüdderump』(1870) 등은 그의 대표적인 사회소설이다. 그는 화려한 프로이센 시대에 국가의 번영에 등을 돌린 채 사회의 밑바닥에 사는 시람, 또한 프랑스혁명에 가담한 사람들이 세상의 귀찮은 존재로 전락하여 기인으로 변모해 가는 모습 등 현실적인 문제에 눈을 돌려 자유와 행복이란 무엇인가를 반문해 왔다. 바로 여기에서 저절로 깊은 인간애와 신랄한 야유, 따뜻한 유머가 스며나와 독특한 시적 사실주의가 그의 작풍을 만들었다. 『욕심장이 Stopfkuchen』(1891)라는 작품은 익살과 의미 있는 조소가 작품의 주된 내용을 이루고 있는 매우 훌륭한 작품이다. 이 작품은 라베의 많은 작품들 중에서도 특히 자신의 작가 수련의 경험을 담고 있는 작

27) 설화는 구전으로 전승되는 이야기이다. 구전으로 전승된다는 점에서 소설과 다르고, 구조화된 이야기라는 점에서 소설과 유사하다. 따라서 구전되는 이야기는 골격을 훼손시키지 않는 범위 내에서 그 일부분, 즉 세부내용이나 형태적 요소를 구연자가 재량껏 변형시킬 수 있다. 바로 이러한 설화의 구조적 기술을 설화기법이라 한다.

품으로 매우 의미가 있다. 또한 독자적인 문체로 고향에 대한 향수를 중심 주제로 다루면서 어린 시절의 추억을 회상하는 서정적이고 목가적인 그의 소설들은 전원적인 세계를 독자들에게 제시하고 있기 때문에, 산업화로 인해 고향을 잃고 마음적으로 황량해지는 19세기 중엽의 사람들에게 커다란 인상을 심어 주었다. 그는 19세기 독일의 가장 독창적인 작가의 한 사람으로, 작품의 구성, 기교, 신랄한 반어(反語), 참된 해학(諧謔) 등의 점에서는 장 파울의 영향을 받은 낭만파 작가이며, 반면 인생에 대한 예리한 관찰, 인물이나 사물의 객관적 묘사에 있어서는 디킨즈 등의 영향으로 완전히 사실주의 작가의 면모를 보이고 있다. 그의 작품에서는 염세사상(厭世思想)과 이상주의와의 기묘한 혼란스러움을 엿볼 수 있다.

그가 슈투트가르트 시대에 발표한 3부작의 『굶주린 목사』는 자신의 경험을 토대로 새로운 세계관을 정립한 교양소설로서 원숙한 솜씨로 표현되어 독자들의 지속적인 환영을 받았다. 여기에서는 독일의 소도시의 현상을 사실적으로 서술하고 시민들이 굶주리는 모습, 즉 빵에 굶주리고, 사랑에 굶주리고, 교양에, 지식에, 명예에 굶주리는 모습을 보여주고 있는데, 특히 굶주린 어느 소년의 생애를 묘사하고 있다. 제혁공의 아들 한스는 일찍이 아버지를 잃고 맨 먼저 빵에 굶주리고, 다음은 사랑에 굶주리고, 다음은 교양에 굶주린다. 그는 온갖 시련과 고난을 극복하고 열심히 공부하여 시골목사가 되어 사랑과 봉사를 생명으로 하는 겸허한 행복에 도달하였다. 다른 한 소년은 부유한 유태인의 아들 모제스인데, 그는 금전과 지식욕에 굶주리지만, 그의 지식욕은 단지 돈을 벌기 위한 수단이 되었다. 그는 한스와는 달리 자신의 부와 영화에 대한 굶주림일 뿐이었다. 물론 그는 한때는 영화를 누리지만, 결국은 파리의 마굴(魔窟)에 빠져 일생을 망치게 된다. 굶주림은 인간을 지배하는 힘이지만 그 역할에 따라 인간을 행복과 멸망으로 빠뜨릴 수 있다는 것을 보여준다.

이외에도 『아부 텔판 Abu Telfan』에서 주인공은 아프리카 탐험을 하다 원주민에게 붙잡혀 노예가 되어 많은 고초를 겪다가 간신히 그곳을 도망쳐 나와 고향으로 돌아온다. 그러나 유럽사회에서도 정직하고 고귀한 마음의 소유자가 노예적 위치에서 학대를 받아야 하는 문제점을 나타내고 있으며, 『영구차 Schüdderump』에서는 악이 승리하고 선이 멸망하지만 결국 누구도 죽음을 벗어날 수 없다는 것을 보여주고 있다. 라베 자신의 작가수련의 경험을 담은 『욕심장이 Stopfkuchen』는 어느 연대기 작가가 아프리카로 가던 중 바다의 배 위에서 고향을 방문했을 때 경험했던 것을 기록한 것으로 외적인 틀은 살인 사건이고, 실제 사건은 주인공이 어렸을 때 탐식(貪食)을 하고 약간 어리석었기 때문에 사람들의 조롱을 받다가 자기 아내의 행복을 위해 노력한 대가로 체면을 지키게 된다는 이야기다. 즉 소년 샤우만은 탐식을 하였기 때문에 친구들로부터 '욕심장이'라는 별명을 듣고 있었는데, 학교에서는 한 번도 시험에 통과한 적이 없었고, 그래서 결국은 집에서 쫓겨나게 된다. 집에서 쫓겨난 그는 교외에 있는 어느 부유한 농사꾼의 집에 머무르게 되는데, 그 농사꾼은 살인자의 혐의를 받고 있었기 때문에, 마을에서 아무도 그를 상대해주는 사람이 없어 고독한 삶을 살고 있었다. 샤우만은 그 집에서 생활하면서 그 농부의 딸 틴헨을 좋아하게 되어 딸의 사랑도

받고 농부의 신용도 얻게 되었다. 얼마간의 시간이 지난 후에 샤우만은 살인의 진범을 찾아내어 농부의 혐의를 풀어주고 행복하게 살았다는 이야기이다.

2-1 사실주의 희곡

소설이 현실을 묘사하는데 가장 적합한 문학형식이라는 당시의 일반적인 경향에도 불구하고 희곡이 최고의 문학형식이라는 전통적 인식은 사실주의 시대에도 변함이 없었다. 문학비평가 헤트너 H. Hettner는 그의 『현대희곡 Das moderne Drama』(1852)에서, 그리고 작가인 프라이타크 G. Freytag 그의 『희곡의 기법 Technik des Dramas』(1863)에서 희곡에 대한 종래의 인식과 우수성을 주장하였다. 그러나 사실주의 희곡은 헵벨 Friedrich Hebbel(1813-1863)을 제외하고는 별다른 발전을 이룩하지 못했다. 이처럼 희곡이 최고의 문학장르의 위치를 차지하면서도 실제로 그 내용이나 질적인 면에 있어서 부진했던 이유는 작가의 무능력이나 연극무대의 기술적 한계점에도 있었지만, 이보다는 당시의 정신적 풍토와 정치적 상황과 깊은 관련이 있다고 할 수 있다. 당시의 정신세계는 상상과 사색을 기피하는 현실주의와 유물론적 세계관과 진보론적 역사관이 만연해 있던 시대였다. 또한 비스마르크의 강권정치와 귀족적 보수주의에 합류하려는 사회분위기는 희극의 전제가 되는 반어 Ironie를 원천적으로 허용하지 않았기 때문에 희극의 발전을 저해하는 요소가 되었으며, 역사의 발전을 확신하는 낙관주의가 지배하는 시대에 비극도 발전할 수가 없었다. 물론 사회와 개인의 갈등이 내면적으로 대립되어 있던 시대였기 때문에 비극의 모티브는 얼마든지 가능했지만, 이 같은 갈등의 모티브도 사회현실을 총체적으로 재현한다는 입장에서는 결국 비극으로 이루어지지 못하였다.

그러나 단순 오락물과 교양물이 많이 씌어졌고 극장에서도 많이 상연되었는데, 그 예로서 비르히 파이퍼 Charlotte Birch-Pfeiffer의 민중극, 바우언펠트 Eduard Bauernfeld의 희극, 빌브란트 Adolf Wilbrandt와 빌덴브루흐 Ernst von Wildenbruch의 역사극들이 있다. 그런데 이 작품들은 고전주의 희곡형식에 고대 그리스와 로마의 역사나 독일의 민족사를 소재로 취함으로써 역사에 대해 관심이 많았던 당시의 사람들로부터 많은 호응을 받았다. 또한 이 작품들은 내용면에 있어서 1850년 이후에는 정치성을 배제함으로써 3월 혁명 직후의 긴장된 분위기를 완화시켰고, 1860년대에는 민족통일에 대한 의지를 고취시켰으며, 1870년대 이후에는 민족의 우월성과 애국주의 정신을 자극시킴으로써 시민계급의 기대에 부응하였지만, 비판적 기능이 배제됨으로써 시대의 종말과 함께 사라지게 되었다.

2-2. 사실주의 희곡 작가들

홀슈타인주의 서안 베셀부렌 Wesselburen에서 가난한 석공의 아들로 태어난 **프리드리히 헵벨 Friedrich Hebbel**(1813-1863)은 문맹인 부친 아래서 교육을 받을 기회가 없었고, 어느 목사의 집에서 식모로 일한 어머니는 교양이 있었고 온화한 편이었다. 14세 때 부친을 잃은 그는 식사를 해결하기 위해 교구관리인 모르 Mohr의 서기로 들어갔다. 그는 그곳에서 독학으로 시인으로서의 교양을 쌓았으며 몇 개의 습작을 써서 잡지에 발표하기도 했다. 이때 그는 함부르크의 잡지 발행인 쇼페 Amalie Schoppe부인을 알게 되어 그녀의 도움으로 대학에서 공부를 하게 되었다. 그에게 두 번째로 도움을 준 여인이 9세나 나이가 많은 엘리제 Elise Lensing인데, 엘리제는 고통스런 생활을 하면서도 헵벨을 도와주고, 병이 들었을 때는 헌신적으로 간호를 해주었다. 그러나 그녀와의 결혼은 어머니의 반대로 이루어지지 않았다. 1836년 그는 하이델베르크대학으로 갔으나 곧 뮌헨으로 옮겨 어느 목수의 집에서 하숙을 하며 목수의 딸과 관계가 있었는데, 이때의 경험이 희곡 『마리아 막달레네 Maria Magdalene』(1843)[28]에 잘 나타나 있다. 이 작품은 3막의 시민비극으로 종래의 계급간의 갈등을 취급한 것과는 반대로 순수한 시민사회의 내부에 있는 비극을 보여주고 있다. 그러나 헵벨은 후기에 들어서는 환경묘사가 시민비극에 위험적인 요소가 될 수 있다는 사실을 인식하고 역사와 신화의 소재로 방향을 바꾸었다. 이러한 소재를 통해서 그는

---

28) 목수인 안톤은 완고하고 체면을 중요시하는 전형적인 소시민인데, 안톤의 딸 클라라는 착하고 아름다운 처녀로 서기인 레온하르트와 약혼한 사이였다. 그런데 그녀의 남동생 카알이 절도혐의로 붙잡혀 가자 어머니는 충격을 받고 쓰러져 세상을 떠난다. 그러자 레온하르트는 이 사건이 자기 앞날의 출세에 방해가 될 것이라 생각하고 약혼을 취소한다. 안돈은 아들의 절도사건과 딸의 파혼으로 체면이 손상되었다고 자식들에 대한 꾸중이 계속된다. 마침내 카알의 무죄가 밝혀지고, 클라라는 어릴 때의 친구인 어느 비서의 청혼을 받는데, 클라라는 이미 레온하르트의 아이를 임신한 상태였기 때문에, 친구의 청혼을 거절하고 레온하르트에게 결혼해줄 것을 애원하지만, 그는 자신의 앞날에 지장이 있고 클라라의 가정이 넉넉하지 못하여 자신에게 별로 도움이 되지 못할 것이라 판단하고 결혼을 거절한다. 이 같은 사실을 알게 된 클라라의 친구는 권총으로 레온하르트를 살해하고 자신도 중상을 입는다. 클라라는 절망하여 자기의 아버지에게 무어라 답변할 수 없어 결국 우물에 빠져죽는다는 시민사회를 주제로 한 비극이다.

환경을 묘사하지 않고 주변세계와 투쟁하는 인간의 모습을 나타냈다. 그의 드라마는 형식면에서 그랍베 Christian Dietrich Grabbe (1801-1836)나 뷔히너 Georg Büchner(1813-1837)와는 달리 고대 비극과 독일 고전주의 드라마를 모범으로 삼아 예술의 자율성을 주장하고 있으며, 등장인물들이 결국에는 비극에 이를 수밖에 없는 슬픈 인물들로 구성되어 있다. 따라서 그들은 정신적인 자율성이 결여되어 있어 자신들의 행동을 결정할 수 없는 인물들이다. 그의 드라마에는 사회를 변화시키는 역동적인 순간이 서술되기보다는, 정적이고 도덕적인 세계질서에 대한 이념이 서술되고 있다. 특히 그의 드라마의 주인공은 자기 주변 세계에서 갈등을 겪다가, 개체인 주인공은 전체인 세계와의 투쟁에서 몰락함으로써 개인의 의지는 세계의지에 의해 결국 좌절하게 된다.

또한 비극에 관한 그의 견해는 형이상학적 확신에서 비롯된 것인데, 개인이 역사나 사회윤리와 같은 질서로부터 이탈했을 때, 개인은 죄를 짓고 필연적으로 파멸한다는 것이다. 이 같은 견해는 『희곡에 관한 나의 견해 Mein Wort über das Drama』(1843)에 잘 나타나 있다. 따라서 그는 자신의 비극적인 세계관을 체계화시킨 19세기의 유일한 작가였다.

※ 헵벨의 범비극론 Pantragismus

헤겔철학의 영향을 받은 헵벨은 자아, 즉 개인의 활동을 중요시하였다. 그런데 이 개인의 존재는 전체에 대한 반항을 의미한다. 그러나 전체는 개인의 존재와 활동을 굴복시키게 된다. 왜냐하면 개인은 전체의 일부이기 때문이다. 바로 여기에서 비극이 싹트게 되며, 이 비극이 싹트기 위해서는 그 원인으로서 비극적 동기와 비극적 죄과가 있어야한다. 그래서 그에게 있어서는 남녀의 성별도 비극의 시초이며, 사회계급의 대립, 종교의 대립 등 모든 대립이 비극이 된다는 이론이다.

사랑하는 엘리제와의 결혼에 실패하였지만, 헵벨은 함부르크에서 엘리제의 도움으로 그의 처녀작인 『유디트 Judith』(1840)[29]를 발표하여 성공하였는데, 이 작품의 소재는 구약성서의 외전 Apocrypha에서 얻은 것이지만, 내적인 동기는 헵벨의 독자적인 구상이고 그의 비극론이 잘 나타나 있다. 이 작품은 극의 구성에 있어서나 언어의 구사에 있어서 비범한 대작가의 면모를 보여주는 것으로서 널리 주목을 끌었으며, 남녀의 성의 분화 Geschlechterdualismus가 비극의 동기로 작용하고 있다. 헵벨은 『유디트』가 성공함으로써 덴마크왕의 장학금을 받아 파리와 이탈리아를 여행하였다. 파리에서 하이네를 만나고 이탈리아를 거쳐 비인으로 가서 그릴파르처, 구츠코우, 라우

29) 성서의 유디트는 과부인데, 헵벨은 유디트를 결혼은 하였지만, 처녀로 머물러 있는 성녀로 묘사하고 있다. 도시국가 베투리엔은 이교의 나라 앗시리아의 장군 홀로페르네스 군에 의해 포위당해 위기에 처해있다. 그때 유디트는 신의 계시를 받아 동족을 구원하기로 결심하고 홀로페르네스를 찾아간다. 그는 아름다운 그녀에게 매혹되어 그녀를 정복하려고 한다. 적장에 대한 적개심과 무모한 행동에 증오심을 참을 수 없었지만, 유디트는 그의 남성다움에 매혹되어, 결국 한 여성으로서 위대한 남성에게 몸을 허락한다. 홀로페르네스는 그녀를 자기의 욕망을 채우기 위한 도구로 이용한 다음 잠들어 버리자, 그녀는 수치와 분노로 그의 목을 베어버린다. 이렇게 해서 그녀는 위기에 처한 동족을 구했으나, 그녀는 자신을 성녀로 환호하는 국민들 앞에서 죽음을 선택한다. 이 작품은 극의 구성이나 언어구사에 있어서 대작가의 면모를 보여주어 주목을 끌고 있다.

베 등과 교제하였으며, 비인에서 부르크 극장의 아름다운 여배우 크리스티네 Christine Enghaus를 만나 얼마 후에 결혼하는데, 엘리제에 대한 지금까지의 헌신을 고려해 볼 때 배신이라고도 할 수 있지만 대문호로 성장하기 위해서는 어쩔 수 없는 선택이었는지도 모른다. 1843년 헵벨이 함부르크에서 슈레더 양에게 품었던 짝사랑을 묘사한 『게노페파 Genoveva』(1843)[30]는 한 여인에 대한 짝사랑의 정열이 작용하고 있기 때문에, 극작에 필요한 객관성이 좀 결여된 면이 있다. 작품의 소재는 중세의 성녀 게노페파의 전설이며, 티크의 『성 게노페파의 생과 사』(1799)에서 이미 언급되었는데, 서정적, 서사적 비극으로 낭만적이고 예술적 색체가 강하게 나타나 있다. 헵벨은 이 작품에서 박해를 당하면서도 그것을 참아내는 거룩한 정신을 소유한 게노페파와 자신의 연정을 이기지 못해 양심의 가책을 받으면서도 깊은 죄악의 구렁텅이로 빠지는 신하인 골로의 모습이 대조적으로 묘사되고 있다. 모든 것을 참아내는 아름다운 게노페파의 태도가 골로의 잔학성을 더욱 깊게 하여 비극적인 종말로 이끌고 있다.

30) 백작 지크프리트가 출정하게 되자 부인 게노페파를 신하인 골로 Golo에게 맡긴다. 평소에 단정했던 그녀도 남편과의 이별로 남편에 대한 애정을 그리워한다. 남편이 출정한 사이 골로는 그녀에게 연정을 품게 된다. 골로의 유모와 그 언니 마르가레타는 이 사실을 알고 하인 드라고를 게노페파의 침실에 잠입시키고 현장을 발각하여 하인을 죽인 다음 게노페파를 옥에 가둔다. 얼마 후 그녀는 옥중에서 백작의 아이를 출산하였으나 골로는 그녀를 유혹하여 함께 도망하자고 제안한다. 그때 전장에서 돌아오던 지크프리트가 몸이 아파 슈트라스부르크에 머무르게 되는데, 골로는 그를 찾아가 게노페파의 죄를 모두 고한다. 지크프리트는 부인과 아이를 처형할 것을 명하고, 골로는 다시 하인에게 그들을 처형토록 하는데, 하인들이 게노페파를 도망시키고 골로에게 처형시켰다고 보고한다. 골로는 자신의 죄책감으로 스스로 자기의 눈알을 도려낸다는 비극이다.

그리스도의 탄생시대를 배경으로 한 『헤로데스와 마리암네 Herodes und Mariamne』(1850)[31]는 유대인의 고대 역사를 소재로 삼아 여자가 남자의 소유물로 비하되었기 때문에 생겨난 심리적 갈등, 즉 유대왕 헤로데스와 왕비 마리암네 사이의 대립이 비극의 주제가 되고 있는데, 이것은 헵벨의 범비극론에 근거를 둔 것으로 헵벨이 아름다운 여배우 크리스티네를 아내로 맞이하여 살아가는 그 자신의 현실적인 심정을 반영한 작품이다. 헵벨은 1862년 민족적 대서사시 『니벨룽겐 족 Die Niebelungen』을 극화하는 사업에 착수하여 3부작으로 발표하였다. 제1부 『불사신 지크프리트 Der gehörnte Siegfrid』는 이야기의 발단으로서 지크프리트가 아름다운 크림힐트 공주에게 구혼하고 군터왕이 부룬힐트를 왕비로 맞아들이는 과정이 서술되어 있다. 제2부는 『지크프리트의 죽음 Siegfrieds Tod』으로서 그들이 각각 결혼한 다음 두 왕비가 말다툼을 한 후에 지크프리트가 암살당하는 이야기이다. 제3부에서는 부르군트족이 전멸하는 과정이 묘사되어 있다. 북구(北歐)의 신화를 계승하는 이교문화와 기

31) 헤로데스 왕과 마리암네 왕비는 매우 사랑하는 사이였는데, 로마 황제가 헤로데스의 충성심을 시험하기 위해 그를 로마로 소환하자, 로마에서 자기가 죽게 되면 왕비를 살해하도록 비밀리에 명령을 내려놓고 떠난다. 그러나 왕비는 왕이 죽게 되면 사결할 것을 결심하고 있었는데, 왕의 그 같은 조치를 알게 되자 지신이 일개의 소유물에 불과하다는 깨닫고 분개한나. 로마에서 무사히 돌아온 왕은 왕비에세 다시는 의심을 품지 않을 것을 약속하지만, 다시 출정하게 되자 전과 같은 조치를 취하고, 이 사실을 알게 된 왕비는 왕이 돌아오자 그동안 자신이 정숙하지 않았던 것처럼 보이게 한다. 그러자 왕은 왕비를 처형하고 비로소 그녀가 정숙했다는 사실을 알게 된다. 사랑하는 아내를 죽이고 왕관밖에 남지 않은 그에게 동방에서 온 3명의 현자가 나타나 새로운 왕이 베들레헴에서 태어났다는 사실을 알려준다. 그러자 그는 끝까지 왕관을 지키기 위해 베들레헴의 모든 아이들을 죽이도록 명령한다. 물론 극은 여기에서 종결되지만 아기예수는 헤로데스 왕의 칼을 벗어나 구세주가 되고 헤로데스는 왕관을 상실한다.

독교를 신봉하는 신문화의 대립, 이 대립에서 야기되는 투쟁과 비극이 묘사되어 있다는 점에서 볼 때 이 작품도 헵벨의 범비극론에 근거를 두고 있음을 알 수 있다.

헵벨은 이 작품을 통해 인간의 심리상태에 의한 갈등에서 비롯된 운명을 주제로 내세우며, 용맹하고 명예로운 인물이 지울 수 없는 죄로 인해 반드시 죽어야만 하는 상황을 비극적으로 묘사하고 있다.

이외에도 『아그네스 베르나우어 Agnes Bernauer』(1851)에서는 아름답다는 사실과 서로 다른 신분과의 금지된 결혼을 강행하여 관습을 깨뜨리려는 사실이 비극의 동기가 되고 있으며, 『귀게스와 그의 반지 Gyges und sein Ring』(1856)에서는 보수적인 도덕규범을 지키려는 왕비 로도페와 새로운 관념을 대변하며 편견과 낡은 생활관습에서 벗어나려는 왕 칸다울레스 사이에서 빚어지는 갈등이 비극의 동기가 되고 있다.

루드비히 Otto Ludwig(1813-1865)는 자연을 사랑하고 소박하고 사실적인 묘사로 비극적인 인간의 운명을 그렸다. 그는 '시적 사실주의'라는 용어를 미학적 범주를 나타내는 용어로 최초로 사용한 작가였으며, 사실주의는 현실을 있는 그대로 모방하는 문학이고 또한 작품을 창작하는 작가의 환상에 의해 창작되는 문학이라고 주장하였다. 그래서 그는 자신의 새로운 극작 이론에 부합하지 않는 쉴러와 헵벨을 단호히 거부하고 셰익스피어를 모범으로 삼았다. 그의 시적 사실주의의 전형적인 드라마로 튀링겐 지방의 산림과 그 주변의 생태가 사실적이고 생기있게 묘사된 『세습 산지기 Der Erbförster』(1850)[32]는 우연과 오해에 의한 사건의 얽힘이 많아서 부자연스러운 점이 있으나 자연과 인물의 묘사가 뛰어나 현실성을 부여하고 있고 종래의 운명비극과는 달리 낭만주의의 운명비극을 기초로 하여 正義의 문제를 형상화하여 그 깊이와 넓이를 보여줌으로써 상연에서도 큰 성과를 거두었으며, 『마카베어 일족 Die Makkaber』(1850/51)에서는 종교를 순수하게 보전하려는 유대 민족의 투쟁에 관한 이야기를 5각의 무운 시구 Blankvers로 묘사하고 있다.

사실주의의 천재 작가 **뷔히너 Georg Büchner**(1813-1837)는 나폴레옹 전쟁이 막바지에 이르던 1813년 10월에 헤센 공국의 다름슈타트 인근에 위치한 곳델라우 Goddelau에서 의사의 아들로 태어났다. 1831년부터 대학 생활을 시작한 그의 슈트라스부르크 시절은 여러 모로 그의 생애에서 큰 의미를 지닌다. 그는 그곳에서 의학공부를 시작했고, 약혼녀가 될 빌헬미네 예글레 Wilhelmine Jaegle 및 독일 내지 프랑스의 혁명지사들을 만났기 때문이다. 그가 훗날 독일의 정치적 복고주의와 제반 사회상황에 대해 반기를 들게 된 배경도 이곳 슈트라스부르크 생활에서 그 뿌리를 찾을 수 있다. 슈트라스부르크에서 2년간의 대학 생활을 보낸 뷔히너는 나머지 대학 공부는 자국 에서 해야 된다는 헤센 공국의 법규에 따라, 1833년 기센 대학으로 옮겨 해부학자 베르네킹크 교수로부터 많은 영향을 받아 비교해부학에 관심을 갖게 되는데, 그의 작품 『보이체크 Woyzeck』(1836)에 등장하는 의사의 원 모델인 빌브란트 교수도 있었다. 기센에 온 뷔히너는 가중되는 세금에 눌린 농부들과 소시민들의 얼굴을,

32) 이 작품은 심리 분석적 사실주의 경향을 나타내고 있기 때문에 입센 Ibsen의 결정론 Determunation에 입각한 분석극 analytisches Drama에 이르는 노정에 위치한 작품으로 자연주의 드라마와 연결관계 역할을 하는 작품이다.

그리고 지식층과 유산계급들이 이러한 현실을 외면하고 자기들의 이익만을 추구하는데 혈안이 돼 있는 것을 보게 된다. 한편 그는 선동에 의한 현실참여의 무익함을 깨닫고 확고한 신념을 가지고 헷센 공국에 대한 비판을 가하기 시작했다. 그때 마침 정부의 미움을 사고 있던 목사이며 학교장인 바이디히 Weidig와 함께 「인권협회」를 조직하고 헷센공국의 경제상의 악정을 비판하고 혁명을 고취하는 팜플렛 『헤센 급사(急使) Hessische Landbote』(1834)를 인쇄하여 농민들에게 배포하였다. 이 사건으로 바이디히는 체포되어 고문도중에 사망하고 뷔히너는 슈트라스부르크로 탈출하였다.

1836년 여름 뷔히너는 창작 못지않게 본래 전공인 자연과학과 철학 공부에도 관심을 보여 4월과 5월에 발표한 논문 『돌잉어의 신경조직에 관하여』는 그 우수성을 인정받아 동년 9월에 스위스의 취리히 대학에서 박사학위 논문으로 채택이 되었으며, 이것이 계기가 되어 그는 동 대학에서 강의를 맡게 되었다. 그러나 1837년 2월 치명적인 질병이 발발하여 그는 이국땅인 취리히에서 이주일간의 투쟁끝에 티푸스로 사망하였다.

뷔히너는 1835년 7월말에 처녀작 『당통의 죽음 Dantons Tod』(1835)을 출간하였는데, 4막으로 구성된 이 작품에서 뷔히너는 개인의 권리를 중시하는 당통이 내세우는 향락주의와 사회복지를 우선시하는 로베스피에르가 내세우는 공화주의가 궁극적으로는 정치적 욕망을 추구하기 위한 이기주의를 바탕으로 한다는 것을 은유적 기법으로 표현하고 있다. 뷔히너는 이 극에서 프랑스 대혁명의 마지막 국면, 즉 당통과 로베스피에르가 서로 첨예하게 대치하다가 로베스피에르 일파에 의해 당통을 비롯한 그의 동료들이 처형당하기까지의 약 10일 남짓한 기간을 묘사하고 있다. 뷔히너는 역사적 관점에서 소재를 취하면서도 종전과는 다른 방식으로 형상화하였는데, 이 작품에서는 프랑스 혁명사를 빛낸 영웅이 아니라 혁명과 거리를 두고 그것을 비판적인 눈으로 바라보는 이른바 '반영웅 Antiheld'을 그리고 있다. 다시 말해 작품의 주인공 당통은 혁명의 중심역할을 하던 시기의 영웅적인 면모를 지닌 인물이 아니라 '9월 학살'을 주도한 자신의 책임을 회상하며 고뇌하는 인물로 그려지고 있다.

1835년 가을에 뷔히너는 미완성의 중편소설 『렌츠 Lenz』를 집필하기 시작하였는데, 이 작품은 괴테의 슈트라스부르크 유학시대의 친구 렌츠가 정신병에 걸리는 위기를 묘사한 것으로 인간정신의 내적 분열을 놀라울 정도로 세밀하고 심리적으로 관찰하고 있으며, 동시에 인간 자체에 대해 따뜻한 마음을 간직하고 있다. 그는 현실 자체를 통해 자신의 괴로움에 대한 동정을 나타내고 있다. 1836년 6월에 완성된 사회투쟁의 간접적인 표현인 『레온세와 레나 Leonce und Lena』는 뷔히너의 작품 중 그 소재를 역사에서 취하지 않은 유일한 작품이다. 이 작품은 뷔히너가 독일의 한 유수 출판사가 주관하는 현상모집에 응모할 생각으로 집필했지만 송고(送稿)가 기일 내에 이루어지지 못해 개봉되지 않은 채 반송된 작품이다. 『보이체크』와 『당통의 죽음』이 비극작품이라면 이 작품은 작가 자신이 밝히고 있듯이 희극작품이다. 포포국의 왕자 레온세와 피피국의 공주 레나는 약혼한 사이인데 두 사람은 형식적이고 진부한 결혼이라는 행사를 피하기 위해 도망하였다가 우연히 만나 서로 사랑하게 된다는 이야기이다. 이 속에는 꿈과 시와 익살이 우울과 해학, 그리고 반어등과 함께 포함되어 있어 세익스피어적 요소, 브렌타노적 분위기가 엿보인다. 물론 이 작품은 유물론자들의 불만을 사고 그들에게 이해되지 못하였으나, 작가의 폭넓은 문학세계를 보여주고 있다. 한편 이해 겨울에는 외관상으로는 미완성의 작품인 『보이체크』(1836)의 집필에 들어갔다. 그러나 이 작품은 내용상으로 볼 때 이미 완성된 것으로 아주 강력한 무대효과를 일으킬 수 있는 작품이다. 이 작품이 나왔을 당시 독일은 시민을 중시하는 나폴레옹이 물러나고 귀족을 중시하는 메테르니히가 집권하면서 다시 왕정복고시대가 되었다. 당시의 절대군주제의 지배계층과 사회적 모순에 격렬히 항거하던 뷔히너는 불행한 하급 계층의 인물을 통해서 사회의 모순과 인간소외의 문제를 제기하였다. 가난하고 무력한 존재인 이발사 출신의 주인공 보이체크는 정부(情婦)인 마리에와 그 아이로부터 위안을 삼으며 살아가지만, 마리에가 난봉꾼인 나팔수와 간통을 했다는 사실이 알려지자 친지들로부터 조롱을 당한다. 결국 그는 고통을 참지 못하고 마리에를 교외로 끌고가 그녀를 찔러 죽이고 자신도 투신자살을 하게 된다. 여기에서 작품은 종료되는데 작가는 아마도 그 후에 주인공을 구출하여 법정에서 온갖 사회악을 폭로하려고 시도했던 것으로 보인다. 여기에서는 무엇보다도 뷔히너의 비상한 언어구성력이 충분히 발휘되어 있고 종래의 요소를 완전히 탈피하여 새로운 리얼리즘 극에 도달했다는 점에 의미가 있다고 할 수 있다.

라이프치히에서 태어난 **바그너 Richard Wagner**(1813-1883)[33]는

33) Vgl. Bernd Lutz(Hrsg.):a.a.O., S. 607. 바그너는 고전주의의 연극론 Dramatik

생후 5개월 때 아버지를 잃고 의부(義父)인 가이어를 따라 드레스덴으로 이주하였다. 가이어는 예술적 소양이 높아 바그너에게 큰 영향을 주었기 때문에, 바그너는 평생 가이어를 친부라고 믿을 정도였다. 그는 베버의 독일 오페라에서 독일인의 정서, 숲의 정서를 배우고, 베토벤의 9번 교향곡을 평생 끊임없이 듣고 지휘하며 음악적 영향을 받았으며, 작곡가, 시인, 문예이론가로서 세인들로부터 많은 주목을 끌었다. 특히 그의 악극 Musikdrama이라는 새로운 형식의 종합예술론은 매우 유명하며 많은 논의의 대상이 되었다. 그는 논문 『예술과 혁명 Die Kunst und Revolution』(1849), 『미래의 예술 작품 Das Kunstwerk der Zukunft』(1849), 『오페라와 드라마 Oper und Drama』(1852) 등을 저술하여 문학과 예술에 대한 자신의 이론체계를 확립하였다. 그는 자신의 악극이론 Musikdrama Theorie에서 오페라의 대사와 곡과의 관계가 상호 보완적이어야 한다고 주장했다. 『탄호이저 Tannhäuser』(1843)에서는 순결한 처녀가 자기를 희생하여 주인공을 구원하는 이야기이다. 즉 사랑의 여신으로부터 관능과 환락을 배운 탄호이저가 죄악의 구렁텅이에 빠져들자 엘리자베트 공주가 그를 구원하기 위해 자신의 생명을 단축시키고 성모마리아에게 기도를 올리는데, 이에 감명을 받은 탄호이저가 구원의 길을 가게 된다는 내용이다. 이후 『로엔그린 Lohengrin』(1847)[34]이 완성

과 희곡론 Dramaturgie에 입각하여 낭만주의적 가극(歌劇)을 창작하였다. 그는 젊은 시절에 국가의 통일을 염원하는 자유주의자였으며 프랑스의 사회주의자 프루동 Proudhon의 주장에 찬동하여 사유재산제도에 반대하는 반자본주의적 경향을 지니고 있었다. 그는 자신의 이러한 인생철학을 자신이 창작하는 예술의 이상으로 삼았다. 그러므로 그의 예술 작품에는 반봉건적 저항 의식이 담겨져 있다.

되어 바그너의 지위가 어느 정도 확립된 것처럼 보였으나, 때마침 일어난 1848년 혁명운동에 참가하여 그의 파란만장한 인생은 계속 되었다. 사실 1848년은 유럽 역사에서 중요한 의미를 갖는다. 막스와 엥겔스의 공산당 선언이 있었고, 3일후에는 프랑스에서 2월 혁명이 일어나 비인체제로 대표되는 구체제에 대한 저항이 거세게 일어나게 되었다. 마침내 혁명이 실패로 끝나자, 그는 추방령까지 받게 되어 1849년 스위스 취리히로 망명하여 제2기의 삶을 살게 된다.

스위스 망명 중 바그너는 후원자인 베젠동크를 만나게 되었고, 여기에서 베젠동크의 부인 마틸데와의 불륜이 시작되었는데, 그녀와의 관계에서 영감을 얻어 탄생한 작품이 『트리스탄과 이졸데 Tristan und Isolde』(1859)였다. 마틸데와의 불륜은 바그너의 부인 민나와 후원자 베젠동크가 알게 됨으로써 끝이 나고, 이로 인해 그는 1862년 부인 민나와 이혼하게 된다. 따라서 『트리스탄과 이졸데』는 작가 자신의 사랑의 체험이 반영된 3막극의 작품으로 그의 예술이론이 내포되어 있다. 이 작품에서는 트리스탄과 이졸데의 사랑을 묘사하고 있는데, 그 사랑은 영원하여 죽음으로까지 승화된다. 이처럼 감미로운 사랑을 죽음에서 발견하고 죽음을 동경하는 것은 노발리스 Novalis의 『밤의 찬가 Hymnen an die Nacht』와 일맥상통한다고 할

---

34) 『로엔그린』은 중세의 전설을 이용한 것이며 볼프람의 서사시 『파르치팔』 뒷부분에 나오는 이야기이다. 그러나 바그너가 직접 취한 것은 13세기 말 바이에른의 시인에 의해 작성된 것을 괴레스가 1813년에 현대어로 자세히 기록하여 출판한 것을 토대로 하였다. 브라반트의 공주 엘자가 위기에 처해 있을 때, 로엔그린은 백조에 이끌려서 그곳에 도착하여 그녀를 구하고 그녀와 결혼한다. 그런데 그녀가 남편이 된 백조의 기사에게 그 신분과 이름을 물었기 때문에, 그는 영원히 이별하고 성배(聖杯)의 성으로 돌아가야만 한다는 내용이다.

수 있다. 『뉘른베르크의 장인가수 Die Meistersinger von Nürnberg』(1874)는 한스 자크스 Hans Sachs를 중심으로 하여 그 밖의 공인들의 건실한 시민기질, 뉘른베르크의 독특한 분위기, 그 속에서 발생하는 여러 가지 사건들을 해학과 유모어를 사용하여 묘사하였다. 그는 본래 1849년 스위스 망명 중에 『니벨룽엔의 반지 Der Ring des Nibelungen』(1874)의 초안을 구상하여 대본을 썼고, 작곡도 진척되었는데, 이 작품은 4부작, 즉 『라인의 황금 Das Rheingold』, 『전희 Die Walküre』, 『지크프리트 Siegfried』, 『諸神의 황혼 Götterdämmerung』으로 되어 있다. 이 내용은 물론 옛 게르만의 전설을 체계적으로 전개한 것이며, 문헌으로서는 에다[35]와 필승가의 전설 Völsungssage이 기초가 되었지만, 바그너가 직접 의존한 서적은 후기 낭만파 푸케 Fouqué의 『북방의 영웅』 이었다.

바그너는 1862년 부인 민나와 이혼 후, 1864년 5월 그를 숭배하던 바이런의 젊은 국왕 루트비히 2세와의 알현이 뮌헨에서 이루어졌고, 국왕과의 연결은 바그너의 미래를 열어주게 되었다. 이때부터 피아니스트이자 절친한 한스 폰 뷜로의 부인이자 리스트의 딸인 코지마와의 불륜이 시작되었다. 루드비히 2세의 후원으로 뮌헤 궁정 극장에서 『트리스탄과 이졸네』, 『뉘른베르크의 장인가수』를 초연하게 되었다. 궁중재정의 파탄으로 스위스 루체른으로 이주한 바그너는 1870년 마침내 남편과 이혼하여 자유의 몸이 된 코지마와 재혼하였는데, 그가 코지마에게 바친 작품이 유명한 『지크프리트 목가』 였

35) 에다 Edda는 13세기 아이스란드의 학자에 의해 기록된 문헌으로 게르만인들의 종교관을 묘사하고 있다. 시가집인 구편과 산문집인 신편으로 나누어져 있으며, 신에 대한 찬가와 영웅시, 격언시가 들어 있고 해학적인 면이 있다.

다. 이 해부터 1874년 그가 바이로이트에 정주하게 될 때까지를 운명 전환의 시대라고 부른다.

※ 바그너의 악극이론 Musikdrama Theorie

종래의 가극에서는 음악과 문학의 관계가 음악이 주가 되거나 아니면 문학이 주가 되었다. 프랑스에서는 음악이 극의 효과를 높이기 위해서는 문학의 시녀가 되어야한다고 주장했다. 반면에 이탈리아에서는 음악을 주로 하고 연극은 음악을 위한 보조물이 되어야 한다고 주장했다. 그러나 바그너는 이에 불만을 갖고 음악은 음악대로 자기의 특성에 따라 예술성을 발휘하고 문학은 문학대로 언어로서 그 사상을 표현해야 한다고 주장했다. 이렇게 함으로써 음악과 연극이 상호 보완되어 큰 효과를 거둘 수 있다는 것이 바그너의 이론이다.

베스트팔렌주의 데트몰트 Detmold 출생인 **그랍베 Christian Dietrich Grabbe**(1801-1836)는 극작가로서 표현주의와 영화기법의 선구적 작품을 썼다. 라이프치히에서 법률을 공부한 뒤, 베를린에서 배우와 연출가가 되려고 했지만 성공하지 못했다. 시인 하인리히 하이네를 비롯한 '청년독일파'의 일원들과 갈등이 있었으며, 낭만주의 작가 루트비히 티크의 도움을 얻으려다 실패하자 데트몰트로 돌아가 사무변호사로 일하다가 군(軍)법무관이 되었다. 1833년 헨리테 마이어와 결혼했으나 실패하고 파혼 후에는 그를 퇴짜 놓았던 클로스터 마이어와 다시 결합했다. 이듬해에 근무태만으로 직장에서 쫓겨난 그는 몇 달 동안 프랑크푸르트에서 거주하다가, 뒤셀도르프로

가서 카알 레베레히트 임머만의 도움으로 자유기고가가 되었지만 임머만과의 말다툼으로 결별하게 되었다. 그랍베는 자신의 희곡작품을 출판해줄 출판업자들을 찾아내는 데는 성공했으나, 방탕한 생활 때문에 알코올 중독과 결핵에 걸려 요절했다. 하이네가 절찬한 그의 처녀작 『고틀란트 공작 Herzog von Gotland』(1827)은 세익스피어와 쉴러의 『군도』에 영향을 받은 작품이다. 그러나 지나친 복수욕과 피비린내 나는 잔학성, 그리고 비참한 종말 등은 극적 효과를 감소시키고 있다. 또한 작가의 취향과는 완전히 다른 신랄한 풍자극 『익살, 풍자, 반어 및 깊은 의미 Scherz, Satire, Ironie und tiefere Bedeutung』(1827)는 현실풍자와 반어, 그리고 사회에 대한 조소로서 가장 오랫동안 인기를 누렸으며, 역사극 『마리우스 술라 Marius und Sulla』(1828)에서는 그랍베 자신의 사상이 표현된 것인데, 위대한 영웅의 의지가 우매한 군중들의 현실성에 의해서 좌절된다는 내용이다. 그는 하나의 영웅을 중심으로 모든 것이 그의 주변에서 그를 위해 발전되어 가는 것을 배격하고 하나의 영웅의 힘보다도 더 강하고 결정력이 있는 군중의 움직임을 부각시키고 있다. 『바르바로사 황제 Friedrich Barbarossa』(1829)와 『하인리히 6세 Heinrich VI』(1830)의 두 편은 그랍베의 역사극 가운데서도 가장 훌륭한 작품으로 간주되고 있으며, 그 다음해에 나온 『나폴레옹 또는 백일천하』(1831)는 희곡 형식에 대담한 실험을 시도한 대표적인 실험작이다. 이 희곡에서는 생생하게 묘사한 대조적인 장면들을 사용함으로써 극이 밋밋하게 전개되는 것을 피하고 있다. 이 작품은 나폴레옹의 몰락과정을 묘사한 서사적 희곡으로 여기에서도 나폴레옹의 영웅적 의지가 일개 하사관의 무능 때문에 좌절된다. 근대적 전쟁의 장면이 무대 위에 오른 것도 이 극의 새로운 면이라 할 수 있다.

비극 『한니발 Hannibal』(1835)에서 그랍베는 대담한 시도를 하였는데, 여기에서는 우둔하고 편협한 군중들에게 실망하여 멸망하는 영웅이 묘사되고 있다. 그랍베가 병에 걸려 사망하게 된 동년에 쓰여진 『헤르만의 전쟁 Hermannschlacht』(1838)은 과거의 어느 작품보다 근대극에 가까우며 향토성을 지니고 있다. 극 속에 등장하는 게르만의 민중은 그의 고향의 농민들로 구성되어있으며, 이 속에는 민중의 본능적인 힘과 소름끼치는 원시림의 위력, 그리고 역사적인 신화가 담겨져 있다. 비극 『돈 주안과 파우스트 Don Juan und Faust』(1829)에서는 모차르트의 『돈 주안』과 괴테가 쓴 『파우스트』 각각의 두 걸작을 대담하게 결합하여 상상력이 풍부한 작품을 만들려고 하였다. 그의 대부분의 작품들이 그러하듯, 이 비극은 연극이 실제로 소화해낼 수 있는 한계를 넘어선 작품이다. 동일한 여인 돈나 안나의 사랑을 얻기 위해 북방인 파우스트는 사상과 인식의 방법으로 나가지만 실패하고, 남방인 돈 주안은 관능적으로 여인을 획득하기는 하지만 결국 그로 인해 자멸을 초래한다. 돈 주안이 파우스트를 향해 "그대도 인간에 불과한데 초인이 무슨 소용이 있는가"라는 질문에 대해 파우스트는 "초인적인 것을 지향하지 않는데 인간이 무슨 소용이 있는가"라고 대답하는 장면이 이색적인 효과를 발휘하고 있지만 괴테의 경지에는 이르지 못한다. 한편 셰익스피어를 공격하고 독자적인 민족연극을 주창한 평론인 『셰익스피어 광(狂)에 대한 소론』(1827)도 유명하다.

빌덴브루흐 Ernst von Wildenbuch(1845-1909)는 열정적 어조로 조국을 예찬하는 문인으로서 신생 독일제국을 생각하는 자랑스런 국민감정을 작품으로 묘사하여 당시에 사람들로부터 대단한 추앙을 받았다. 그는 드라마 『카롱링 왕조 Die Karolinger』(1881)를 비롯하여, 사극 『하롤트 Harold』(1882), 『베로나의 영주 Der Fürst von Verona』(1887), 『새로운 군주 Der neue Herr』(1891), 그리고 『하인리히와 하인리히의 가문 Heinrich und Heinrichs Geschlecht』(1895) 등을 창작하여 역사적 소재를 다루면서 무대효과를 극대화하는 독특한 창작기법을 활용하여 애국심을 고취하였다. 그의 드라마는 역사적 사실을 논증하거나 역사적 인물들의 행동을 심리적으로 분석하지 않고 독일 민족의 정치적 성숙을 예찬하고 민족의 운명을 낙관적으로 보고 있다. 또한 그가 창작한 사회문제를 주로 다루고 있는 『볏이 달린 종달새 Die Haubenlerche』(1891)는 오늘날에도 무대에서 공연되고 있다.

3-1. 사실주의 시

사실주의의 시문학은 당시의 소설문학과 비교해볼 때 희곡과 마찬가지로 특이한 성과를 거두지 못하였다. 형이상학의 퇴조, 종교적인 특성의 결여, 객관성의 강조, 사물을 중시하는 현실주의 등으로 일컬어지는 사실주의 시대에 주관성이 전제되는 시문학이 발전할 수 있는 분위기가 조성된다는 것은 어려운 일이었다. 사실주의를 대표하는 슈토름과 마이어를 제외하고는 실제로 서정시에 관심을 기울인 작가가 거의 없었다. 물론 켈러의 시는 대부분 산문소설을 쓰기 이전에 나왔고, 폰타네도 서사적 경향이 강한 담시 Ballade를 썼으며, 헵벨과 마이어도 운문서사시 Versepos를 남겼을 뿐이다. 시문학의 주류인 서정시는 사실주의 시대에 빈약했던 것은 사실이지만, 헵벨, 슈토름, 마이어 등에 의해 어느 정도의 수준을 유지할 수 있었다. 물론 이들 작가들 이전에는 바이에른 왕 막시밀리언 2세의 후원을 받았던 "뮌헨시파 Münchenerdichterkreis"의 영향이 매우 컸는데, 여기에 속했던 시인들 중에는 가이벨 Emanuel Geibel (1815-1884)과 하이제 Paul Heyse(1830-1914) 등이 있었는데 이들은 청년독일파의 정치시를 거부하고 대신 괴테와 낭만주의자들을 모범으로 삼아 비정치적인 민요조의 시를 많이 썼다. 그러나 전통적인 언어에 대중의 취향에 맞는 낭만적인 정취와 감상적인 음조를 담은 이들의 시는 독창성의 결여로 오늘날에는 거의 잊혀지고 말았다.

슈토름과 마이어도 괴테의 체험서정시 Erlebnislylik[36]와 낭만주의 정조서정시 Stimmunglylik[37]의 전통을 이어받고 있다는 점에서는 「뮌헨시파」와는 별다른 점이 없다. 단지 이들은 전통에만 얽매어 있던 것이 아니라 시대의 변화의 적응해서 나름대로의 시세계를 구축했다는 점이다. 산업화에 따라 자아와 자연, 개인과 사회의 조화가 사라지고 정조 Stimmung는 주관적 암시나 독백으로 변해 갔으며, 사물의 세계는 독립된 성격을 지니게 되었다. 특히 상징주의적 특징이 암시되어 있는 마이어의 사물시 Dinggedicht[38]는 독립된 외부세계를 상징화는 수단이 되었다. 결론적으로 사실주의의 서정시는

36) 개인의 체험을 압축적으로 표현한 시.
37) 개인의 감정을 표현한 시.
38) 사물을 제재로 하는 시를 말한다.

서정적 자아가 배제된 상태에서 시의 대상이 있는 그대로 드러나야 하고, 다음은 한 시대의 분위기가 어느 한 면이라도 반영되어 있어야만 한다.

「뮌헨시파 Münchenerdichterkreis」는 바이에른 Bayern 왕 막시밀리안 Maximilian 2세는 뮌헨을 예술과 문학의 중심지로 만들기 위해 1852년부터 그가 죽은 1864년까지 북독의 작가들을 초빙하여 육성하였다. 이들은 가이벨 Geibel과 하이제 Heyse를 중심으로 1854년 **'악어 Krokodil(크로코딜)'**이라는 문학 단체를 만들어 활동하면서 창작에 대한 자극을 주고 받으면서 1862년에는 이 단체의 기관지 『뮌헨 동인지 Münchner Dichterbuch』를 발간하였다.

이 단체에서 활동한 작가는 북독에서 초빙되어 온 가이벨 Emanuel Geibel(1815-1884), 지벨 Sybel, 리비히 Liebig, 카리레 Carriere, 릴 Riehl, 샤크 Adolf Friedrich von Schack(1815-1894), 코벨 Kobell 등의 문인들이 있었고, 그 지방 출신인 보덴슈테트 Friedrich Martin von Bodenstedt(1819-1892), 단 Felix Dahn(1834-1912), 헤르츠 Wilhelm Hertz(1835-1902), 로이트홀트 Heinrich Leuthold(1827-1879), 그리고 링크 Hermann Lingg(1820-1905) 등이 속해 있었다.

이들은 겉으로는 시민 계급의 변호문학 Bürgerlich-apologetische Literatur을 대표하면서 지배 계급이 표방하는 낭만주의적 국수주의와 노동자를 착취하는 자본주의를 예찬하였다. 가이벨과 단과 같은 작가는 공공연하게 군국주의의 압제를 예찬하여 쇼비니즘적 경향을 나타냈다. 이들은 예술의 고귀한 품위를 추구하여 고전주의와 낭만주의의 형식을 고수하였으며 숭고하고 장엄한 것을 추구하여 물려받은 예술의 이상을 구현하려 하였다. 따라서 그들은 경향문학[39]을 멀리하면서 자기들의 작품에 추한 것이나 혐오스러운 것을 되도록 묘사하지 않으려고 애썼다. 그들의 이러한 의도에도 불구하고 그들의 작품에는 경향문학에 나타나는 자유주의라는 시대정신이 반영되어 있으며 사실주의 문학에 나타나는 심리묘사가 나타나고 있어서 그들은 아류에 머물 수밖에 없었다. 이들 작가들의 작품은 당시에 많이 읽혀졌으나 오늘날에는 아류적 작가로 분류되어 대부분 외면당하고 있다.「뮌헨 동인」의 중심인물이며 노벨 문학상 수상자인 파울 하이제까지도 오늘날 독자들로부터 외면당하고 있다.

3-2. 사실주의 시인들

가이벨 Geibel은 뮌헨시파 중에서도 가장 중심적으로 활동을 한 인물이었으며, 사상이나 감정의 깊이는 부족하였지만 유창한 언어의 구사로 한 때는 괴테의 시와 비교되기도 하였다. 1841년에 정치적인 색채가 농후한 『시대의 소리 Zeitstimmen』을 발간하였고, 『유월의 노래 Juniuslieder』(1848)에서 그는 자신의 시의 정점에 까지 도달한 느낌을 주는데, 이것은 그의 체험에서 우러나오는 진실한 표현으로 볼 수가 없다. 『오월이 왔네 Der Mai ist gekommen』도 그의 대표적인 시라 할 수 있다.

39) 대중을 정치적, 도덕적, 종교적 방향으로 계몽하고 유도하기 위한 목적으로 쓰인 문학을 말한다.

하이제 Heyse는 뮌헨시파에 속하는 시인으로서 독일인으로는 최초로 노벨상을 수상하였다. 1854년 가이벨의 추천으로 바이에른 왕에게 초빙되어 뮌헨으로 이주한 다음 놀라울 정도로 많은 작품을 썼으며 작가로서의 명예를 얻었다. 특히 『라라비아타 L'arrabbiata』(1855)는 매의 이론을 토대로 한 단편으로 애로틱한 소재를 우아한 수법으로 다루고 있고, 『낙원에서 Im Paradies』와 『세상의 아이들 Die Kinder』은 장편소설이다.

※ 매의 이론 Falkentheorie은 하이제가 노벨레의 성격을 정립한 이론으로서 보카치오의 소설을 인용해 이 이론을 전개하고 있다. 즉 어느 기사가 숙녀를 사랑하여 그녀의 마음을 사로잡기 위해 모든 정성을 다하지만 자신의 뜻대로 되지 않고, 더구나 재산도 탕진하여 남은 것은 매 한 마리 뿐이었다. 어느 날 그녀가 성에 나타나자 그 기사는 한 마리 뿐인 자기의 매를 잡아서 그녀의 식탁에 바친다. 결국 그녀는 기사의 사랑과 성의에 감복해 서로가 사랑하게 된다는 이야기다. 바로 이 이야기 속의 매와 같이 단편소설에서는 운명의 전환점을 마련 할 수 있는 계기가 작품의 중심이 되어야 하며, 이러한 계기를 중심으로 작품전체가 조화를 이루어야 한다는 이론이다.

독일의 북쪽 서해안 후줌 Husum이 고향인 **슈토름**[40]은 자신을

40) 슈토름은 시 창작에 대해 "가능한 한 개인적인 사안을 보편적인 사안으로 표현하여야 한다"는 것과 "모든 싯귀는 시인의 감정이나 환상에서 유래되어야 하지만 단순한 언급의 차원을 초월해야 한다"는 것과 그리고 "모든 서정시는 고상

서정시인이라고 생각하였고, 아이헨도르프 Joseph Freiherr von Eichendorf, 하이네 Heinrich Heine, 뫼리케 Eduard Mörike를 계승하여 가곡풍의 체험 서정시를 창작하였다. 고향과 가족에 대한 사랑을 애수에 젖은 어조로 노래하고 있는 그의 시는 목가적인 삶이 허물어지고 있음을 슬퍼하거나 아니면 목가적인 삶을 이미 지나가버린 과거사로 서술하면서 즐거웠던 옛 시절에 대한 회상을 나타내고 있다. 따라서 그의 시에는 그림과 같이 평화로운 모습과 목가적인 삶이 위협받아 긴장하고 있는 인간모습이 함께 등장하고 있다.

많은 사실주의 작가들과 마찬가지로 50여 편에 이르는 그의 단편소설은 거의 북해를 끼고 있는 고향인 후줌의 자연과 풍물을 배경으로 하고 있다. 잿빛하늘과 검푸른 바다, 파도 드높은 북해를 마주보는 회색의 도시, 꼬불꼬불한 골목, 흰 자작나무의 숲과 목장, 음산한 늪 주변의 분위기, 광활한 개펄과 황무지, 선대의 삶이 그대로 숨쉬고 있는 옛날의 집들, 그리고 토속적인 전설과 유령이야기를 배경으로 전개되는 슈토름의 문학세계는 애수(哀愁)와 무상(無常)이 뒤섞인 추억으로 가득 차있다. 이 같은 분위기는 그의 비종교적 태도에 기인하고 있다. 그는 다른 사실주의 작가들처럼 기독교의 내세사상(來世思想)을 거부하고 인간의 삶을 현실에 국한시키고 있다. 슈토름의 초기소설은 서정시와 같이 아름다운 시적 정조를 띠고 감상과 감미로운 멜랑콜리 속으로 독자를 끌어넣는다.

그의 詩 『도시 Die Stadt』는 그의 고향에 대한 이러한 견해를 가장 잘 나타내 주는 작품이라 할 수 있다. 그는 이 도시와 관련되어

한 의미를 담고 있는 즉흥시가 되어야 한다"는 원칙을 제시하고 있다.

있는 자신의 젊은 시절을 상기시키며 자연과 조화를 이루고 살아가는 목가적인 삶이 세상사에 물들지 않고 자연상태로 유지되기를 바라는 자신의 마음을 제시하고 있다. 이러한 그의 독특한 창작기법으로 그는 가곡풍의 민중 체험시 liedhaft-volkstümliche Erlebnislyrik의 창시자가 되었다. 이 같은 민중 체험시는 독일 서정시의 전통과 시적 사실주의의 새로운 요구가 담겨있는 민요조의 서정시로서 자연과 삶에서 취한 모티브를 형상화하고 있다. 사랑, 행복, 죽음 그리고 인생의 무상함 등이 그의 시의 모티브로 구성되어 있다.

켈러는 자신의 정치신념과 내면세계를 표출하는 데 가장 적절한 문학 장르가 서정시라 생각하고 서정시인으로 출발하였으며, 시의 형식 법칙을 존중하여 전통적인 시의 절 Strophe이나 운율 Versmaß 그리고 각운 Reim을 그대로 사용하면서 시가 Lied, 소네트 Sonette, 가젤 Ghasel 그리고 담시를 창작하였다. 그의 시는 체험시 Erlebnislyrik와 상징주의적 경향을 나타내는 시가 있는데, 무엇보다도 억제된 감정으로 현실을 비밀스럽게 묘사하는 그의 시는 대부분 정치적인 요소를 내포하고 있다. 특히 이 같은 시의 주제는 스위스의 시사문제나 독일의 자유주의 운동에 관한 것과 철학적인 세계관으로 구성되어 있다.

1851년 『시집 Gedichte』(1851)이라는 단행본을 발간한 **폰타네**는 1861년에 영웅적 행동을 경탄하는 내용의 담시를 수록하고 있는 시집 『담시들 Balladen』(1861)을 출판하여 예술적 작품구성을 통해 언어 예술가로서의 진면목을 보여주었다. 그는 이 담시를 영국과 스코틀랜드의 전설과 역사에서 소재를 취하였으며, 또한 북구 독일의 전설과 역사뿐만이 아니라 시사적인 사건도 소재로 포함되어 있어 극적인 감동을 나타내고 있다. 영국과 스코틀랜드의 담시를 전형으로 삼았던 그의 담시는 중에는 『아르히발트 더글라스 Archibald Douglas』, 『죤 메이나드 John Maynard』, 『테이강의 다리 Die Brücke am Tay』 등이 그의 작품에 수록되었다.

자신의 체험을 직접 표출하지 않고 비유와 상징을 통해 서정적 정조를 전달하는 사물시 unpersönliche Lyrik를 창작한 **마이어**는 서정시에서 객관성을 가지고 항상 보고자의 입장에서 사물을 관조하였다. 특히 그의 상징은 일반적인 시민이 구사하는 화법의 범주에 머물러 있어서 프랑스의 상징주의와는 뚜렷한 차이가 있었기 때문에, 마이어의 사물시[41]는 서정시의 새로운 시작을 알리는 것으로 게오르게 S. George의 사표가 되었고 릴케 M. Rilke의 사물시의 토대를 마련해 주었다. 이러한 그의 서정시는 시민들의 사실주의를 대표하는 서정시로 평가받고 있었기 때문에, 서정시 분야에서 그의 비중은 장편 소설 분야의 켈러와 폰타네가 차지하고 있는 것과 같은 정도라고 할 수 있으며, 또한 드라마 분야에서 헵벨이 차지하고 있은 비중과도 동일하다고 할 수 있다.

1842년 최초의 시 모음집 『시집 Gedichte』을 발간한 **헵벨**은 이 시집에서 그 내용을 울란트 Uhland의 영향을 받은 담시와 민요조의 설화시 Romanze로 구성하고 우울한 생활 감정을 표출하고 있다. 그

41) 민요조의 가락에 솟아오르는 감정을 쏟아 붓는 체험시 Erlebnislyrik는 괴테에서 시작되어 낭만주의를 거쳐 사실주의까지 진행되었다. 마이어는 이 같은 체험시의 전통에서 벗어난 사물시에 나타냈기 때문에 슈토름은 마이어를 "그는 서정시인이 아니다"라고 말하였다.

의 시는 밤의 정취와 고요함 그리고 황혼의 정경을 노래한 낭만주의 풍과 유사한 자연시 Naturlyrik가 대부분이었다. 그가 쓴 시들 중에서 『밤의 노래 Nachtlied』는 슈만 Robert Schumann이 곡을 붙였다.

vii. 사실주의 기타 문학

1. 향토문학

향토문학은 각 지방 특유의 풍물·전통·생활·감정·사상 등을 소재로 하여 향토의 특색을 강하게 표현하는 문학으로 각 나라마다 지방의 향토문학이 발생하였는데, 특히 19세기말 사실주의 시기에 독일에서 일어난 문학운동을 가리킨다. 문학과 향토의 긴밀한 결합을 추구하는 운동을 펼친 작가들은 대도시 중심의 퇴폐한 문학에 반대하고, 건전하면서도 생명력이 약동하는 전원생활을 찬미하였다. 또한 향토 속에서 우러나온 문학이 국민문학의 중추적이고 항구적인 요소라고 찬미하며 독일국민의 자연력과 문화의 융합을 이상으로 삼았다. 특히 아우어바하 Berthold Auerbach(1812-1882), 안첸그루버 Ludwig Anzengruber(1839-1889), 로제거 Pcter Rosegger (1843-1818)등의 작가들은 산업 사회의 도시생활에서 문하 몰락의 징후를 느꼈고, 참여 문학에 관여하는 「청년 독일파」의 문학에서도 문화 몰락의 징후를 느끼게 되었다. 그래서 이들은 고트헬프 Jeremias Gotthelf의 농민 소설과 임머만 Karl Immermann의 향토소설 『상촌 마을』을 모범으로 하여 소박한 사람들의 단순한 삶을 묘사하는 향토문학에 몰두하였다. 사실주의 시대의 사회소설이 대도

시를 배경으로 하고 있는 것과는 반대로 향토문학은 농촌마을을 무대로 삼고 있으며 농촌이라는 무대에서 펼쳐지는 조화로운 삶을 묘사하고 있다. 향토문학은 도덕적이고 인간적인 교훈을 통하여 민중을 계몽시키고자 하였기 때문에 경우에 따라서는 시대적인 사건을 다루기도 하지만, 주로 전원적인 풍경 속에 안주한 낙관적인 농촌사람들을 다루고 있으므로 사회의 변화로부터 외면하려는 문학경향으로 간주되고 있다. 따라서 향토문학은 고향을 사랑하는 지방주의의 모태가 되었고 민족주의의 근원이 되었다고 할 수 있지만, 작품의 무대가 되고 있는 각 지방의 방언이 뒤섞여 있기 때문에 방언문학과 구별하기가 어려운 점도 있다.

2. 방언문학 Dialektliteratur

방언문학은 민족의식에 뿌리를 내려 사실주의 문예사조를 타고 19세기 중엽 이후 프랑스와 독일에서 발생하였다. 단테의 『신곡』이나 프랑스 11세기의 서정시도 방언문학의 하나로서, 방언을 민족적 문화재로 생각하여 소멸되거나 망각되기 전에 문학에 담아 보존하려는 의도에서 또는 민족의식을 높이고자 하는 의도에서 쓰여졌다. 영국문학에서 스코틀랜드 방언으로 쓴 R.번즈의 시, 도세트 방언으로 쓴 T.하디의 소설, 아일랜드 방언으로 쓴 J.싱그의 희곡 등이 방언문학에 속한다. 프랑스의 미스트랄(1830-1914)이 남부 프랑스의 사어(死語)인 오크어 langue d'oc로 서사시 『미레유』(1859)를 써서 프랑스 시단(詩壇)에 새로운 생명을 불어넣은 것은 프로방스의 민족의식을 재기시키려는 정치적 의도에서 나온 것이었다.

독일에서는 일찍이 오피츠 Martin Opitz에 의해서 방언이 독일문학에서 배척되고 표준 독일어가 널리 보급된 것은 그의 공헌이라 할 수 있겠지만 19세기 말에 사실주의 문예사조를 타고 각 지역에서 향토적 특색이 있는 방언문학이 생겨났다. 즉 민중의 의식에 직접적으로 와 닿는 고향의 방언으로 시와 소설을 창작하는 일단의 작가들이 나타났다. 그들의 작품 내용을 이루고 있는 것은 자신의 경험 persönliche Erfahrung에 대한 진술, 농부의 삶이나 소도시인의 삶을 묘사한 것, 선원과 상점 점원의 생활상에 대한 묘사 등으로 이루어져 있다. 바이에른의 슈미트, F. 코벨, L. 토마, '사랑하는 고향'의 방언으로 시집 『알레만의 시』를 쓴 헵벨, 헵벨을 모범으로 한 프리츠 로이터 Friz Reuter(1810-1874), 파르츠의 M. 콘라드, M. 바라크, 저지(低地) 독일의 클라우스 요한 그로트 Klaus Johann Groth (1819-1899), 튀링겐의 A. 조머, 작센의 E. 보르만, 욘 브링크만 John Brinckmann(1813-1870), 슈레젠의 K. 홀타이, M. 하인첼, G. 하우프트만, F. 로이터, 등이 방언문학을 썼다. 현대 독일문학에서 우수한 방언문학가로는 극작가 브레멘의 슈미트, 바리엔, 킬의 W. 로오센이 있고, 시인으로는 괴팅겐의 M. 야, 함부르크의 H. 클라우디우스 등이 있으며, 이 밖에 J.H. 페르스가 사망한 이 후 많은 소설가가 나왔다.

이 같은 방언 문학은 사실을 객관적으로 묘사하려는 사실주의의 현실적 추세였기 때문에 사실을 객관적으로 묘사하기 위해서는 언어의 상징적 사용을 배제하고 확실성을 보장하는 직접적인 표현법을 사용하고 있으므로 방언 문학에서는 언어 기능을 축소하는 형태가 나타났다. 바이에른 방언으로 창작한 코벨 Franz von Kobell (1802-1882)과 슈틸러 Karl Stieler(1842-1885) 등도 방언 문학에 기여하였으며, 라인 지방의 방언으로 창작한 슈텔츠하머 Franz Stelzhamer(1802-1874)도 방언 문학에 공헌하였다. 남부의 오스트리아 지방에서는 안첸그루버 Ludwig Anzengruber(1839-1889)와 로제거 Peter Roseger(1843-1918) 등이 방언 문학에 기여하였고, 북부지방에서는 로이터와 그로트가 저지독일어로 방언문학을 써서 주목을 끌었다. **로이터**는 영국의 디킨즈의 영향을 받고 북부 저지독일어의 방언작가로 유명하며, 예리한 관찰력과 해학적인 관점으로 보아 향토작가의 제1인자라고 할 수 있다. 산문인 『프랑스 시대에서 Ut meine Fetungstid』(1862)는 작가의 고향인 메클렌부르크가 역사적인 대사건을 만난 시대를 주제로 삼고 있다. 『나의 옥중에서 Ut meine Stromtid』(1862)는 작가가 옥중에 있을 때의 체험을 쓴 것으로 교도관의 부당한 야욕에 굽신거리고 아무 말도 못하는 죄수들의 진상을 묘사한 작품이다. **그로트**도 북부 저지독일어의 방언작가로 산문보다는 서정시에 능숙하였다. 그는 내향적이고 양심적이었으며 자기비판에 매우 치중하였다. 단편으로는 『트리나 Trina』, 『황야를 돌아서 Un de Heid』, 『나의 청춘 파라다이스에서 Ut meine Jungsparadies』 등이 있으며, 서정시로는 『샘터 Quickborn』가 있는데, 이 작품은 2부로 되어 있다. 그의 서정시에는 북부 프리스란트와 작센북부지방의 농민생활이 묘사되어 있으며, 그의 시에 담겨있는 방언은 시를 통해 생명을 유지하고 있다고 할 수 있다.

3. 해학문학 Humoristische Dichtung

해학 문학은 전체적인 사회발전에도 불구하고 상대적으로 고립을 느끼며 절망과 체념에 빠져들어 불확실한 미래에 전전긍긍해하는 시민계급의 생활상을 표출하기 위하여 사용된 창작기법인 해학을 토대로 하여 분류된 문학 형식으로서 1848년 이후의 시민 문학의 특징을 말해주고 있다. 해학 문학의 본질인 해학 Humor은 사회로부터 느끼는 상대적 고립에서 생겨나기 때문에 사회와 동화되지 못하고 사회로부터 배제되어 있는 작중 인물들에서 찾을 수 있다. 해학 문학의 작가로는 로이터, 라베, 그리고 부슈 등을 들 수 있는데, 로이터는 그의 작품에서 대중적 인물을 통해 현실을 추구하기 때문에 대중성을 지니고 있고, 라베와 부슈의 해학은 자신들의 세계관적 이념을 주인공을 통해 실현하고 있기 때문에 주관성을 지니고 있다. 이들의 작품에서 해학을 구현하는 인물들은 당대의 시민들 중에서 가장 순수하고 기품이 있고 인습과 도덕에 충실한 사람들이며, 위협적인 지배 질서에서 탈출구를 찾지 못하고 사악하고 속물적인 생활태도와 타협을 하는 사람들이다. 라베와 부슈는 바로 이 같은 타협에 의한 속물적인 시민생활을 신랄하게 비판하고 공격하며 투쟁적인 해학 문학을 창작하였다. 물론 이들의 해학은 사회 발전으로 인해 생성된 요인이기도 하지만 시적 사실주의의 서술 양식에 기인한다고 볼 수 있다.

해학은 현상과 의미의 불일치를 웃음을 통해 당연한 것으로 제공하고 있기 때문에, 해학은 객관적 현실이 다양한 의미를 지니도록 한다. 바로 해학의 이 같은 기능 때문에 현실의 객관적 서술을 본질로 삼고 있는 사실주의에서 해학은 ‘반어적인 것 Ironisches’, ‘희화적인 것 Parodisches’, 그리고 ‘기이한 것 Groteske’으로 나타난다. 켈러와 라베의 작품에 나타나는 해학은 이러한 유형의 해학이다. 해학 문학의 요체인 해학은 개별 작가들의 작품의 도처에 나타나는 현상이므로 해학을 기이함에 한정하여 언급한다면 부슈를 들 수 있다.

부슈는 쇼펜하우어의 염세철학과 다윈의 실증주의에 영향을 받아 풍자와 해학을 구사하여 시민의 세계를 비판하면서 민중의 계도를 시도하였다. 그가 구사한 해학은 인간의 불완전한 모습을 웃음으로 넘기려는 넓은 관용의 해학에서부터 간결한 서술로 극적인 효과를 얻으려는 기이한 해학에 이르기까지 매우 광대하다. 그는 이 같은 해학을 이용하여 기담 문학을 창작하여 기담소설 komisches Epos을 발전시켰다.

4. 통속문학 Trivialliteratur

19세기의 통속문학은 사회·역사적 요소에 더욱 의존하게 되었는데, 이것은 통속문학이 모든 사회계층의 읽을거리가 될 만큼 이 주민들의 독서능력이 확대되었다는 통계가 뒷받침하고 있다. 즉 인쇄와 관련된 각종 기계의 발달에 따른 것임은 물론, 교육제도의 발전의 결과로서 19세기 후반에는 말 그대로의 대중문화가 성립되게 되었던 것이다. 한 때 19세기의 대중문학은 동시대의 현실과의 관련성은 표면적인 것일 뿐, 실제로는 현실과는 거리가 먼 소망과 꿈과 태고의 동화모티브들을 감추고 있다고 주장하기도 하였는데, 이것은 아마도 매스커뮤니케이션의 발전이 가장 적절한 설명이 될 것이다. 바로 이것이 정신적·정서적 불안에 빠진 대중들을 끌어들인 19세기 대중문학을 정확하게 설명한 것이라고 할 수 있다. 19세기 프랑스의 인기소설은 소시민의 안정에 대한 욕구를 충족시켜주는 기능을 하였다. 예컨대 소시민들이 뒤마 Dumas의 『몽테크리스토 백작 Graf von Montecristo』을 읽으면서 무엇보다 자유주의적인 자본주의의 세계에 제대로 적응하지 못하고 가난에 의해 위협을 받는 자신들을 발견하고 위안을 받았다. 이 소설은 이 시대의 많은 통속소설과 마찬가지로 부르주아적 유형의 인간들이 지배하는 사회에서 부르주아의 이기심과 시투엥의 공동체 정신 간의 갈등을, 그리고 마침내는 시투엥적 주인공이 부르주아적 인물들에게 승리하도록 형상화하고 있기 때문이었다.

독일에서는 동일한 현실 관련성이 마를리트 Eugenie Marlitt의 '가정소설'이나 '연애소설Liebesroman'과 칼 마이 Karl May의 '모험소설 Abenteuerroman' 연구에서 확인되었다. 마를리트의 『상공고문댁 Im Hause des Kommerzienrates』에서는 자본주의를 상징하는 탑이 결국에는 파괴되고, 남은 것은 리일 W. H. Riehl의 의미에서 사회석 조화이상이 실현된 중산층의 소기업들이 주종을 이루는 사회였다. 칼 마이의 모험소설에서는 자본주의 정신이 악당들이 황금을 찾아 쫓아다니는 것으로 상징되고, 반면 선한 사람들은 반자본주의적인 체념을 내면화하고 있다. 동시대인들은 바로 그와 같은 모티브를 당시 사회문제에 대한 해결책으로서 받아들였다. 칼 마이는 국가가 유도하는 계급간의 증오와 힘의 정치에 동의하지 않고, 모든 사람의 모든 사람에 대한 형제애를, 민족간의 평화스러운 힘의 균형을 주장하였는데, 이러한 면은 통속적인 것이 아니었다. 이 모험소설에서 남자들 사이의 잠재적인 동성애 관계는 생존경쟁의 결과로 야기되는 고립을 정서적 유대관계로 변화시키는 일종의 동경의 대치물 이었다. 부르주아와 시투엥과의 갈등을 남자들끼리의 우정을 미화·강조함으로써 허구적으로 제거하거나, 친구와 적으로 분명하게 구분함으로써 더욱 명료하게 하였다.

1848년 혁명의 좌절로 정치참여나 공공생활을 멀리 하려는 중산층에 속한 시민들이 비관주의에 젖어들면서 감정의 유희를 일삼고 천박한 낭만주의의 환상을 그려내는 통속적인 문학 작품을 선호하는 경향이 생겨났다. 1871년 이후에는 국가의 통일과 산업화의 여파로 富와 안정을 누리게 된 사람들이 여가 선용이나 즐거움을 위해 부담 없이 읽을 수 있는 오락물을 추구하게 되었다. 이러한 대중들의 요구와 산업화에 따라 진행된 문학의 상업화가 맞물려 통속 소설이 대중들의 인기를 끌게 되었다. 따라서 슈토름, 프라이타크, 가이벨 등과 같은 작가들의 작품이 대중들에게 인기를 얻게 되었으며, 더 나아가 오락을 제공하는 천박한 낭만주의 Butzenscheibe-romantik적 통속 소설도 대중들의 인기를 끌게 되었다. 통속 소설은 서민층의 고통과 괴로움을 잊게 하는 비현실적이고 환상적인 소재를 즐겨 다루었으며, 하층민도 부유층이 될 수 있고 상위 계층으로 상승할 수 있다는 가능성을 묘사하였기 때문에 대중들로부터 큰 인기를 얻었다.

대부분의 작가들은 익명이나 가명을 사용하는 것이 특징이었고,[42]

이 통속 소설들은 단행본으로 출판되었으나 대부분 「가족을 위한 잡지들」[43]에 실려 보급되었다. 통속 문학가 중에서도 폭넓은 독서층을 확보하고 그들에게 즐거운 읽을거리를 제공한 셰펠 Joseph Victor von Scheffel(1826-1886)은 과거의 역사를 새로운 줄거리 전개를 위한 배경으로 활용하여 독일상을 제시하는 오락 문학을 창작하기도 하였고, 정치적인 무력감에 빠져 수동적으로 행동하는 당대의 대학생과 시민, 그리고 지식인들에게 가벼운 오락물을 제공하였으며, 시류에 편승한 작가로서 독자들로부터 많은 존경을 받았다.

Ⅷ. 결 론

사실주의는 19세기 중엽 이래로 문학과 예술 전반에 걸쳐 세계적인 흐름를 따라 논의 되어 왔기 때문에 다양한 개념과 정의를 생성시켰다. 사실주의라는 용어 앞에는 항상 '시민적' 혹은 '시적' 이라는 수식어가 붙고 있는데, 이는 사실주의의 개념 범위가 그만큼 포괄적이라는 것을 알 수 있다. 따라서 사실주의에 대한 개념을 살펴보면, 첫째 양식형태 Stilformen로서의 사실주의, 둘째 양식유형

42) Vgl. 조창섭, a.a.O., S. 521. 1860년대 『늙은 가정부의 비밀 Das Geheimnis der alten Mamsell』(1868)을 창작한 마르리트 Eugenie Marlitt(본명 Eugenie John, 1825-1887)와 향토색이 짙은 선정적 작품을 쓴 빌헬미네 하임부르크 Wilhelmine Heimburg(본명 Bertha Behrens, 1850-1912) 등이 이런 범주에 속하는 통속 소설가이다.

43) Vgl. Ebd., S. 520. 대표적 잡지는 『정자 Gartenlaube』(1853년에 창간)로서 이 잡지의 이름은 19세기 후반기에 나온 천박한 잡지 문학의 동의어가 되었다. 이외에 『아궁이에서의 담소 Unterhaltungen am häuslichen Herd』(1852년 창간), 『궁궐과 오두막 Für Palast und Hütte』(1862년 창간), 『고향 Daheim』(1864년 창간), 『가정의 친구 Familienfreund』(1868년 창간) 등의 잡지가 있었다.

Stiltypologie으로서의 사실주의, 그리고 셋째는 양식사적인 것 Stihistorisches으로서의 사실주의가 그것이다. 미학적 차원에서 제기되는 예술의 양식과 형식으로서 문학에서는 주로 형식적·문체적 차원에서 제기되는 사실주의를 말하는데, 뵐 H. Böll의 디테일 리얼리즘, 루카치 G. Lucas의 사회주의적 리얼리즘 등이 여기에 속한다. 이는 어떤 한 작품이 사실주의를 염두에 두고 쓴 것이 아니라 하더라도 미학적·형식적 측면에서 사실주의적 특성을 가지고 있을 때 쓰이는 초시대적인 예술형식 범주이다. 또 하나는 어떤 특정한 예술의 전형적인 양식으로 관념주의, 낭만주의, 센티멘털리즘 등과 반대되는 개념으로서의 사실주의를 말한다. 이는 문학 사조적 의미 역시 가지고 있으나 상당히 포괄적인 개념으로서 낭만주의 이후부터 세기전환기의 인상주의 초현실주의 등의 예술이 나오기 전까지의 예술사를 아우른다고 볼 수 있다. 예컨대 사실주의와 조금은 다른 범주를 가지고 있는 자연주의도 양식유형으로서의 사실주의에 속한다고 할 수 있다. 마지막으로 문학사적 의미에서 제기될 수 있는 것이다. 즉 어떤 한정된 시대 속에서의 유행되는 형태의 소재나 테마를 담은 특수한 역사적 예술 양식으로 설명되는 것이다. 보통 '문학 사조로서의 사실주의'라고 하면 바로 이 범주를 지칭한다.

그런데 여기에서 논한 '문학사적 사실주의'는 사실주의를 시대개념으로 파악했을 때 고전주의와 낭만주의가 막을 내린 1830년 초에서 세기전환기 문학이 태동했던 1900년경 사이를 포괄한다. 또 하나는 사실주의를 1848년 3월 혁명 이후부터 자연주의가 고개를 들기 시작한 빌헬름 제국 건설 시기인 1890년 사이로 한정하는 경우이다.

따라서 문학사적 사실주의는 3월 혁명 이전의 비더마이어 Biedermeier, 청년독일파 Das Junge Deutschland에서부터 자연주의 Naturalismus 초기까지도 포함된다. 또한 독일 사실주의를 이해할 때, 문학사조에 대한 논의는 그 역사적 의미의 중요성으로 인해 당시 사회사적·정신사적 배경과 함께 관련하여 다루어져야 한다. 이 같은 관점에서 여기에서는 사실주의 직전시기·사실주의 시기로 구분하여 이 시대의 사회적·정신사적 배경을 알아보고 문학경향을 살펴보았다.

3월 혁명 이전의 시기에서는 헤겔과 괴테 그리고 슐레겔이 죽은 시점인 1830년대 전후, 더욱 정확히 말한다면 신성동맹이 맺어진 1815년부터 1848년 3월 혁명까지에서 나타난 문학형식인 비더마이어와 청년독일파 문학을 살펴보았고, 사실주의 시기인 1848년 3월 혁명 이후부터 비스마르크 O. v. Bismark(1815-1898)의 퇴임을 즈음하여 대두하기 시작한 자연주의 문학의 출현을 알리는 1890년대까지의 시대사적 배경과 문학 사조의 개념, 문학 경향, 그리고 작가들에 관해 알아보았다.

Ⅱ. 임멘호 연구

i. 들어가는 말

독자들에게 아름다운 시적 정조와 애수를 느끼게 하는 슈토름 Theodor Storm(1817-1888)은 독일의 북쪽 슐레스비히-홀스타인 Schleswig-Holstein의 서해안 지방인 후줌 Husum에서 태어나 이후에 베를린 근교에서 보낸 11년간의 객지생활을 제외하고는 일생동안 고향에서 자신의 삶을 살았다. 그의 아버지는 후줌에서 잘 알려진 변호사로서 의무에 충실하고 근면하고 엄격하였으며, 그의 어머니는 영향력이 있는 상원의원인 볼트존 Simon Woldson의 딸이었기 때문에 그 지역의 홀스타인 신문은 슈토름의 작품에 큰 관심을 가지고 있었다. 그의 시기 대부분 자기의 고향에 대한 강한 사랑과 애착심을 내포하고 있었고 덴마크의 지배로부터 독립하고자 하는 많은 북부 독일인들의 정치적 욕망을 반영하고 있었기 때문에 사람들은 그의 시를 몹시 좋아하였다. 슈토름이 서른 두 살 때 씌어진 『임멘호 Immensee』(1849)는 이미 그의 생전에 30판 이상이 출간되었고 19세기 독일 사실주의 작가들 중에서 최근까지도 독일에서 가장 많이 읽혀지고 있는 작품이라고 할 수 있다.[44] 이 작품은 그의 초기 작품으로 서정적이고 감성적인 글의 분위기로 인해 그의 후기 작품

---

44) 1849년 집필되어 1850년에 발표된 『임멘호』는 1885년에 이미 26판이 나왔고, 1915년에는 79판이 나왔다. 그리고 1945-1966년까지 서독에서 560만권이, 동독에서 170만권이 판매되었다. Vgl. Heinz-Peter Niewerth: Theodor Storm, in: Karl Konrad Polheim(Hrsg.): Handbuch der deutschen Erzählung, Bagel Verlag, Düsseldorf 1991, S. 303.

들에서 나타나는 원숙함과는 차이점이 있다. 이룰 수 없는 사랑이야기를 담고 있는 이 작품은 고독과 무상에 대한 유일한 대응방법으로 회상의 기법 Erinnerungstechnik을 사용하고 있으며, 회상기법의 구조가 10개의 짧은 장면들로 나누어져 있고 이것들이 함께 어우러져 전체를 구성하는 하나의 큰 틀의 형태를 갖추고 있다. 이러한 기법을 보통 소설속의 소설을 갖는 틀 소설 Rahmenerzählung이라고 하는데, 슈토름의 많은 작품들이 이 같은 형식으로 되어있다. 틀 소설은 서술자가 자신의 과거를 회상하는 경우, 연대기나 고문서에 기록된 내용을 전달하는 경우, 다른 사람의 입을 통해 전해들은 것을 전달하는 경우 등이 있는데, 이러한 형식들은 모두 사실을 객관적으로 전달함으로써 사건의 형태를 객관적으로 묘사하는 사실주의적 기능을 갖는다.

따라서 본 논문에서는 사실주의의 대표적 작가인 슈토름의 『임멘호』를 작가의 삶과 관련지어 작품 속에 전개되는 회상모티브와 틀의 구조, 틀 속에 나타난 인물 등을 작품의 내재적 관점에서 살펴보고, 당시 이 작품에 대한 시대적 관점을 조명해보고자 한다.

ii. 틀의 구성

이 작품의 틀이 구성은 엘리자베트 Elisabeth, 라인하르트 Reinhardt, 에리히 Erich, 그리고 라인하르트의 첫사랑, 엘리자베트를 상실한 것에 대한 늙은 라인하르트의 회상이 틀 속에 끼워져 간결한 형태를 이루고 있으며, 이 전체적인 틀 속에 10개의 회상하는 장면이 나누어져 있다. 여기에서 서술되는 사건의 시작은 시간적으로 볼 때 소년인 라인하르트가 10살이고, 엘리자베트가 5살에서부터 끝은 노인인 라인하르트에 이르는 시간이며, 회상은 현재에서 과거, 과거에서 현재로 도약하면서 사건이 진행된다. 또한 틀로 구성된 부분은 노인인 라인하르트의 회상이 시작된 달빛이 비추는 어두운 저녁 무렵부터 회상이 끝난 달빛이 없는 어두운 밤의 시간까지 이루어져 있다. 그리고 10개 부분으로 나누어져 있는 장면의 내용은 어린 라인하르트가 학생시절을 지나 청년이 되기까지의 기간이다.

맨 먼저 틀이 전개되기 이전의 상황을 살펴보면 어느 늦가을 오후에 옷을 잘 입은 노인이 산책에서 천천히 길을 내려가 집으로 돌아가고 있다. 그는 높은 집 앞에 서 있다가 현관을 통해 2층 방으로 들어간다. 그 방은 상당히 크고 은밀하고 조용하며, 벽에는 서류장과 책장이 놓여있고 그림들이 걸려 있다. 책상위에는 책들이 펼쳐져 있고 그 앞에는 육중한 등의자가 놓여 있다. 노인은 모자와 지팡이를 놓고 의자위에 앉아서 손을 합장하고 휴식을 취하고 있다. 날은 어두워졌는데, 그때 마침 달빛이 유리창을 통해서 벽에 걸려있는 그림을 비추고 있다. 밝은 광선이 천천히 움직일 때, 노인의 시선도 무의식적으로 그 광선을 따라간다. 노인은 그림을 지나 소박하고 검은 액자가 있는 곳으로 걸어가서 "엘리자베트"라고 말하는데, 바로 이 순간 틀의 전개과정이 종료되고 사건은 그의 유년 시절로 되돌아간다.

이제 노인은 작은 그림을 지나 소박하고 검은 액자가 있는 곳으로 걸어갔다. "엘리자베트!" 노인은 나즈막하게 말했다 ; 그가 이 말을 했을 때, 시간은 바뀌었다. - 그는 그의 유년 시절로 돌아가 있었다.

Nun trat er über ein kleines Bild in schlichtem schwarzem Rahmen. "Elisabeth!" sagte der Alte leise ; und wie er das Wort gesprochen, war die Zeit verwandelt - er war in seiner Jugend.[45]

위에서 나타나 있는 것처럼 노인에서 유년 시절로 돌아가는 폭넓은 시간변화는 앞으로 전개될 틀의 구조 속에서 회상이야기가 사건을 전개하는 과정에서 큰 영향을 미칠 것이라는 것을 예측할 수 있다. 특히 앞에 언급되어 있는 노인의 외형적인 모습이 무수한 세월의 흐름을 회상케 하는 동기를 부여하고 있다.

왜냐하면 유행이 지난 그의 장식이 달린 구두가 먼지투성이였기 때문이었다. (…) 완전히 지나버린 청춘이 간직되어 있는 것처럼 보이고, 특이하게 눈처럼 하얀 머리와 대조를 이루고 있는 그의 검은 눈으로 그는 주변을 조용히 둘러보거나 시내를 내려다보았다.
denn seine Schnallenschuhe, die einer vorübergegangenen Mode angehörten, waren bestäubt. (…) mit seinen dunklen Augen, in welche sich die ganze verlorne Jugend geretett zu haben schien, und welche eigentümlich von den schneeweißen Haaren abstachen, sah er ruhig umher oder in die Stadt hinab.(I.S : S. 13)

노인은 마치 이 고장 사람이 아닌 것처럼 보인다. 길을 지나가는 동안에도 그에게 인사를 하는 사람은 아무도 없다. 그의 방은 흘러간 삶이 회상되어져 나오는 곳이며 현재의 시간에서 과거의 시간으로 되돌아가는 곳이기도 하다. 위의 문장에서 설명된 유행이 지난

45) Theodor Storm: Immensee und andere Novellen, Wilhelm Goldmann Verlag, München 1993, S. 14(이하 작품에서의 인용은 I.S.로 표기하고 면수만 기록한다)

장식이나 구두라는 지나간 시간과 그리고 그의 검은 눈에 비추어진 주변 환경을 나타내는 현재의 상황과의 대립관계가 생겨난다. 그리고 이 대립관계는 과거에 대한 회상이 앞으로 다루어질 회상사건을 예측 가능한 사건으로 이끌고 있다. 틀 구조의 끝 전제 부분에 묘사된 회상적 상황을 통해 이 작품에 시적인 요소를 부여함으로써 현실적으로 슈토름의 시적인 의도를 나타낸 것으로 볼 수 있다.

> 그가 그렇게 앉아 있었을 때, 날은 점점 더 어두워졌다 ; 마침내 달빛이 유리창을 통해서 벽에 있는 그림을 비추고 있었다. 밝은 광선이 천천히 계속해서 움직일 때, 그 남자의 눈도 무의식적으로 따라갔다.
> Wie er so saß, wurde es allmählich dunkler ; endlich fiel ein Mondstrahl durch die Fensterscheibe auf die Gemälde an der Wand. Und wie der helle Streif langsam weiterrückte, folgten die Augen des Mannes unwillkürlich.(I.S : S. 14)

여기에서 노인의 이 같은 행동은 자신의 어떤 내적 욕구나 필연적 강요에 의해서 이루어진 것이 아니라 달빛을 통해 그의 마음속에서 분출한 정서적 분위기 때문에 행해진 것임을 알 수 있다. 이렇게 해서 틀의 전개는 종결된다.

이제 노인은 현재에서 과거의 현재로, 즉 자신의 젊은 시절로 되돌아가 회상을 시작하게 된다. 이렇게 해서 슈토름은 회상이야기가 다루어지고 있다는 인상을 불러일으키는 다양한 문학적 수단을 내부 이야기에 배치하여 독자로 하여금 과거에 실제 체험된 사건이 이야기되고 있다는 느낌을 갖도록 함으로써 전체 회상이야기에 사실감과 생생함을 부여하고 있다.[46] 틀 속의 장면은 <아이들 Die

Kinder>, <숲속에서 Im Walde>, <저기 길가에 아이가 서있네 Da stand das Kind am Wege>, <고향 Daheim>, <편지 Ein Brief>, <임멘호 Immensee>, <나의 어머니가 그것을 원했다네 Meine Mutter hat's gewollt>, <엘리자베트 Elisabeth> 등 10개로 나누어져 있다.

젊은 시절의 회상에서 노인이 얻게 되는 인식은 커다란 의미를 갖는다고 할 수 있다. 이제 그는 자신이 겪은 고난과 경험과 슬픔과 사랑을 인식하게 되고, 이러한 요소들은 자신의 흘러간 삶에 대한 진실된 이야기로서 그 자신을 대변해주고 있다. 그리고 삶의 진실은 죽음을 목전에 두고 있는 한 인간에 대한 회상의 결과라 할 수 있다. 이제 과거의 시간으로 돌아가 어린 소년인 라인하르트가 되어 그의 모든 관심의 대상은 엘리자베트에게로 모아진다. 그는 어린 시절 그녀와 함께 놀던 즐거운 기억들을 회상한다.

> 예기치 못한 휴일이 그들에게 크게 도움이 되었다. 라인하르트는 이곳에 엘리자베스의 도움을 받아 뗏장으로 한 채의 집을 지었다 ; 그들은 여름저녁을 그 안에서 거주하려고 하였다 ; 그러나 아직도 벤치가 없었다.
>
> Die unverhofften Ferien kamen ihnen herrlich zustatten. Rein- hard hatte hier mit Elisabeths Hilfe ein Haus aus Rasenstücken aufgeführt ; darin wollten sie die Sommerabende wohnen ; aber es fehlte noch die Bank.(I.S : S. 14)

---

46) Vgl. Karl Ernst Laage: Das Erinnerungsmotiv in Theodor Storms Novellistik. In: Theodor Storm, Studien zu seinen Leben u. Werke mit einem Hanschriften-Katalog. Erich Schmidt Verlag, Berlin 1995, S. 5.

라인하르트는 그녀에게 뗏장으로 집을 지어주고 그 안으로 들어가 벤치에 앉아 세 명의 물레 감는 여인에 대한 이야기를 시작한다. 그러나 그녀는 그 이야기를 알고 있다면서 똑같은 이야기를 하지 말 것을 요구한다. 그래서 그는 물레 감는 여인의 이야기를 중단하고 대신 사자 웅덩이에 던져진 불쌍한 남자에 관한 이야기를 시작한다. 바로 여기에서 엘리자베트 자신이 물레와 가까이 지낸 경험이 은유적 암시로 나타나 있다. 물레에 관한 서술은 이 틀 구조속의 <저기 길가에 아이가 서있습니다>라는 장면에서(I.S: S. 23) 다른 도시로 공부하러 간 라인하르트에게 그녀가 보낸 편지와 <고향에서>라는 장면에서(I.S: S. 25. 26) 부활절에 라인하르트가 고향에 돌아왔을 때 언급되어있다. 라인하르트는 부활절에 고향으로 휴가를 띠니 그녀를 만나지만, 그녀의 태도는 과거와는 전혀 다른 반응을 나타내고 그들 사이에는 낯선 감정과 침묵과 고통만이 있을 뿐이다. 어느 날 그가 그녀의 방에 들어갔을 때 그가 선물한 새장이 없어지고 카나리아가 들어있는 새장이 있었는데, 이때 바로 라인하르트는 그의 친구인 에리히가 그녀를 위해 이 새장을 농장에서 보냈다는 사실을 알게 된다. 그녀는 라인하르트에게 거부반응을 보이고 그의 시를 보여주었을 때는 그 모습이 더욱 뚜렷하게 나타난다. 그러자 라인하르트는 근심스런 표정으로 그녀를 바라본다.

> 라인하르트는 탐색하듯이 그녀를 바라보았다. 그리고 그녀가 계속해서 책장을 넘기는 동안, 마침내 그녀의 밝은 얼굴위에 부드러운 홍조가 분출하여 그것이 점점 완전히 퍼지는 것을 그는 보았다. 그는 그녀의 눈을 보려고 하였다 ; 그러나 엘리자베스는 위를 바라보지 않고 결국

말없이 책을 그의 앞에 내 놓았다.
Reinhard blickte forschend zu ihr hin. Und während sie immer weiter blätterte, sah er, daß zuletzt auf ihrem klaren Antlitz ein zartes Rot hervorbrach und es allmählich ganz überzog. Er wollte ihre Augen sehen ; aber Elisabeth sah nicht auf und legte das Buch am Ende schweigend vor ihm hin.(I.S : S. 26)

물론 이전까지의 상황만을 고려해 본다면 "이것은 순수문학이고 철저하게 사랑의 향기와 분위기로 가득 차있는"[47] 것처럼 보인다. 그러나 엘리자베트가 이 같은 거부반응을 보이고 있다는 것은 이들의 관계가 순수한 사랑의 향기와 분위기 속에 있는 관계라는 점에 의문점이 제기될 수도 있다. 물론 그녀의 거부반응에는 충분한 근거가 존재한다. 만일 그녀가 단지 예술가로서의 성공만을 지향하고 현실적인 삶을 등한히 하는 라인하르트와 결혼한다면, 자기의 어머니처럼 평범한 생활을 반복해야 하기 때문에 그녀는 그 같은 삶을 수용할 수 없는 것이다. 동시에 그녀는 라인하르트와의 지금까지의 사랑을 포기하고 대신에 부유한 에리히와 결혼하는데, 이것은 바로 그녀가 이성적인 시민의 전형임을 알 수 있다. 본래 라인하르트는 그녀에 대해 다음과 같은 생각을 지니고 있었다.

그래서 그녀는 단지 그의 피보호자만은 아니었다 ; 그녀는 그에게 있어 그의 피어오르는 삶의 모든 사랑과 경이로움에 대한 표현이었다.

---

47) Winfried Freund: Theodor Storm, J.B. Metzlersche Verlagsbuchhanlung, Stuttgart/Berlin/Köln/Mainz 1997, S. 44. "Es ist eine echte Dichtung der Liebe und ganz und durch und durch von dem Dufte und der Atmosphäre der Liebe erfüllt."

So war sie nicht allein sein Schützling ; sie war ihm auch der Ausdruck für alles Liebliche und Wunderbare seines aufgehenden Lebens.(I.S : S. 21)

엘리자베트의 생각과는 반대로 라인하르트의 마음속에는 시민적인 계산이 전혀 존재하지 않으며, 그는 시를 쓰고 동화를 좋아하며 환상적이고 낭만적인 인간의 전형적인 형상이다. 바로 이 두 사람 사이의 삶과 사고방식에 큰 차이점이 있는데, 이것이 그녀로 하여금 라인하르트를 거부하는 동기로 작용하고 있다.

이러한 거부적 반응은 라인하르트가 사자가 있는 인도에 가고 싶다고 말했을 때, 처음에 그녀가 수긍하는 태도를 보이지만 결국은 다음과 같이 말한다.

"그래," 엘리자베스가 말했다 ; "그런데 엄마도 함께 가야 되고, 오빠의 엄마도 함께 가야 돼."
"안 돼," 라인하르트가 말했다. "그분들은 너무 늙었어, 그분들은 함께 갈 수가 없어."
"그러나 나는 혼자는 갈 수가 없어."
"너는 분명히 가야만 돼 ; 너는 실제로 나의 부인이 될 테니까, 그리고 다른 사람들은 너에게 아무것도 강요할 수가 없어."
"그러면 나의 어머니가 우실거야."
"Ja," sagte Elisabeth ; "aber Mutter muß dann auch mit, und deine Mutter auch."
"Nein," sagte Reinhard, "die sind dann zu alt, die können nicht mit."
"Ich darf aber nicht allein."
"Du sollst schon dürfen ; du wirst dann wirklich meine Frau, und

dann haben die andern dir nichts zu befehlen."
"Aber meine Mutter wird weinen."(I.S : S. 15)

위에서도 엘리자베트의 이성적이고 시민적인 모습이 명백히 드러나고 있다. 즉 그녀는 자기 어머니의 의견을 거역하면서까지 그와 인도에 갈 의향이 없음을 밝히는데, 이것은 그녀가 자신의 가족과 사회질서로부터 강한 영향을 받았다는 사실과 사랑보다 사회질서에 순응하는 것이 더욱 가치 있다는 것을 증명하는 것이라고 할 수 있다.

7년이라는 시간이 지나 라인하르트는 다른 도시로 학업을 계속하기 위해 떠나지만, 출발 이전에 그는 하얀 양피지 책속에 씌어져 있는 시에 관해서는 그녀에게 비밀로 한다. 바로 여기에서 하얀 종이의 절반만을 채웠다는 사실은 라인하르트의 예술가로서의 미성숙된 자질을 나타내는 것임을 알 수 있다.

<저기 길가에 소녀가 서있네>라는 장면에서 라인하르트는 크리스마스 이브에 학생들과 함께 시청 지하주점의 테이블 주변에 앉아 있다. 이곳에서 현악기를 타는 집시소녀 böhmisch Liebchen[48]를 만나게 된 그는 술잔을 들고 집시소녀에게 다가가 그녀를 바라보며 다음과 같이 이야기 한다.

---

48) 집시소녀와 라인하르트와의 만남은 슈토름 자신의 자전적인 경험을 토대로 하고 있다. 즉 슈토름은 학생시절에 얼굴이 검은 유태인 소녀와 늦은 밤에 키스를 한 적이 있는데, 이 사실이 친구인 에리히 슈미트 Erich Schmidt에 의해서 드러난다. Vgl. Eckart Pastor: Die Sprache der Erinnerung. Zu den Novellen von Theodor Storm, Fischer Taschenbuch Verlag, Frankfurt a.M 1988, S. 61.

"너의 눈이 거짓말을 하고 있다는 것을 나는 알고 있어!" (…)"너의 아름답고 죄 많은 눈을 위하여!"라고 그가 말하고 술을 마셨다.
"Ich weiß wohl, daß deine Augen falsch sind!" (…)"Auf deine schönen, sündhaften Augen!" sagte er und trank.(I.S : S. 21)

집시소녀는 웃으면서 정열적으로 노래를 부른다. 그녀의 애절한 노래 속에는 자신의 사랑과 아름다움이 사라져가고 죽음이 다가오는 것을 슬퍼하고 있다. 이 집시소녀에 대해 슈토름은 지하실에서 노래하는 소녀의 모습은 작가 뫼리케 Eduard Mörike의 『화가 놀텐 Maler Nolten』(1832)에 등장하는 집시소녀 엘리자베트에서 연상되어진 것이라고 뫼리케에게 보낸 그의 편지를 통해 주장하고 있으며,[49] "엘리자베트 자신과의 만남은 화가 놀텐에게 있어서 결정적이 된다. 이때 그는 꿈속에서처럼 잠시 동안 어떤 마적인 빛이 그의 내면세계의 가장 어두운 부분을 비추는 것처럼, 그의 존재의 지하에 흐르는 물이 큰 소리를 내면서 심연에서부터 올라와 발에 닿는 것처럼, 마치 신비스런 일이 그의 운명의 복음에 의해 예언되어지는 것처럼 글을 썼으며, 그림을 그리는 충동은 이제 피할 수 없게 되었다. 그리고 예술가에 대한 그의 직업은 결정적이었다."[50]라고 고백하고 있

49) Vgl. Georg J. Plotke(Hrsg.): Mörike-Storm-Briefwechsel, Band I. Fink Verlag, München 1987, S. 40.
50) Eduard Mörike: Sämtliche Werke, Hrsg. von Herbert G. Göpfert, Fink Verlag, München 1988, S. 610. "Entscheidend aber wird für ihn die Begegnung mit Elisabeth selbst. Da wandelte er eine Zeitlang wie im Traume als erleuchte ein zauberhaftes Licht die hintersten Schattenseiner inneren Welt, als brächte der unterirdische Strom seines Daseins plötzlich laut rauschend zu seinen Füßen hervor aus der Tiefe, als wäre das Siegel vom Evangelium seines Schicksals gesprungen. Der Trieb zu bilden und zu malen war jetzt

는데, 여기에서 엘리자베트라는 집시소녀는 화가 놀텐의 내면속에 잠재되어 있는 천재적인 능력을 일깨우는 역할을 하고 있다. 또한 이 작품에 등장하는 집시소녀는 슈토름이 만났던 유태인 소녀를 형상화한 것이며, 이 소녀의 내면적인 모습은 화가 놀텐이 만난 집시소녀인 엘리자베트를 묘사하는 것으로 볼 수 있다.

그가 집으로 돌아왔을 때, 테이블 위에는 두툼한 소포가 놓여 있고. 그 안에는 어머니와 엘리자베트의 편지도 있는데, 홍방울새가 죽었다는 내용도 담겨있다. 편지를 읽은 후 그는 밖으로 나가 크리스마스 이브로 가득 찬 향기와 사람들의 즐거움을 느끼게 된다. 그때 우연히 누더기를 걸친 소녀를 만난 그는 그녀를 집으로 데리고와 집에서 보낸 과자의 절반을 그녀에게 건네준다. 그 소녀를 보낸 후 방으로 돌아와 그는 어머니와 엘리자베트에게 편지를 쓴다.

> 그리고 그는 앉아서 밤새도록 그의 어머니와 엘리자베스에게 편지를 쓰고 또 썼다. 나머지 크리스마스 과자는 손도 대지 않은 채 그의 옆에 놓여있었다. 그는 이렇게 앉아 있었는데, 그때 겨울해가 얼어붙은 유리창을 비추고 그의 맞은편에 있는 거울 속에는 창백하고 진지한 얼굴이 나타났다.
>
> dann setzte er sich hin und schrieb, und schrieb die ganze Nacht Briefe an seine Mutter, an Elisabeth. Der Rest der Weihnachtskuchen lag unberührt neben ihm. So saß er noch, als die Wintersonne auf die gefrorenen Fensterscheiben fiel und ihm gegenüber im Spiegel ein blasses, ernstes Antlitz zeigte.(I.S : S. 24)

---

unwiderstehlich, und sein Beruf zum Künstler war entschieden."

부활절에 라인하르트가 고향에 돌아왔을 때, 그는 엘리자베트에게 작고 하얀 양피지 책을 넘겨주지만 그녀는 단지 제목만을 읽는 것처럼 보인다. 사실 그는 그녀로부터 예술가로서 자신의 능력을 인정받기를 원하지만 그녀로부터 별다른 관심을 끌지는 못한다. 왜냐하면 그들 사이에는 에리히라는 현실적인 인물로 인해 보이지 않는 낯선 것들이 생겨나 그들의 관계가 점점 벌어졌기 때문이다. 휴가가 끝나고 출발하는 날 그는 엘리자베트에게 그의 장래의 삶의 가치와 즐거움이 달려있는 그 어떤 것을 말해주어야 한다는 생각을 하지만 여기에 적합한 말을 찾아내지 못한다. 즉 그가 예술가로서 미래의 삶을 살아가겠다는 자신의 의지를 전달하지 못하고 그녀와 작별인사를 나누게 된다.

여러 해가 지난 후 따뜻한 봄날 힘이 있고 햇볕에 그을린 얼굴모습을 한 라인하르트가 진지한 회색의 눈빛으로 걸어와 먼 곳을 바라보고 있다. 마침내 그는 녹색과 햇볕으로 반짝이는 숲으로 둘러싸인 임멘호에 도착하여 갈색의 외투를 입은 늠름한 사나이인 에리히와 만나게 된다. 두 사람은 반갑게 인사를 나누는데 라인하르트의 단순한 얼굴모습과는 반대로 에리히는 아주 밝은 표정을 하고 있다. 그리고 그들의 만남에 대해 에리히는 그에게 엘리자베트와 그녀의 어머니에게는 비밀로 하였다는 사실을 말해준다. 그들이 농장에 가까이 갈수록 라인하르트의 표정은 아주 심각하게 변한다. 집에 도착했을 때, 문 앞에서 하얗고 처녀 같은 부인인 엘리자베트가 사람들을 영접하다 깜짝 놀라서 꼼짝도 하지 않고 라인하르트를 바라보자 그는 웃으면서 그녀에게 손을 내민다.

그는 그녀에게 웃으면서 손을 내밀었다. "라인하르트!" 그녀가 소리쳤다. "라인하르트! 맙소사, 당신이군요! - 우리는 오래 동안 서로를 보지 못했습니다." "오래 동안 보지 못했지."라고 라인하르트는 말하고 더 이상 아무 말도 할 수가 없었다.
Er streckte ihr lächelnd die Hand entgegen. "Reinhard!" rief sie, "Reinhard! Mein Gott, du bist es! - Wir haben uns lange nicht gesehen." "Lange nicht," sagte er und konnte nichts weiter sagen.(I.S : S. 31)

그가 그녀의 목소리를 들었을 때, 아무 말도 할 수 없었던 것은 그의 마음속에 미묘한 육체적 고통을 느꼈기 때문이다. 그녀의 수줍은 시선이 그의 얼굴을 스쳐갔다. 다음 날 라인하르트는 에리히와 함께 에리히가 일구어 놓은 주변의 시설과 농장을 살펴본다. 에리히는 부모로부터 많은 유산을 물려받아 풍요롭고 시민적이고 소박한 생활을 영위하고 있으며, 그 속에는 에리히의 삶의 생명력과 활기가 넘쳐흐르고 있는데 반해 라인하르트의 인간과 사물에 대한 체념을 보는 듯한 라인하르트의 표정에서 두 사람의 내면적인 차이점이 노출되고 있음을 알 수 있다. 에리히는 그의 친구를 예술가로서 보다 현실을 추구하는 소박한 시민으로서 살아가도록 해주자고 엘리자베트에게 말하지만, 라인하르트는 그들의 평범한 삶의 제의를 거절한다. 라인하르트와 엘리자베트는 호수의 해변 가를 거닐기도 하고 숲에서 산보를 하기도 한다. 숲에서 그는 저 푸른 산 뒤에 그들의 청춘이 있었는데, 그 청춘이 어디로 가버린 거냐고 그녀에게 말하지만, 두 사람은 더 이상 아무 말도 하지 않는다. 그들이 농장에 도착하였을 때 라인하르트는 그의 방으로 들어가 조용한 밤을 보내고 아침이 되어 현관을 내려온다. 이때 엘리자베트가 그에게로 다가와 다음과 같이 말한다.

> "당신 다시는 안 올 거지요." 마침내 그녀가 말했다. "나는 알고 있습니다. 거짓말하지 말아요 ; 당신은 결코 다시는 오지 않아요."
> "Du kommst nicht wieder," sagte sie endlich. "Ich weiß es, lüge nicht ; du kommst nie wieder."(I.S : S. 31)

그가 다시는 돌아오지 않는다고 말하자, 그녀는 심각한 표정으로 아무 말도 하지 않고 멍청한 시선으로 그를 바라본다. 그는 앞쪽으로 한걸음을 내딛고 그녀를 향해 팔을 쭉 펼치고 부자연스럽게 몸을 돌려서 문밖으로 나간다. 밖은 상쾌한 아침 햇볕 속에 세상이 놓여있고, 거미줄에 걸린 진주 같은 이슬은 이른 아침햇살에 반짝이고 있다.

엘리자베트와 이별을 하는 장면으로 회상의 모티브는 종결되고 이야기의 배경은 다시 노인의 현 상태로 돌아간다. 틀 구조의 결말이 최초의 회상상태로 다시 돌아감으로써 지금까지 서술된 사건이 노인이 회상하였다는 사실을 다시금 인식시키고 진행되는 이야기의 현재와 회상된 과거의 이야기를 대비시키고 있다.[51] 또한 틀 구조의 종결 부분에 나타난 노인의 형상에서 회상이라는 틀을 통해 과거와 현재의 세계를 관련시키려는 작가의 의도가 다음에서 명백히 드러난다.[52]

---

51) Vgl. Karl Ernst Laage: Das Erinnerungsmotiv. a.a.O., S. 2.

"브리기테, 자네가 와서 좋구만." 노인이 말했다. "등불을 책상위에 올려놓게." 그리고 노인은 의자를 책상 쪽으로 밀치고, 펼쳐진 책 중에서 한권을 집어 들고 그리고 그가 일찍이 자기의 청춘의 혈기를 쏟았던 연구에 몰두하였다.
"Es ist gut, daß Sie kommen, Brigitte," sagte der Alte. "Stellen Sie das Licht nur auf den Tisch." Dann rückte er auch den Stuhl zum Tische, nahm eines der aufgeschlagenen Bücher und vertiefte sich in Studien, an denen er einst die Kraft seiner Jugend geübt hatte.(I.S : S. 31)

앞에서 이따금 언급된 달빛은 과거를 회상하는 노인의 시각을 나타내고 있는 것에 반해 브리기테가 방으로 들고 들어온 등불은 과거의 회상에 잠겨있는 노인의 의식을 현재상태로 돌려놓는 매개체로서의 역할을 한다. 그리고 이 등불을 가지고 일찍이 자기의 청춘의 혈기를 쏟았던 연구에 몰두하는 노인의 모습은 슈토름에게 있어서 과거에 대한 회상이 단순히 과거에 대한 재현이 아니라 과거와 현재를 연결하는 수단으로서의 기능을 나타내는 것으로 볼 수 있다.

iii. 틀 구조속에서의 인물들

크루제 Johannes Kruse는 1886년 9월 『알게마인에 차이퉁』지에 「임멘호의 작가 Der Dichter des Immensee」라는 제목으로 최초의 장편 심층 평론을 출간하였다. "크루제는 슈토름을 위대한 자연주의 작가인 슈티프터에 비교하고 있으며, 슈토름이 슈티프터와 마찬가지로 자신의 등장인물들을 효과적으로 환경에 연결시키고 이로 인해

---

52) Vgl. Winfried Freund: Theodor Storm. a.a.O., S. 42.

등장인물들이 대조와 보충을 통해 더욱 완숙해진다고 말하고 있다."[53] 또한 그는 슈토름의 시와 단편소설 사이에서 생겨나는 강한 연관성을 지적하고, 시와 노래 그리고 민간 설화가 임멘제의 이야기 한계 속에 슈토름의 다른 초기 단편 소설들 속에 섞여 있으며, 이들은 종종 상황이나 장면의 시작과 끝에서 사용되어 그 의미를 추가한다고 쓰고 있다. 그는 완벽한 시는 그 영향이 주로 감각적이라고 말함으로써 슈토롬을 인용하고, 슈토름이 이러한 개념을 임멘제를 비롯한 그의 서정적 단편소설에 적용했다는 점에 주목하고 있다. 따라서 그의 서정시의 특징은 독자들을 감정적으로 감동시키려고 의도한 그의 초기 단편소설들과는 구별되고 있다. "그럼에도 불구하고, 크루제는 임멘제를 그의 목표가 독자를 불안하게 만들고 충격을 주고 그로 인해 그의 주제와 등장인물들이 좀 더 강력해진 슈토름 후기의 사실적 단계의 시작으로 보고 있다."[54] 크루제의 신문기사는 비평적 에세이처럼 읽혀졌으며, 비평에서 선택된 많은 사건들 중에서 특히 이슈가 된 것은 자연과 등장인물들 사이의 밀접한 관계였다.

틀 구조를 형성하고 있는 이 작품에서 한 노인이 어두울 무렵 과거를 회상하며 자신의 어린 시절의 추억 속으로 돌아간다. 이렇게 해서 또 하나의 이야기가 시작되어 노인의 회상 속의 어린 시절의

53) Wiebke Strehl: Theodor Storm's Immensee. A critical Overview, Camden House published, New York 2000, S. 11-12. "Kruse compares Storm to Adalbert Stifter, the great nature writer, saying that Storm, like Stifter, effecktively links his characters through contrast and suplement."

54) Ebd., "Nevertheless, Kruse sees in Immensee the beginnings of Storm's later realistic phase when his goal was to unnerve and shock the reader and in which his motifs and characters are more powerful."

모습인 주인공인 라인하르트와 그의 사랑하는 여인인 엘리자베트와의 애틋한 애정관계가 전개되고 있다. 라인하르트는[55] 침착하고 마음속으로는 현실적인 삶에 무관심하여 시민적인 계산이 존재하지 않으며 시를 쓰고 동화를 좋아하여 예술가로서의 성공만을 지향하는 동시에 환상적이고 낭만적인 인간의 전형이라고 할 수 있다. 그래서 그는 미적, 정신적 대상에 관심을 두고 능동적으로 추구하는 것이 아니라 감정에 사로잡혀 소극적이고 수동적으로 행동하는 인물이다.[56] 창백하고 진지한 얼굴을 한 그는 물질적이고 현실적인 시민세계의 영역에 존재한다는 것이 본질적으로 적합하지 않고 비현실적이고 이상적인 의지에 대해서는 강한 욕구를 나타내고 있다. 이러한 상황은 그가 엘리자베트에게 물레 감는 여인의 이야기를 중단하고 사자 웅덩이에 던져진 불쌍한 남자이야기를 말해주었을 때, 이 점에 대해 의심스러운 듯이 질문을 하는 그녀에게 다음과 같이 대답을 한다.

> "그러면 오빠," 엘리자베스가 말했다. "정말 사자도 없는 거야?"
> "사자? 사자는 있지! 인도에 ; 그곳에서는 우상을 섬기는 사제(司祭)들이 사자를 마차에 매고 사자들과 함께 황야를 달리시. 내가 어른이 되면, 언젠가 그곳에 가볼 거야. 그곳은 우리가 있는 이곳보다 수천 배

55) 라인하르트는 성격상으로 현실과는 거리가 먼 탐미주의자이고 시인이다. Vgl. Fritz Rüdiger Sammern-Frankenegg: Perspektivische Strukturen einer Erinnerungsdichtung. Studien zur Deutung von Storms 『Immensee』, Alfred Kröner Verlag, Stuttgart 1986, 156.

56) Vgl. Reimund Belgard: Dichtertum als Existenzproblem. Zur Deutung von Storm's 『Immensee』, Schriften der Theodor Storm-Gesellschaft, Michigan 1989, S. 84.

나 더 아름답지." (…) "우리는 다시 돌아올 거야." 라인하르트가 힘주어 말했다 ; "제발 그것을 똑바로 좀 말해 : 너 나와 함께 여행하겠니? 그렇지 않으면 나 혼자 가겠어 ; 그리고 나는 다시는 돌아오지 않을 거야."

"Aber du," sagte Elisabeth, "gibt es denn auch keine Löwen?"

"Löwen? ob es Löwen gibt! In Indien ; da spannen die Götzenpriester sie vor den Wagen und fahren mit ihnen durch die Wüste. Wenn ich groß bin, will ich einmal selber hin. Da ist es viel tausendmal schöner als hier bei uns." (…) "Wir kommen ja wieder," sagte Reinhard heftig ; "sag es nur gerade heraus : Willst du mit mir reisen? Sonst gehe ich allein ; und dann komme ich nimmer wieder."(I.S: S. 15)

이곳보다 더 아름답고 겨울도 없으며 사자들이 마차를 끌고 황야를 달리는 인도에 가고자 하는 욕구와 그리고 사랑하는 사람이 가지 않는 다면 혼자라도 가겠다는, 즉 자신의 목적을 달성하기 위해서는 사랑하는 사람도 단념할 수 있다는 그의 단호한 의지를 나타낸 라인하르트의 모습에서 강한 욕구를 찾아볼 수 있으나 이것은 비현실적인 것에 대한 그의 소망을 이루고자 하는 욕구이므로 현실적인 인간관계의 측면에서 본다면 고려할만한 가치가 없는 것으로 볼 수 있다. 주변세계와 화합하지 못하는 라인하르트의 비현실적인 상황은 숲속에 갔을 때 노인이 젊은이들에게 동쪽과 서쪽으로 가서 성실히 딸기를 찾으라고 명하는데, 바로 라인하르트와 엘리자베트가 딸기를 찾는 과정에서도 나타난다. 라인하르트는 숲의 분위기에 도취하기도 하고 숲속에서 가시덤불을 헤매이며 돌아갈 길을 잊어 버리기도 하는데, 엘리자베트는 함께 온 다른 사람들과 떨어져 적막한 숲속에 단 두 사람만이 있는 것에 대해 매우 불안감을 느끼고 있다.

> "사람들이 대답했어!" 엘리자베스가 말하고 손뼉을 쳤다.
> "아니야, 그것은 아무것도 아니야. 그것은 메아리일 뿐이야."
> 엘리자베스가 라인하르트의 손을 잡았다. "무서워!" 그녀가 말했다.
> "괜찮아" 라인하르트가 말했다. "무서울 것 없어. 이곳은 멋진 곳이야. 저기 풀 사이 그늘에 앉아. 잠시 휴식을 취하자 ; 우리는 다른 사람들을 금방 찾을 거야."
> "Sie antworten!" sagte Elisabeth und klatschte in die Hände.
> "Nein, es war nichts, es war nur der Widerhall."
> Elisabeth faßte Reinhards Hand. "Mir graut!" sagte sie.
> "Nein," sagte Reinhard, "das muß es nicht. Hier ist es prächtig. Setz dich dort in den Schatten zwischen die Kräuter. Laß uns eine Weile ausruhen ; wir finden die andern schon."(I.S: S. 19)

엘리자베트는 무서운 나머지 늘어진 너도밤나무 아래에 조용히 앉아서 사방에 귀를 기울였다. 파리들 주변에서는 가냘프게 윙윙거리고 붕붕거리는 소리가 들려왔고, 이따금 그들은 깊은 숲속에서 딱따구리의 쪼아대는 소리와 다른 산새들의 울음소리를 들을 수 있었다. 그때 이디에선가 종소리가 들려왔다. 마침내 엘리자베스는 피로하였기 때문에, 그들은 딸기 찾는 것을 포기하고 귀로를 걷기 시작했다. 그는 현실적 삶에 필요한 양식인 딸기를 얻지 못하고 낙오자가 되어 돌아오지만, 다음날 그의 양피지 책 속에 시를 써 넣는다. 바로 여기에서 딸기를 찾기 위해 현실세계에 적응하려는 그의 노력과 정신적 측면에서의 그의 예술적 본질 사이의 거리감이 점점 더 멀어지고 있다. 본질적으로 예술적 특성을 지닌 라인하르트는 엘리자베트에 대한 사랑의 감정을 현실적인 시로서 표현한다. 그녀는 그에게 있어 그의 피어오르는 삶의 모든 사랑과 경이로움에 대한 대상이었기 때문이다. 바로 여기에서 라인하르트의 행동방식을 알 수 있다. 그의 행동양식에는 현실적인 문제점이나 갈등을 적극적으로 해결할 수 있는 능력이나 용기가 존재하지 않으며, 그 자신의 세계와는 거리가 먼 시민세계에서 자신의 감정이나 행동을 적극적으로 나타내지 못하고 거의 체념하는 상태로 이러한 감정을 자신의 내면속으로 끌어들이고 있다.

한편 라인하르트와 엘리자베트 사이에 여러 가지 사건들이 진행되는 과정에서 특히 엘리자베트가 수업시간에 지리 선생님으로부터 심한 꾸중을 듣는 것을 보고 그는 몹시 분개하여 선생님의 노여움을 자신에게로 돌리려고 한다. 지리시간에 대해 흥미를 잃은 그는 한 편의 시를 쓰는데, 이 시는 그의 내면속에 있는 감정과 행동을 잘 나타내고 있다.

그러나 라인하르트는 지리 강의에 대한 모든 관심을 상실하였다 ; 그 대신에 그는 긴 시를 지었다 ; 이 시에서 그는 자기 자신을 어린 독수리와, 선생님을 회색 까마귀와 비교하였으며, 엘리자베스는 하얀 비둘기가 되었다 ; 독수리는, 그의 날개가 성장하자마자, 회색 까마귀에게 복수를 하기로 맹세하였다. 어린 시인의 눈에는 눈물이 고여있었다 ; 그는 자신을 매우 숭고하다고 여겼다.

Aber Reinhard verlor alle Aufmerksamkeit an den geographischen Vorträgen ; statt dessen verfaßte er ein langes Gedicht ; darin verglich er sich selbst mit einem jungen Adler, den Schulmeister mit einer grauen Krähe, Elisabeth war die weiße Taube ; der Adler gelobte, an der grauen Krähe Rache zu nehmen, sobald ihm die Flügel gewachsen sein würden. Dem jungen Dichter standen die Tränen in den Augen ; er kam sich sehr erhaben vor.(I.S: S. 16)

이 시에서 그는 자신을 새끼 독수리로, 선생님을 회색 까마귀로, 엘리자베트를 하얀 비둘기로 비유한다. 새끼 독수리는 날개가 생겨나자 회색 까마귀에게 복수하기로 결심을 한다. 그러나 그 자신의 숭고함 이면에는 어떤 특수한 상황 요구에 대항할 수 있는 실제적인 능력이 그에게는 은폐되어 있다는 점이다.[57] 이로 인해 젊은 시인의 눈에는 눈물이 고이고, 이제야 날개가 생겨난 새끼 독수리가 까마귀로부터 어떻게 비둘기를 보호할 수 있을까 하는 의문점이 생기기도 하지만, 결국 그는 그렇게 하지 못한다. 정신적인 측면에서는 사랑하는 여인에 대해 매우 소극적인 관념을 지니고 있고 현실적인 측면에서는 실제적인 행동과 거리가 먼 사고방식을 지니고 있기 때문에 그는 결국 그녀와의 사랑을 성공으로 이끌어내지 못한다.

부활절에 라인하르트가 고향에 돌아왔을 때, 그는 엘리자베트에게 작고 하얀 양피지 책을 넘겨주지만 그녀는 단지 제목만을 읽는 것처럼 보인다. 사실 그는 그녀로부터 예술가로서 자신이 능력을 인정받기를 원하지만 그녀로부터 별다른 관심을 끌지는 못한다. 왜냐하면 그들 사이에는 에리히라는 능력 있고 현실적인 인물로 인해 보이지 않는 낯선 것들이 생겨나 그들의 관계가 점점 벌어졌기 때문이다. 휴가가 끝나고 출발하는 날 그는 엘리자베트에게 그의 장래의

57) Vgl. Jürgen Sang: Die Auflösung der Wirklichkeitseinheit bei Theodor Storm. Schriften der Theodor Storm-Gesellschaft 20, München 1981, S. 53.

삶의 가치와 즐거움이 달려있는 그 어떤 것을 말해주어야 한다는 생각을 하지만 여기에 적합한 말을 찾아내지 못한다. 바로 여기에서 그가 예술가로서 미래의 삶을 살아가겠다는 자신의 의지를 전달하지 못하고 그녀와 작별인사를 나누는 장면에서 라인하르트의 수동적 태도를 엿볼 수 있다.

여러 해가 지나 임멘호를 찾아간 그는 자신이 비현실적이고 시민적인 삶과 차이가 있음을 인식한다. 이 같은 사실은 호수의 수면 위에 떠있는 수련[58]으로의 접근을 시도해 보지만 결국은 그곳에 다다르지 못하고 체념해 버리는 장면을 통해 엘리자베트를 향한 라인하르트의 모습이 상징화되고 있음을 나타내고 있다. 수련은 그와 가까운 거리에 있었으나 그가 아무리 접근을 시도해 보아도 그와 수련 사이의 거리는 좁혀지지 않는다. 이것은 쉽게 이루어질 것 같으면서도 실제로 시도해 보면 잘되지 않는 신비스럽고 불가해한 사건과 동일하다고 할 수 있다.

> 그는 해변에서 돌을 던지면 닿을 거리에 있는 하얀 수련을 알아볼 수 있었다. 갑자기 그 수련을 가까이에서 보고 싶은 욕망이 그를 변하게 하였다 ; 그는 옷을 벗어던지고 물속으로 들어갔다. (…) 그러나 그와 수련 사이의 거리는 늘 똑같은 것처럼 여겨졌다

---

58) 수련에 관한 장면은 슈토름의 자전적인 면과 관련이 있다. 1838년 슈토름과 한 무리의 친구들은 하벨강 Havel에 있는 작은 섬에서 밤을 보낸 적이 있다. 밤중에 슈토름은 강을 따라 노를 저어 내려가면서 흰 백합을 보았고, 그것을 향해 헤엄쳐 가려는 유혹에 저항할 수 없었다. 그러나 그의 발이 긴 뿌리에 얽혀서 물가로 다시 헤엄쳐 나와야 했다. Vgl. Gertrud Storm: Theodor Storms Briefe in die Heimat aus den Jahren 1853-1864, Karl Krutius Verlag, Berlin 1977, S. 137.

> Einen Steinwurf vom Lande konnte er eine weiße Wasserlilie erkennen. Auf einmal wandelte ihn die Lust an, sie in der Nähe zu sehen ; er warf seine Kleider ab und stieg ins Wasser. (…) aber es war, als ob die Entfernung zwischen ihm und der Blume dieselbe bliebe.(I.S: S. 35)

그가 아무리 힘을 써도 수련에 도달할 수가 없었고 더욱이 밑바닥에서 솟아오른 줄기가 그의 몸을 휘감아 수련에 다가가지 못한다. 그가 어느 정도 거리 이상으로 수련에 다가갈 수 없는 것은 그 어떤 요인을 상징하고 있다. 즉 수련은 시민세계에 속해있는 엘리자베트를 상징하고 있기 때문에, 꿈과 환상에 빠져있는 예술가인 라인하르트는 현실적이고 일상적인 시민세계로의 접근이 불가능하고 이로 인해 이루지 못한 그녀와의 사랑과 고독과 외로움이 그의 마음속에 솟아나고 있다는 사실이 아래의 문장에서 명백히 드러나고 있다.

> 그가 해변에서 호수를 되돌아보았을 때, 수련은 전과 같이 검고 깊은 수면 위에 아련하고 외롭게 떠 있었다.
> Als er vom Ufer auf den See zurückblickte, lag die Lilie wie zuvor fern und einsam über der dunklen Tiefe.(I.S: S. 35)

위에 인급되어 있는 것처럼 수련의 모습을 나타내는 '검고 깊은 수면 위에 아련하고 외롭게 떠있다' 라는 문장은 엘리자베트와의 영원한 이별을 암시하는 것으로 볼 수 있다. 그러나 엘리자베트에 대한 그의 사랑과 시민적인 삶에 대한 동경은 그의 마음속에 여전히 존재한다. 단지 그는 비현실적이고 이상적인 시적세계를 더 이상 동경하지 않는다. 이 같은 사실은 그가 노년에 이르러 고독하고 외로운 상황에서 과거를 회상하는 과정에서 증명되고 있다.

라인하르트는 동경과 꿈 그리고 환상에 차있는 인물인데 반해, 에리히는 활력이 넘치고 매우 성공한 인물이며 유능하고 출세 지향적이다.[59] 또한 그는 주변세계에 부속된 인물로서 시민성을 대표하는 현실주의자이다. 현실주의자인 에리히는 예술적 성향을 지닌 라인하르트와 조화를 이룬다는 것이 매우 어렵고 그와 대립될 수밖에 없다. 그는 조부, 부친 그리고 자신을 포함하여 3대에 걸쳐 이룩한 경제적인 업적을 과시하고 모든 행복의 기준을 물질적 부의 축적에 가치를 두며 인산의 진보도 물질에 의해 이루어지는 것이라고 말하지만 라인하르드는 이에 대해 소극적인 반응을 나타낸다.

> "저것은 주정(酒精)공장이라네."라고 에리히가 말했다 ; "나는 저 공장을 2년 전에야 비로소 설립했다네. 농장건물은 작고한 나의 아버지가 새로이 증축하게 하였다네 ; 주택은 이미 나의 할아버지에 의해서 지어졌다네. 사람들은 늘 이렇게 조금씩 앞으로 나아가는 거라네."
> "Das ist die Spritfabrik," sagte Erich ; "ich habe sie erst vor zwei Jahren angelegt. Die Wirtschaftsgebäude hat mein Vater selig neu aufsetzen lassen ; das Wohnhaus ist schon von meinem Großvater gebaut worden. So kommt man immer ein bißchen weiter."(I.S: S. 30)

---

59) Vgl. Franz Stuckert: Theodor Storm. sein Leben und seine Welt. Carl Schünemann Verlag, Bremen 1985, S. 245.

에리히의 재산축적 과정을 듣는 다는 것이 라인하르트에게는 매우 고통스러울 뿐이다. 이 같은 상황에서는 라인하르트의 예술가로서의 미적인 것에 매료되어 살아온 삶과 에리히의 물질적인 자만심이 대립될 수밖에 없다. 그러나 예술과 현실 사이의 관계에서 예술을 추구하는 시민과 시민적인 기업가 사이의 경쟁은 예술이 패배하고 출세지향적인 시민성이 승리한다는 것이다.[60] 엘리자베트의 어머니도 큰 농장과 많은 재산을 소유하고 있는 에리히에 대해 시민적인 애착심을 보이고 있는데, 바로 여기에서 재력가에게는 물질적인 계산이 사랑보다 더 중요하다는 점이 드러나고 있다.[61]

라인하르트는 크리스마스에 고향에서 온 소포를 받았는데 그 안에는 그가 엘리자베트에게 선사한 홍방울새가 죽었다는 내용이 담겨있다. 그리고 이후에 그 자리에는 에리히가 보내준 카나리아가 들어있는 새장이 걸려 있었다. 이러한 서술은 상세하고 장황한 설명을 피하고 여러 가지 상황들을 상징적으로 나타내고 있다.

> "그런데 지난 일요일에 당신이 나에게 선물했던 홍방울새가 죽었습니다 ; 나는 매우 울었습니다, 그러나 나는 그 새를 늘 잘 돌봐주었습니다. 태양이 새장을 비출 때, 그 새는 평소에 늘 오후에 울었습니다 ; 당신도 알다시피, 새가 아주 힘을 다해 울어댈 때면, 새를 조용히 히기 위해서 어머니는 새장 위에 이따금 전을 걸쳐놓았습니다."
> "Nun ist auch vorigen Sonntag der Hänfling gestorben, den du mir geschenkt hattest ; ich habe sehr geweint, aber ich habe ihn doch

60) Vgl. Reigna Fasold: Theodor Storm. J.B. Metzler Verlag, Stuttgart und Weimar 1997, S. 96.
61) Vgl. Winfried Freund: Theodor Storm. a.a.O., S. 50.

immer gut gewartet. Der sang sonst immer nachmittags, wenn die Sonne auf sein Bauer schien ; du weißt, die Mutter hing oft ein Tuch darüber, um ihn zu geschweigen, wenn er so recht aus Kräften sang."(I.S: S. 23)

여기에서 홍방울새는 라인하르트의 선물로서 엘리자베트에게 늘 노래를 해줌으로써 라인하르트를 구체화 시키고 있으며 카나리아는 에리히를 상징하고 있다.[62] 그런데 이 홍방울새가 힘을 다해 울어댈 때면 더 이상 울지 못하도록 새장 위에 수건을 걸쳐 놓는 어머니의 행동은 이미 그녀의 마음이 라인하르트로부터 에리히에게로 기울어졌다는 사실을 암시하고 있다. 또한 라인하르트가 부활절에 고향을 방문했을 때, 그가 선물한 새장이 없어지고 카나리아가 들어있는 새장이 있었는데, 이때 바로 그는 자기의 친구인 에리히가 그녀를 위해 이 새장을 농장에서 보냈다는 사실을 알게 되는데, 이때는 이미 엘리자베트나 그녀의 어머니의 마음이 에리히에게로 완전히 기울어졌다는 것을 나타내고 있다.

라인하르트와 만날 때 묘사된 갈색의 외투를 입은 늠름한 사나이인 에리히의 모습에서 암시적으로 나타나는 그의 현실적이고 시민적인 본성은 세 사람이 테이블 가에 앉아서 티롤 Tirol 지방의 민요에 대해 이야기하는 과정에서도 명백히 드러난다.

"에이," 에리히가 말했다. "사람들은 이것을 재단사나 이발사 그리고 이러한 경박한 천민과 같은 녀석들에게서 들었겠지."

62) Vgl. Eckart Pastor: Die Sprache der Erinnerung. a.a.O., S. 64.

"Ei," sagte Erich, "das hört man den Dingern schon an ; Schneidergesellen und Friseure und derlei luftiges Gesindel." (I.S: S. 33)

위와 같은 에리히의 표현에서 다른 사람을 비하하는 그의 정서적인 측면의 결핍이나 신분상의 우월감이 노출되고 있다. 그는 재산축적으로 인해 물질적인 풍요로움과 더불어 삶도 풍요롭게 누리는 데만 몰두하고 있을 뿐 인간으로서 자신의 정신세계나 내면적인 삶을 가치 있게 만드는 데는 전혀 관심이 없는 현실적이고 타산적인 인물이다.

엘리자베트는 라인하르트처럼 수동적이고 소극적인 행동을 취하며 자기의 주장을 고집하기보다는 다른 사람의 말을 순조롭게 따르고 일을 쉽게 체념하는 인물이다. 그녀는 평범하고 이성적인 시민의 전형이며 가족과 사회질서를 존중하기 때문에 자기 어머니의 간섭과 요구를 뿌리치지 못한 채 어머니를 홀로 집에 두고 라인하르트와 함께 인도에 가려고 하지 않는다. 엘리자베트의 어린 시절의 꿈의 좌절은 딸기를 찾아나서는 장면에서 잘 나타나ㄱ 있다. 그녀는 라인하르트와 함께 딸기를 찾기 위해 깊은 숲속으로 갔으나 딸기를 찾지 못한다.

"도대체 당신이 말하던 딸기는 어디에 있는 거야?" 마침내 그녀가 물었다. 그러면서 그녀는 멈추어 서서 깊게 숨을 쉬었다.
"딸기가 여기에 있었는데," 그가 말했다 ; "그러나 두꺼비가 우리보다 먼저 왔거나, 아니면 담비가 왔거나, 아마도 요정이 왔겠지."
"Wo bleiben denn aber deine Erdbeeren?" fragte sie endlich, indem sie stehenblieb und einen tiefen Atemzug tat.
"Hier haben sie gestanden," sagte er ; "aber die Kröten sind uns zuvorgekommen, oder die Marder, oder vielleicht die Elfen."(I.S: S. 18)

이때 파란 나비들은 외로운 숲속의 꽃 사이에서 펄럭이고 있다. 라인하르트는 열이 달아오른 얼굴로 인해 축축해진 엘리자베트의 머리를 쓰다듬어 주면서 그녀에게 밀짚모자를 씌워주려고 하지만 그녀가 그것을 거절한다. 그들이 딸기를 찾으러 나갔지만 딸기를 찾지 못하는 것은 단순히 딸기를 찾지 못한다는 것을 의미하는 것이 아니다. 이것은 그녀의 인도여행이 어머니에 의해 좌설된 것처럼 앞으로 그들 사이의 사랑과 행복, 그리고 그녀에게 닥쳐올 많은 일들이 순탄치 않음을 암시하는 것으로 볼 수 있다. 이러한 암시는 후일 라인하르트가 에리히를 방문하여 그녀를 만났을 때 해변을 산보하며 나무그늘에 앉아서 딸기에 관해 언급하는 말에서 드러난다.

"우리 딸기를 찾으러 갈까?" 라인하르트가 물었다. "딸기 철이 아닙니다." 그녀가 말했다. "그러나 곧 딸기 철이 올 거야." 엘리자베스는 말없이 머리를 흔들었다.
"Wollen wir Erdbeeren suchen?" fragte er. "Es ist keine Erdbeerenzeit," sagte sie. "Sie wird aber bald kommen." Elisabeth schüttelte schweigend den Kopf.(I.S: S. 36)

딸기 철이 곧 올 것이라는 말에 그녀가 말없이 고개를 흔들었다는 것은 앞으로 딸기 철이 오지 않는다는 것을 의미하는 것이 아니라, 앞으로 과거와 같이 행복한 날들이 결코 다시는 돌아올 수 없다는 것을 나타내는 것으로 볼 수 있다.

엘리자베트는 일상적인 삶에서 라인하르트와 함께 한다는 것이 어렵다는 것을 느끼게 된다. 이러한 과정에서 물질적으로 매우 풍족하고 그녀에게 적극적으로 접근하는 에리히의 청혼을 받아들인다. 물론 여기에는 자기의 딸을 위해 가난한 예술가와의 결혼보다는 물질적으로 능력이 있고 부를 추구하는 사업가와의 결혼을 바랬던 그녀의 어머니의 생각도 큰 역할을 한다.

> 에리히가 지난 3개월 동안 두 번이나 헛수고를 하며 청혼한 후에 결국 어제 엘리자베스로부터 결혼승낙을 받았단다. 그녀는 항상 그 청혼을 결정할 수 없었단다 ; 이제 그녀는 결국 승낙을 했단다.
> Erich hat sich gestern endlich das Jawort der Heirat von Elisabeth geholt, nachdem er in dem letzten Vierteljahr zweimal vergebens angefragt hatte. Sie hat sich immer nicht dazu entschließen können ; nun hat sie das Jawort endlich doch getan.(I.S: S. 28)

에리히의 끈질긴 청혼에 이끌려 결혼을 하게 된 그녀의 생활은 정신적으로 편안한 상태라고 할 수가 없고 허전하고 고통스러운 생활로 이어진다. 라인하르트가 배를 타고 호수를 건너면서 그녀를 보았을 때, 그녀의 창백한 손은 그녀의 얼굴이 그에게 숨기고 있는 것을 그에게 나타내고 있고, 그는 그녀의 비밀스런 고통의 미묘한 표정을 보고 있다. 그리고 헤어질 무렵 그녀는 움직이지 않고 같은 장소에 서서 멍청한 시선으로 그를 바라본다. 바로 이러한 그녀의 모

습에서 그녀의 결혼생활이 결코 행복하고 단란한 삶이 아니라는 것을 엿볼 수 있다.[63)]

따라서 엘리자베트는 라인하르트와의 고귀한 사랑을 이루지 못하고 그의 비현실적이고 예술적면에, 그리고 에리히와의 실패한 결혼에 희생물이 되어 고통과 괴로움 속에서 살아가는 인물이라고 할 수 있다.

iv. 시대적 관점에서 본 『임멘호』

1. 1849-1888년의 관점

슈토름은 그의 두 번째 소설인 『임멘호』 인해서 독일과 전 세계에 그의 명성이 널리 알려지게 되었다. 『여름이야기와 노래 Sommergeschichten und Lieder』를 출판한 둥커 Alexander Dunker가 작가 하이제 Paul Heyse에게 슈토름의 『임멘호』를 보냈을 때, 하이제는 이 작품에 대해 매우 흡족해 했고, 이것을 폰타네 Theodor Fontane에게 보여주었다. 1853년 슈토름은 후줌에서 그의 망명지 포츠담 Potsdam으로 이사했는데, 1848년에 후줌에서 덴마크 점령지 분리 운동을 하였기 때문에 변호사로서 덴마크 왕에게 충성하는 선

63) 엘리자베트와 에리히의 사랑없는 결혼 장면을 이해하기 위해서는 슈토름 자신의 초기 결혼생활의 한 부분을 이해해야 한다. 1843년 슈토름은 그의 가족을 방문하는 사촌누이 콘스탄체와 밀접하게 지내게 되었다. 그들은 곧바로 1844년에 약혼을 하고 1846년에 결혼을 하였으나 결혼은 처음부터 슈토름에게 실망을 가져다 주었다. 그는 열정적인 사람으로서 아내 콘스탄체로부터 강렬한 느낌을 기대했으나 그렇게 되지 않았다. 그녀의 열정에 대한 부족은 슈토름을 많은 시들을 헌정한 연인 도로테아에게로 향하게 하였다. Vgl. Hartmut Vinçon: Theodor Storm mit Selbstzeubnissen und Biddokumenten. Rowohlt Verlag, Reinbeck/Hamburg 1982, S. 25-26.

언서를 제출하라고 요구를 받았을 때 이를 거절하였다. 그 결과로 1852년 11월에 덴마크 정부는 후줌에서 변호사 개업을 한 그의 자격을 취소함으로써 경제적으로 큰 충격을 받게 되었다.

브링크만 Hartmuth Brinkmann은 슈토름의 가까운 친구로서 이 두 사람은 1845년 가을부터 1846년 9월 슈토름이 결혼할 때까지 그의 아버지로부터 재정지원을 받아 구입한 집에서 함께 살았으며, 이들의 우정은 여러 해 동안 서신교환을 하며 일생동안 지속되었다. 1852년 6월 2일 그가 브링크만에게 보낸 편지에서 그 자신이 이 작품의 가치와 의미를 이해한다고 기록하고 있다. 즉 "그는 이 작품을 향기와 분위기에 흠뻑 젖은 사랑에 대한 진정한 시로 보았으며, 그리고 그는 이것은 이 작품에 대한 모든 토론을 위한 출발점이 되어야한다고 믿고 있었다."[64] 1859년 3월 27일 부모님에게 보내는 편지에서 그는 "『임멘호』는 독일 시 문학의 진주입니다. 그리고 내가 죽은 후에도 오랫동안 노소 모두의 마음을 시의 마술과 젊음으로 사로잡게 될 것입니다"[65]라고 쓰고 있는데, 이 두 편지에서 이 작품에 대한 그의 자부심이 드러나고 있다.

1849년 슈토름은 이 작품의 첫 인쇄물 한부를 키일 Kiel 대학에서 함께 공부를 한 친구인 몸젠 Tycho Mommsen에게 보냈다. 1843년

64) Wiebke Strehl: Theodor Storm's Immensee. a.a.O., S. 6. "he saw it as genuine poetry of love, saturated with the fragrance and atmosphere of it, and this, he believed, had to be the point of depature for every discussion of it."

65) Gertrud Storm: Theodor Storms Briefe. a.a.O., S. 87. "『Immensee』 ist eine Perle deutscher Poesie und noch lange nach mir alte und junge Herzen mit dem Zauber der Dichtung und Jugend ergreifen wird."

에 그는 몸젠 형제와 함께 『세 친구의 노래집 Liederbuch dreier Freunde』을 출판하였고, 몸젠 형제와 그의 학교친구인 뢰제 Ferdinand Röse와 함께한 지적이고 문학적인 교류를 통해 비평을 받아들이는 것을 배웠다. 그들은 또한 홀스타인 지역의 시, 전설, 동화, 노래를 수집하였고, 여기에 자신들의 작품들을 추가하여 출판하였다.[66] 또한 몸젠은 슈토름에게 이 작품의 몇몇 장면들, 즉 크리스마스 장면, 라인하르트의 학생생활에 대한 구체적인 장면, 그리고 또한 돌아온 라인하르트가 엘리자베트의 어머니와 민속노래에 대해 이야기하는 큰 구절, 그가 영원히 임멘호를 떠난 후 그의 인생의 세부사항에 대한 교정을 제안하였다.[67]

하이제는 『독일예술잡지의 평론지 Literaturblatt des deutschen Kunstblattes』에서 슈토름에 관한 글을 썼는데, 이 글에서 『여름 이야기와 노래』에 관해 논평하고 있다. 그는 마치 꿈같은 음악적 설명이 대부분의 작품에 적절하지만 중편소설들인 『임멘호』와 『녹색의 잎 Ein grünes Blatt』에는 적절하지 않다고 쓰고 있다. 그는 또한 슈토름의 인물들이 거의 소극적이어서 그의 시에 나오는 것처럼 높은 가치를 얻기 위해서는 플롯과 등장인물의 체념의 어조와 발달단계의 부재에 대해 노력해야 한다고 주장하고 있다.

뫼리케 Eduard Mörike는 슈토름과 동시대의 작가로서 이들의 서신은 25년간 계속되었지만, 이들의 관계를 우정이라고 부르기에는 좀 거리감이 있는 것으로 여겨진다. 그들은 서로를 인간적으로 좋아

66) Vgl. Hartmut Vinçon: Theodor Storm. a.a.O., S. 20-25.
67) Vgl. Wiebke Strehl: Theodor Storm's Immensee. a.a.O., S. 7.

하지는 않았지만 얼마 되지 않는 편지를 보면 이 두 작가들이 서로의 작품을 존경했다는 것을 짐작할 수 있다[68] 1853년 5월 26일자 편지에서 모리케는 슈토름의 『여름이야기와 노래』에 대해 논평을 하고 그와 그의 가족들이 그것을 여러 번 읽은 후에 지속적으로 그것을 즐기고 있다고 말하고 있다. 그는 이 작품의 줄거리가 등장인물들과 순수한 아름다움으로 가득 차 있더라도, 임멘호는 개별성이 없다는 점을 지적하고 있다.

"폰타네는 슈토름에게 보낸 편지에서 슈토름은 자신이 좋아하는 작가이자 시인이며 그를 디킨스 이상으로 평가하고 경의를 표하면서 자신은 슈토름의 가장 큰 팬이라고 선언하였다."[69] 그는 임멘호에 대해 두 번 언급한 적이 있는데, 첫 번째 언급은 프로이센의 아들러 차이퉁 Adler-Zeitung의 단편소설 평론에서 임멘호가 그가 읽은 작품들 중에서 가장 잘 씌어진 이야기들 중의 하나라고 언급하였고, 좀 약한 틀을 제외하고는 임멘호가 완벽하다고 주장하였다. 그리고 두 번째 언급은 1853년 11월 5일자 편지에서 그는 『시골 지역의 여가와 교육을 위한 그림 가정 도서 Illustriertes Familienbuch zur Unterhaltung und Bildung ländlicher Kreise』에 실린 임멘호의 평가를 읽어보았디고 씄는데, 그것은 이 중편소설을 개인용 서재에

68) Vgl. Werner Hildeburg Kohlschmidt: Theodor Storm-Eduard Mörike; Theodor Storm-Margarethe Mörike. Mit Storms "Erinnerungen an Eduard Mörike." Schmidt Verlag, Berlin 1988, S. 11-15.

69) Wiebke Strehl: Theodor Storm's Immensee. a.a.O., S. 10. "Fontane repeatedly told Storm in letters that he is his favorite author and poet, rankinking him above Dickins in some respects and proclaiming himself Storm's greatest fan."

포함시킬 가치가 없는 동화로 묘사하지만, 독자들이 책을 읽고 내려놓을 때는 완전히 불만스럽지는 않을 것으로 인정한다고 언급하고 있다.[70)]

1886년 9월 크루제는 알게마인에 차이퉁 Allgemeine Zeitung 지에 『임멘호의 작가』라는 최초의 평론을 출간하고, 슈토름의 소설이 수년에 걸쳐 다소 서정적인 스타일에서 서술적인 스타일로 변화되었다고 기술하고 있다. 그는 임멘호가 독자에게 해석의 여지를 남기는 분위기와 암시로 구축되어 있으며 처음부터 독자들에게 인기가 있었기 때문에 1886년에는 이미 29판이 나왔다는 점을 지적하고 있다. 그러나 이 작품이 너무 부드럽고 달콤하다고 하는 것에 대해서는 정당하지 않다고 주장하고 있다.

슈토름의 전기 작가인 쉿체 Paul Schütze는 1887년 『테오도르 슈토름, 그의 삶과 그의 작품 Theodor Storm. Sein Leben und seine Dichtung』을 29세의 나이로 죽기 며칠 전에 출간했다. 여기에서 "그는 슈토름의 본질과 가족에 대한 관련성을 상세히 기록하고 있으며, 그의 저서는 그 후의 거의 모든 전기들에 대한 기본적인 참고문이 되었다."[71)] 그는 슈토름이 임멘호를 통해 회상 중편소설 Erinnerungsnovelle이라는 장르를 창조했다고 믿고 있다. 그는 작가가 사실에 근거한 암시만을 주고 있음에도 불구하고, 독자들이 라인

70) Vgl. Jacob Steiner: Theodor Storm-Theodor Fontane. Erich Schmidt Verlag, Berlin 1981, S. 61-62.

71) Wiebke Strehl: Theodor Storm's Immensee. a.a.O., S. 10. "He details Storm's connection to nature and family, and his work became the basic reference for almost all biographies to come."

하르트를 자신의 운명을 체념한 인물로 보는 것을 지적하고 있다. 쉿체는 이 중편소설을 좋아하였지만, 슈토름의 후기 작품들이 더 강하고 더 뚜렷한 특성을 지니고 있기 때문에 우리에게 감정의 발전에 대한 보다 깊은 통찰력을 준다고 생각하고 있다.72)

살로몬 Ludwig Salomon은 『19세기 독일 민족문학의 역사 Geschichte der deutschen Nationalliteraur des neunzehnten Jahrhunderts』라는 저서에서 슈토름을 거친 말투를 피하는 분위기 시작법 Stimmungspoesie의 창조자라고 부른다. 즉 이것은 등장인물은 어떤 하고자 하는 의도도 없고 이따금 자신의 행동으로부터 후퇴하여 고통스러운 체념 속으로 떨어지고, 그 장면들은 규정되지 않은 모호함으로 채워져 있는 것이다.73) 살로몬과 쉿체는 '체념'이라는 용어를 사용하였는데, 이는 임멘호의 전반적인 무드를 설명하는 가장 일반적인 용어라 할 수 있다. 1871년에 수립된 독일 제국은 정치, 사회 그리고 경제 발전의 짧은 기간을 성공적으로 거쳤지만, 현실적인 상황과 정치적 구조의 반동적 모순으로 인해 처음부터 여러 문제점에 봉착하게 되었다. 따라서 자신들만의 체념을 통해 자신들의 운명을 초래하는 등장인물의 스토리로서의 이 작품에 대한 쉿체와 살로몬의 논평은 당대 부르주아의 인식에 대한 논평으로 볼 수 있다.

급진적 사회 민주주의자인 베데 Johannes Wedde는 1875년 사회

72) Vgl. Paul Schütze: Theodor Storm. Sein Leben und seine Dichtung. Paetel Verlag, Berlin 1987. S. 104.

73) Vgl. Ludwig Salomon: Geschichte der deutschen Nationalliteratur des neunzehnten Jahrhunderts. Bd.Ⅱ, Verlag von Leon Müller, Stuttgart 1987, 415.

주의 신문인 「시민신문 Bürgerzeitung」을 창간했지만 1881년 반사회주의 법이 발효되면서 출판이 금지되었다. 그는 작품 『임멘호』가 성공을 거둔 것은 독자들이 그 특별한 아름다움을 즐기기 때문이라고 지적하고, 스토리를 칭찬하지만 라인하르트의 성격이 비현실적이고 연약하다는 사실과 엘리자베트에게 편지를 쓰지 않아 패배를 야기시켰다고 주장하고 있다.74) 물론 라인하르트의 패배는 운명이라고 볼 수 있지만 베데는 운명에 대한 설명을 슈토름의 여러 작품들 속에서 발견되는 건강하지 못한 특성인 유약함으로 간주하고 있다.

2. 1888-1914년의 관점

1888년 3월 9일 황제 빌헬름 Wilhelm 1세의 죽음은 독일 정치의 한 전환점이 되었다. 그의 아들 프리드리히 Friedrich 3세가 99일간의 짧은 치세를 펼치다 죽은 후에 1888년 6월 15일 젊고 미숙한 군주로 정치풍토에 극적인 변화를 가져온 그의 아들 빌헬름 2세가 29세의 나이로 왕위에 오르자 변화에 대한 희망은 사라져버렸다. 빌헬름 2세의 치하에서 새로운 출발이 이루어져 구 계층의 차별을 극복하고 사회적 구조의 변화를 얻을 수도 있다는 희망이 폰타네와 베를린의 사학자 마이네케 Friedrich Meinecke를 포함하여 사회적 변화를 갈망하는 독일의 자유주의자들 사이에서 솟아났다. 비스마르크는 실로 독일을 통합했지만, 독일의 강력한 경제력을 만든 그 힘이 사회적인 변화를 요구하고 있다는 것을 결코 이해하지 못했다. 때는

74) Vgl. Johannes Wedde: Theodor Storm. Einige Züge zu seinem Bilde. Grüning Verlag, Hamburg 1988. S. 31.

산업과 과학의 급격한 발전이 이루어지던 시기였고 귀족에서 중산층 부르주아로의 권력 이동이 요구되던 시기였다. 중산층은 사회와 문화면에서 어느 정도의 힘을 얻었지만 정치적 입장에서는 여전히 크게 배제되었다.

이 시대는 문예 비평가들에게 많은 영향을 끼친 모순과 변화의 시기였는데, 이러한 변화의 시기에도 『임멘호』는 그 대중성을 유지하였다. 시대의 흐름에 일치하여 상류사회의 에리히는 비판받고, 억압받는 여인은 동정적으로 나타나며, 아름다움의 요소들은 고스란히 남게 된다. 많은 평론가들이 이미 『임멘호』를 고전에 속하는 작품으로 생각하고 있었기 때문에, 1902년 슈미트 Erich Schmidt가 이 작품을 괴테의 베르테르에 비교하여 또 다른 논쟁을 일으킨다고 해서 문제가 되는 것은 아니다. 슈미트는 라인하르트를 베르테르보다 좁은 시각으로 보았고, 에리히는 알베르트 Albert를 닮았으며, 엘리자베트는 로테 Lotte의 빈약한 시각으로 보았다.[75] 비록 이 작품과 베르테르를 괴테와의 비판적인 맥락에서 보는 것은 슈미트의 전형적인 방식이지만, 벨 Wehl이 1888년 처음으로 괴테의 베르테르와 비교하여 유사성을 지적한 사실을 고려해 보면, 벨은 슈미트만큼 세부적으로는 들어가지 않았다는 점이다.

라덴도르프 Otto Ladendorf는 1903년 슈토름의 『임멘호』와 『녹색의 잎』을 학교와 가정에서 사용할 목적으로 시도하였으며 그의 작품들을 문학적이고 역사적인 맥락에서 텍스트에 넣자고 주장하였다.

---

75) Vgl. Erich Schmidt: Theodor Storm. Charakteristiken Bd.Ⅱ. Weimar Hofbuchdruckerei, Thüringen 1982, 405.

라뎅도르프의 주장은 『임멘호』가 재미있는 중편소설에서 어떤 특정한 양식과 시간을 대표하는 텍스트로 그 위상이 이동하였다는 점과 그리고 이것이 정식연구와 해석 할 가치가 있음을 명확히 하고 있다는 점이다.[76] 그는 무드와 언어 및 감정을 분석하며 이 작품을 구조적으로는 소나타와 유사한 음악적 예술작품이라고 불렀으며 라인하르트가 베르테르의 희석된 존재로 불리는 것을 인정한다. "이 두 사람은 모두 선하고 고결한 남자들이며 친절하고 깊은 기질을 지니고 있다. 그러나 베르테르는 열정적인 기질을 지닌 반면 라인하르트는 우울한 체념의 성향이 있다. 라뎅도르프는 엘리자베트를 로테의 창백한 자매로 보았으며, 괴테의 알베르트에 평행하는 에리히는 라인하르트가 갖지 못한 에너지를 지닌 현실주의자로 보고 있다."[77] 또한 라뎅도르프는 슈토름을 계몽주의 시대의 작가인 빌란트 C.M. Wieland와 문체상으로는 동일한 범주에 속한다고 지적하고 있다. 라인하르트가 포크송의 본질에 관해 이야기하는 구절은 라뎅도르프에게 그가 존경했던 빌란트와의 대화를 떠올리며 이 구절을 임멘호의 정점으로 여기고 있다.[78] 그는 슈토름이 낭만주의 시대의 작가들과 관련되어 있으며, 재능면에서는 슈토름이 그들을 능가한다고 주장하고 있다.[79]

76) Vgl. Wiebke Strehl: Theodor Storm's Immensee. a.a.O., S. 19.

77) Ebd., S. 20. "Both are good and noble men of kind, deep disposition; Werther, however, has a passionate temperament, while Reinhardt tends to melancholy resignation. Ladendorf sees Elisabeth as a pale sister of Lotte, and Erich the parallel to Goethe's Albert, the Realist, who has the energy that Reinhardt lacks."

78) Vgl. Otto Ladendorf: Deutsche Dichter des neunzehnten Jahrhunderts. Teubner Verlag, Leipzig & Berlin 1973, S. 24.

라덴도르프는 임멘제가 괴테나 울란트 L. Uhland(1787-1862) 그 이상을 반영한다고 주장하고 있다. 따라서 그는 작가와 그의 문체에 대해 높이 평가하며, 작가의 중편소설의 모든 면을 찬양하고 있다. 이 작품에 대한 라덴도르프의 해석에 대해 일련의 작가들은 이것을 문학 및 역사적 측면에서 시도하려는 경향을 보이고 있다. 그러나 이것은 덴마크 전쟁 Danish War이나 1848년 3월 혁명의 역사적 맥락을 의미하는 것이 아니라, 낭만주의와 고전주의의 문학적 · 역사적 맥락을 의미하는 것으로 보고 있다. 『임멘호』는 단순히 사랑과 상실의 새로운 베르테르에 대한 스토리 그 이상인 것이다. 즉, 이 작품은 무수한 비평의 요소들을 포함하고 있으며 사회적 구조와 사회적 변화에 관한 의문을 제기하고 있다.

1911년경 슈토름은 19세기의 주역들 중 한 명으로서 문학사에 포함되고, 임멘호에 대한 새로운 논의의 일례는 비제 Alfred Biese의 『독일문학사 Deutsche Literaturgeschichte』에서 찾을 수 있다. 그에 의하면 거의 모든 슈토름의 초기 및 이후의 일부 중편소설들은 고통스럽고, 움직임이 없는 체념에 의해 주도되었다고 주장하고 있다. 이 작품에서의 이러한 체념은 '나의 어머니가 그것을 원했습니다'라는 장면에 나오는 노래에 잘 표현되어 있다.

밀케 Helmuth Mielke는 『독일 장편소설 Der deutsche Roman』이라는 저서에서 임멘호의 스토리를 별다른 가치가 없는 일련의 무드 설정으로 보았다.[80] 이 작품의 스토리는 이미 몇 사람의 평론가들에

79) Vgl. Ebd., S. 26.
80) Vgl. Helmut Mielke: Der deutsche Roman. Carl Reissner Verlag, Dresden 1972, S. 138.

의해서 논의되어 졌는데, 초기 단계부터 평론가들은 두 그룹으로 나누어져 있었다. "한 그룹은 스토리 내에서 보다 깊은 의미나 가치를 보지 않고, 이들은 무드에 관해서만 언급하고 있으며, 다른 그룹의 평론가들은 기법과 텍스트 그리고 그 문맥을 보다 자세히 살펴서 이것이 위대한 독일 시인 괴테와 여러 면에서 관련되어 있는 문학 작품이라는 것을 밝혀내고 있다."81)

사촌누이 콘스탄체 Constanze와의 결혼에서 태어난 슈토름의 딸 게르트루드 Gertrud는 슈토름에게 있어서 가장 중요한 비평가들 중의 한 사람이었다. 그녀는 슈토름의 일기와 원고 및 작품들을 모두 수집하였고, 그의 개인적인 삶에 통찰력을 주었던 작품들을 출간하여 슈토름의 명성이 오랫동안 지속되도록 하였다. 만일 그녀가 아니었다면 영원히 사라져 버렸을 뻔했던 많은 자료들을 평론가들이나 전기 작가들이 이용할 수 없었을 것이다. 게르트루드는 자신의 아버지를 사랑했고 존경했지만, 그녀는 잘 교육을 받은 독일어 학자나 인문학자도 아니었다. 사람들은 그녀의 눈을 통해 그녀의 아버지를 보기를 원했고, 이로 인해서 작가나 작품의 날짜와 사실의 보고에 있어서 부정확한 면이 있기 때문에, 그녀가 출판한 책들은 주의 깊게 읽어야 한다는 것이다.

1907년에는 슈토름이 1853-1864년 사이에 포츠담과 하일이겐슈타

81) Wiebke Strehl: Theodor Storm's Immensee. a.a.O., S. 21. "One group does not see any deeper meaning or value in the story, and these critics comment only on the mood. The critics of the other group take a closer look at techniques and the text and its context and determine that it is a piece of literature related in various ways to the great German poet Goethe."

트 Heiligenstadt에서 유배 중일 때 쓴 편지들의 모음집을 출간하였다. 1859년 11월 26일자의 편지에서 슈토름은 자기의 아버지에게 임멘호에서 발췌한 세곡의 노래에 엠머리히 Robert Emmerich가 곡을 붙였고, 이 작곡이 그의 마음에 들었으며 특히 시 '나의 어머니가 그것을 원했습니다'를 그가 몹시 좋아했다고 기술하고 있다. 이 작품과 관련된 또 다른 코믹한 사건은 1859년 12월 21일의 편지에 나타나 있다. 즉 그는 자기의 부모에게 유명한 화가인 리히터 Ludwig Richter가 15개의 목판 인쇄물을 출간했는데, 그 중 하나는 임멘호의 시를 묘사하고 있다. 그리고 그의 아들 칼 Karl은 이 목판화를 너무 좋아하여 보고 또 보았으며, 그 때마다 그 시를 아들에게 읽어주었다고 기록하고 있다.[82] 이 서신은 작품 『임멘호』가 얼마나 그의 생활의 일부가 되었는가를 보여주는 것으로서 그가 이 작품을 매우 높게 평가하고 있음을 알 수 있다.

1912년 게르트루드는 자신의 아버지에 대한 두 부분의 전기 중 앞 부분을 출간하였다. 「청춘 Jugendzeit」이라고 명명한 앞 부분은 1853년까지의 그녀의 부친의 삶을 다룬 것이고, 뒷 부분 「성인기 Mannesalter」는 1888년까지의 기간을 다루었다. 「청춘기」에서 그녀는 슈토름의 청춘에 관해 알고 있는 모든 것과 그의 양육방식에 관해 기록하였다. 그녀는 또한 슈토름의 『임멘호』에 관해 이야기하며, 그것이 포함하고 있는 개인적인 일들에 관해 부친의 삶의 맥락에 이를 삽입하려고 하였다. 그녀는 아버지가 일기로 사용한 책에서 정보의 대부분을 얻었다고 주장하고 있다.

82) Vgl. Gertrud Storm: Theodor Storms Briefe. a.a.O., S. 34-36.

『임멘호』에 대한 그녀의 첫 언급은 수련 Wasser Lilie 장면과 관련이 있다. 1838년 슈토름과 한 무리의 친구들은 하벨강 Havel에 있는 작은 섬에서 밤을 보냈다. 밤중에 슈토름은 강을 따라 노를 저어 내려가면서 흰 백합을 보았고 그것을 향해 헤엄쳐 가려는 유혹에 저항할 수 없었지만 그의 발이 긴 뿌리에 얽혀서 물가로 다시 헤엄쳐 나와야 했다. 그녀는 또한 비르나츠키 Biernatzki의 민중본 Volksbuch에 나타난 『임멘호』의 견해에 관한 몸젠 Tycho Mommsen의 논평도 기록하고 있다. 그녀는 또한 이 작품이 어떻게 해서 청춘의 마법으로 채워져 있는지를 슈토름의 주장을 근거로 하여 몸젠의 비평을 인정하려고 하지 않았다. 물론 슈토름도 그 비평에 대해 전혀 언급을 한 적이 없었다. 이 작품에서 청춘의 마법에 대한 슈토름의 언급은 1859년 3월의 한 편지에서 나온 것이었다. 게르트루드가 이 두 가지를 날짜 없이 같이 배치한 것으로 인해서 독자들은 이 두 가지 일이 동시에 일어난 것으로 믿도록 한 것이지만, 이는 전혀 사실이 아니다. 슈토름은 사실 몸젠의 비평을 심각하게 받아들였고, 1859년 3월 그의 언급은 초판이 아니라 개정판에 대해 이루어진 것이다. 그녀는 격동적인 시기가 반영된 모든 작품들, 즉 『홀에서 Im Saal』(1849), 동화 『힌첼마이어 Hinzelmeier』(1851), 『포스투마 Posthuma』(1851), 그리고 『녹색의 잎 Ein grunes Blatt』 등의 스토리를 그녀의 아버지가 창조해 낼 수 있도록 해 준 것은 그들 가정의 평화였다고 주장한다.

게르트루드가 아버지의 일기와 편지, 신문 및 그녀의 개인적 직관을 이용해 쓴 자기 아버지의 전기는 대중에게 슈토름의 일생에 대해 매우 광범위하며 포괄적인 이미지를 제공하고 있다. 많은 전기 작가들과 비평가들은 슈토름의 생애와 그의 작품들 간의 연결고리를 찾을 때 이 전기를 정보자료의 도구로 사용하였다. 그녀가 학자가 아니라는 사실을 고려한다고 해도, 그녀가 슈토름의 이미지를 존속시키고 그의 작품에 대한 관심을 키우는 데 큰 도움을 주었다는 것은 명백하다. 비록 그녀가 이 작품의 연구에 대해 새로운 통찰력을 더하지는 못했지만, 전기적 정보의 보존에 대한 그녀의 일생에 걸친 헌신은 이 작품의 다양한 논의를 만들어 내는데 기여했다고 할 수 있다.

3. 1958-1972년의 관점

1950년대 후반은 삶의 전반에 영향을 미친 정치적 발전으로 인해 독일에서의 임멘호 수용에 대한 변화를 다시 가져왔다. 번영하던 아데나워 Adenauer의 시대는 여러 문제를 안고 있었고 냉전이 진행중이었다. 분단된 두 개의 독일이 각자의 이념과 진로를 향해 나갈수록, 독일의 통일 가능성은 점점 더 희박해졌다. 번영의 세대 Wohlstandsgeneration는 구세대와 그들의 전통에 대해 저항하기 시작했고, 이 모든 것들은 1968년 학생들의 불만으로 정점에 달했다. 시위와 반란의 기운이 어느 곳에서나 감돌았다. 물론 이 변화와 봉기의 시기는 슈토름의 작품들의 특성과 그 연구에 매달렸던 학자들의 유형으로 인해서 슈토름 연구에 즉각적인 영향은 미치지는 못했다. 많은 젊은 독일어 학자들에게 있어서 슈토름은 민족적 영향이 없거나 미미한 지역 작가였고, 혁명적이기 보다는 조용한 사람이었으며 스스로를 비정치적인 인물이라고 불렀다. 그는 제 3제국 Third Reich에서 유명했었고 감상적인 영화로 만들어진 중편 소설의 작가였다. 만약 그의 작품을 읽기라도 한다면, 젊고 급진적인 학생들은 그의 잘 만들어진 비평을 모두 간과하거나 혹은 그의 미묘한 톤을 부적당하게 크거나 극적으로 읽었을 것이다. 슈토름은 자신이 떠난 나라를 빈정대는 어투로 비웃었던 하이네 Heinrich Heine가 아니었다. 슈토름은 확실히 1960년대의 혁명가가 이해하기에는 어려운 감정적인 방식으로 자신의 조국이나 가족들과 연결되어 있었다.

이 시기의 첫 번째 비판적 목소리들 중 하나는 1958년 베트거 Fritz Bottger로부터 나왔다. 그의 작품은 무엇보다도 『임멘호』를 비평하는 데서 큰 전환점이 되었는데, 그 이유는 그가 이 중편소설을 제목을 포함하여 하나의 전체로 보았기 때문이다. 이 작품에 대한 그의 견해를 완전하게 이해하기 위해서는 그가 동독 German Democratic Republic의 독일어학자였다는 점을 알아야 한다. 또한 그의 새로운 접근법은 그 발전의 배경을 근거로 해서 보아야 한다. 제3제국 기간의 비평에서처럼 베트거의 해석은 하나의 기본적인 정치적 개념과 목표를 따랐고 독일 중편 소설의 역사를 혁명의 역사의 배경과 부르주아적 삶의 극복에 대비해서 보았다.

베트거의 저서 『그의 시대에서의 슈토름 Storm in seiner Zeit』은 작가가 그와 그의 가치체계를 형성한 정치·사회적 힘의 산물로 보여지는 문학연구의 새로운 방향을 강조하고 있다. 이것은 단순히 작가의 개인적 삶을 이해하는 열쇠로 보는 것보다 더 복잡하며, 이러한 종류의 분석의 결과는 어떻게 한 작가가 그 시대의 산물인가에 대한 관점을 제공하고 있다.

베트거는 그의 저서에서 19세기에 『임멘호』의 성공적인 결과와 분명한 부르주아적 캐릭터 사이의 관련성을 검토하였는데, 슈토름은 그 속에서 동시대의 많은 독자들이 자신들의 운명을 인지하는 전형적인 부르주아적 상황(사랑보다는 물질적 안정을 위한 결혼)을 제시하고 있다.[83] 19세기의 딜레마를 드러내는 이 작품은 한편으로는 자유로운 파트너 선택의 혁명적 이상과 다른 한 편으로는 지속적이고 일상적인 삶을 위한 필요의 논쟁 사이에서 망설이는 젊은이의 내면을 노출시켰고, 그 결과는 종종 살 수도 죽을 수도 없는 사랑의 고통스러운 경험을 가져다 주었다.[84] 이 작품의 특이한 요소는 슈토름이 부르주아들이 자신들의 이상과 젊음의 행복을 어떻게 파괴하는가를 낭만적 회상의 톤을 유지하면서 현실적으로 묘사한다는 점이다. 이 작품에서는 부르주아의 삶의 스타일로 씌어진 미와 우월감이 쇠퇴하는 슬픔을 엿볼 수 있다. 베트거는 "나의 어머니는 그것을 원했습니다 Meine Mutter hat's gewollt"라는 곡은 모든 것을 설명해 주고 있다고 언급하고 있는데, 이것은 엘레자베트가 어머니의 소망을 따르고 남자친구의 마음은 따르지 않기 때문이다. 『임멘호』라는 제목은 또한 엘리자베트가 그곳에서 살게 되고 자연스럽게 자신의 어머니와 재정적으로 안정된 가정에서 함께할 것이기 때문에, 물질적인 안정을 위한 결혼을 승락한 어머니의 동기를 들여다보는 직관을 제공하기도 한다.[85] 베트거는 또한 슈토름이 호칭한 대로 개별적

83) Vgl. Fritz Böttger: Theodor Storm in seiner Zeit. Verlag der Nation, Berlin 1978, S. 121.
84) Vgl., Ebd., S. 122.

인 장면들이나 그림들은 목가적이며 멈추어진 시간에 대한 작가의 그리움의 표현이라고 주장하고 있다. 그는 이 작품의 배경이 된 실제적인 삶의 사건들에 대해 언급하지만 슈토름은 실제로 연애사건에 있어서는 매우 단호하였으며, 체념을 좋아하지도 않았고 에너지가 넘치는 행동을 선호하였기 때문에, 라인하르트가 슈토름 자신으로 규정될 수는 없다는 점을 지적하고 있다. 라인하르트는 슈토름이 창조해 낸 내성적인 비더마이어, 즉 지적인 부르주아로 문학적으로는 하인리히 폰 오푸터딩엔 Heinrich von Ofterdingen의 후예이며 슈티프터 Adalbert Stifter의 중편소설에 등장하는 부드럽고 여성적인 젊은 남자와 동류의 인물로 보고 있다.

베트거는 슈토름이 『임멘호』에서 자신의 시대적 상황을 시적인 형식으로 반영했다는 논증으로 결론을 내린다. 이 작품은 진보적인 이상이 부르주아적인 사고로 만들어지기 전인 1840년 이전을 언급하며 부르주아적 이상과 부르주아적 관행 간의 모순을 창출해 내고 있다. 부르주아 문학적 특성은 자신의 이상적 목표를 포기하고 구세력에게 머리를 숙이는 경향을 보인다. 1848년의 성공하지 못한 혁명이 비슷한 상황으로 흘러가자, 이 작품은 혁명 이후 시기에 대한 반영으로서의 이미지가 되고 있다.[86] 이 작품은 비더마이어로부터의 침체시기를 그 시대 부르주아의 얼굴 모습을 보여주는 19세기 후반부의 부르주아 리얼리즘과 결합시키고 있다.

베트거는 작품의 해석에 있어서 새로운 관점과 시각을 열어 놓았

85) Vgl., Ebd., S. 123.
86) Vgl., Ebd., S. 125.

으며 중편소설에 신선한 통찰력을 주고 있다. 또한 이 작품이 구조적으로 열려 있고 내용이 거의 공허하다는 점으로 인해서 다양한 접근법을 수용할 수 있다는 점을 보여주고 있다. 비록 1858년부터 영국에서 이 작품이 번역 및 출판되기는 했지만 1959년까지 슈토름의 『임멘호』에 대한 논평, 비평, 번역 및 논의는 주로 미국과 독일에서 일어났다. 앤드류스 J. S. Andrews(1959)는 이 작품이 영국시장에 진출한 방법에 대해서 설명하고 있다. 1858년의 첫 번째 영어 번역은 부정확했으며 스토리의 중요 부분에 누락이 있었고 그로 인해서 그 분위기를 파괴시켰다고 주장하고 있다. 클라크 Helene Clark의 1863년 판은 이 작품을 보다 잘 알리게 되었지만 유명세를 타지는 못하였다. 1881년에는 클로스 장정의 보다 매력적인 판본이 출판되었지만 또 다시 번역이 원본의 분위기를 손상시켰다. 이 영어 번역본과 그 이전의 번역본들도 큰 주목을 받지는 못했다. 1895년에 한 영국 학교에서 판본의 『임멘호』가 출간되었는데, 이는 편집자 로버트슨 John G. Robertson에게서 호의적인 논평을 받았다. 특히 그는 슈토름을 "진지한 북유럽인"으로 보았으며 이 작품을 "그의 호의적인 장르인 회상 소설의 일례"로 보았다. 앤드류스는 슈토름이 1857년 이후 영국에서 "적어도 비평가와 문학 평론가들" 사이에서 알려졌지만 그들에세 "그는 단 한 권의 책의 저자였고" 그의 인기는 『임멘호』가 빅토리아 시대의 대중에게 가져다준 "특별한 매력"에서 기인한다는 관찰로 결론을 내리고 있다.

1961년 서독의 학자 볼 Friedrich Boll은 『당시 한 아이로서의 테오도르 슈토름 Theodor Storm, ein Kind seiner Zeit』이라는 제목의

논설을 썼는데, 그는 여기에서 슈토름이 그 자신의 시대에서는 정치적, 사회적, 철학적 성향의 관계를 충분히 이해하지 못했다는 베트거의 의견을 인용하였으며,[87] 슈토름의 발전에 영향을 미친 문학, 철학, 종교, 역사 및 과학의 힘을 설명하고 있다. 물론 그는 슈토름의 특정한 작품을 논의하지는 않지만 슈토름의 작품들 전체가 재평가될 필요가 있다는 점을 명백히 밝히고 있다.

슈토름에 대한 볼과 베트거의 논설과 저서는 새로운 각도에서슈토름에 대한 연구의 물줄기를 만들어 놓았다. 학문적 관점에서 접근하는 문학, 철학, 예술, 음악, 종교, 심리학 및 역사와 같은 분야의 통합은 비교문학에 대한 배경이 부족한 독일문학자들에게 쉽지 않았지만, 그러나 가능성이 있는 측면의 통합은 특정 분야의 이해를 더욱 향상시킬 수 있었고, 다수의 학자들이 동일한 분야에서 서로 다른 통찰력을 가지고 접근하다 보면, 보다 광범위하고 복잡한 요소들이 도출되기도 하였다.

동독과 서독에서 새로운 세대의 비평가들이 나타나는 동안, 미국의 학자들은 슈토름의 『임멘호』에 대해 이전과 변함없이 보다 전통적인 견해를 유지하고 있었다. 베른트 Bernd가 1961년에 쓴 글은 이 작품의 일시성의 느낌, 특히 경험과 극복 간의 긴장에 대해서 다루고 있으며, 자신보다 먼저 다른 비평가들이 전개한 보다 단순한 발상들을 훌륭하게 전개시켜 이러한 묘사 속의 긴장이 가지고 있는 기능의 세부적인 부분을 보여주고 있다. 이 작품의 구조는 일시성의

87) Vgl. Karl Friedrich Boll: Theodor Storm, ein Kind seiner Zeit. Schriften der Theodor-Storm-Gesellschaft 10, Berlin 1971, S. 9.

경험에 대한 세 부분의 과정을 묘사하고 있다. 즉 서술자는 일시성의 느낌에 고통을 받고, 자신의 삶을 생생하게 기억함으로써 이를 극복하며, 마지막으로 강력한 기억들이 희미해지면서 다시 한 번 고통을 받는다. 이 작품의 중요한 부분은 행복한 어린 시절의 기억을 상기시켜서 우울한 현실로부터 안전한 안식처를 창조하기 위해 다시 체험할 수 있다는 것을 보여주고 있다. 특히 베른트는 일시성의 주제의 중심을 이 작품의 지속적인 인기에 대한 다른 가능한 이유로 보았는데, 이것이 바로 이 작품의 보편적인 주제가 되었다.

많은 비평가들이 『임멘호』를 사랑 혹은 잃어버린 사랑의 중편소설로 불렀지만, 마르티니 Fritz Martini는 저서 『시민적 사실주의에서 독일문학 Deutsche Literatur im bürgerlichen Realismus』에서 1962년 처음으로 이 이 작품은 관능적인 요소를 지니고 있으며 이는 슈토름의 시대에 독자들을 매혹시켰고 받아들일 수 없는 토론 주제를 대표한다고 주장하였다. 그에 따르면 『임멘호』는 독자를 행복한 유년기에서 체념과 고통의 결말로 몰고 가며, 그 과정에서 잠재의식적이고 절제된 관능적 열정이 수반된다고 언급하였다.[88] 이 작품에서 슈토름이 성공을 거둔 것은 에로티시즘과 체념에 관한 그의 소극적인 관념과 시간에 대한 취향을 여기에 얼마나 반영하고 있는가를 보여주는 것이다[89]. 1960년대에 독일 독자들은 성적인 혁명의 시작을 맞이하고 있었으며, 그 혁명은 문예비평 분야에도 파급되었다. 비평가들은 이제 공개적이고도 자유롭게 성적인 함축성을

88) Vgl. Fritz Martini: Deutsche Literatur im bürgerlichen Realismus 1848-1898. Epochen der deutsche Literatur. V, Metzler Verlag, Stuttgart 1972, S. 638.

89) Vgl. Fritz Martini: Deutsche Literatur. a.a.O., S. 638-639

토론하였고, 중편소설에 얼마나 많은 에로티시즘이 있는가 하는 것은 독자의 판단에 맡기게 되었다. 물론 이것은 은닉되어 있어서 상징적 장면에서만 볼 수 있기 때문에, 이것을 찾기가 매우 힘들다는 것이 바로 마르티니가 설명하고자 하는 부분이었다.

맥하피 M. A. McHaffie와 리치 James M. Ritchie는 비록 영국 학자들이었지만 『임멘호』에 대한 그들의 비평은 미국과 독일인들에게 많은 영향을 미쳤다. 침묵의 저주에 대해 1962년 그들이 쓴 글을 보면, 이 작품의 스토리가 훌륭하다거나 혹은 엄청난 반감을 일으키고 있다는 두 가지 다른 반응을 독자로부터 끌어내기 때문에 이 작품에 대해 성공적인 조사는 이루어지지 않았다고 주장하고 있다. 그들은 주인공이 침묵을 하는 측면에 대해 논의를 하는데, 논의의 핵심은 사랑하는 연인들이 왜 자신들의 감정대로 행동하고 자신들의 운명을 바꾸지 않았는가에 대한 해답을 찾으려고 노력했다는 점이다.[90] 그들은 침묵의 이유와 그로 인한 수동적 피동적 상태가 "이야기 밖에 있으며" 이는 "슈토름의 개인적인 체험의 산물", 즉 경험이라고 결론짓고[91], 나이가 많은 남자와 어린 여자 간의 관계의 사악함으로 되돌아간다고 주장하고 있다. 결과적으로 맥하피와 리치는 이 작품을 "성적인 의미를 내포하고 있으며, 통속적이고 기교한 감상적 쓰레기와 거장다운 기법의 비범한 혼합"이라고 칭하고 있으며,[92] 이 작품이 통속적이고 천박하여 다른 비평가들의 반향을 불러

90) Vgl., James M. Ritchie and M. A. McHaffie.: Bee's Lake, or the Curse of Silence: A Study of Theodor Storm's Immensee, German Life and Letters 16, 1986, New York, S. 44-45.

91) Vgl., James M. Ritchie and M. A. McHaffie: a.a.O., S. 47.

일으키지 못한다고 주장하고 있다.

맥하피와 리치와는 반대로 베트베르크 Lloyd Warren Wedberg는 이 작품을 통속적인 작품으로 분류하지 않았다. 그는 외로움을 주제로 한『슈토름 단편에서의 외로움의 주제 The Theme of loneliness in Theodor Storm's Novellen』라는 저서에서 슈토름을 수동적이고 감상적인 작가라는 오명에서 풀어주려는 시도하였다. "베트베르크는 외로움은 끊임없이 그 길을 통해 빠져 나가는 경험이며 슈토름의 작품은 따라서 연구해 볼 가치가 있는 주제라고 밝히고 있다."[93] 그는 슈토름의 삶 속에서 그의 마음을 형성한 경험들을 분석하고, 정신적 외로움에 의해 야기된 상태에서 슈토름은 물리적으로 외롭고, 우울한 사람이었다고 주장하고, 이후에 다른 일들보다도『임멘호』의 논의에 몰두하는데, 이것은 그에게 외로움과 물리적이고 정신적인 측면들과의 관계를 가장 잘 보여주는 것으로 볼 수 있다.[94] 베트베르크는 논의의 끝부분에서 물리적으로 혼자라는 것을 정복한다는 것은 오래 지속되지 못하며, 그 동반자인 정신적 외로움은 라인하르트의 삶에서 중대한 역할을 한다. 그리고 사랑을 위해서, 외로움을 완전히 정복하기 위해서, 상호간에 충실해야 한다는 결론을 맺고 있다.[95]. 그는 소극성과 체념으로 받아들여지는 것은 실제로는 정신적

92) Vgl., James M. Ritchie and M. A. McHaffie: a.a.O., S. 48.

93) Wiebke Strehl: Theodor Storm's Immensee. a.a.O., S. 55. "Wedberg shows that loneliness is an experience that threads it's way unceasingly through Storm's works and is therefore a subject worty of investigation."

94) Vgl. Lloyd Warren Wedberg: The Theme of loneliness in Theodor Storm's Nonellen. Studies in German Literature 1. Mounton & co., The Hague 1974, S. 83.

95) Vgl. Ebd., S. 86.

외로움의 결과라는 점을 명확히 했다. 즉, 외로움의 문제는 필연적으로 활동과 비활동을 모두 아우르는 지배적인 힘의 기저에 나타나는데, 이는 1848년 이후 슈토름에게 영향을 미친 것으로 볼 수 있다.

베트베르크는 슈토름의 작품에 보다 완전한 이해를 제공하며 "슈토름의 인격과 저작에 너무나 안이하게 적용된 단순화를 떨쳐 버리는 데" 도움을 주었으며, 부수적으로 자신의 연구에 비문학적 분야인 심리학의 지식을 적용하였다.[96]

맥코르믹 Allen McCormick은 1964년 슈토름 연구가 특정한 지점에 도달했다는 것은 새롭다고 말할 수도 없으며 아직도 슈토름과 그의 문예 기법에 관한 책을 쓰고 있음을 암시하였다. 그는 슈토름의 이미지가 상당히 "안정적이며, 그의 소설적 성취 문제에 관한 우리의 추정은 새로운 발견의 약속보다는 예상 밖의 취향의 변화와 비평적, 역사적 주안점의 변화와 전환에 더욱 영향을 받는다."고 주장하였는데, 이것은 불합리한 표현이다. 정확히 말하자면 새로운 읽을거리를 만들어내는 것은 비판적이며 역사적인 다른 취향과 변화인 것이다. 그는 슈토름이 "자신의 비더마이어적 태도에 대한 예술적 표현, 그리고 시적 관심의 개별적 순간을 포함하는 노벨레에 대한 자신의 초기 개념"이 되기까지 자신의 작품을 얼마나 성실하게 작업하고 개정했는지를 보여주기 위해 이 작품의 두 가지 버전에 대해 논하였다.[97] 그는 슈토름이 "내부의 행동을 통해 서로 연결된

---

96) Vgl. Ebd., S. 159.

97) Vgl., Allen E. McCormick: Theodor Storm's Novellen, Essays on Literary Technique. Studies in the Germanic Languages and Literatures 47. Chapel Hill: University of North Carolina Press, 1984, S. 3.

일련의 단일 상황들 또는 장면들을 창조하는 자신의 목표를 추구하며 지녔던 일관성"을 보여준다는 점을 지적하고, 『임멘호』에 대한 마지막 장에서 귀중한 비교점을 제공하고 있다.

슈토름의 『임멘호』는 독일학교에서 대중적인 읽기 교재로 사용되었으며, 이것은 1966년 크뤼거 Fritz Krüger의 도서가 되기에 이른다. 크뤼거는 교실에 슈토름의 선별된 중편소설들을 배열케 하고 교사들에게 슈토름의 삶과 작품에 대한 소개를 한 뒤에 개별 작품들을 다루게 하였다. 크뤼거는 작가의 여러 인물들의 특성을 그의 북부 독일의 배경과 그의 고향과 그리고 문학 작품을 연결시키려고 하였다. 이것은 잘못된 것은 아니지만 그는 고정관념이 상상의 장면에 그림자를 드리우거나 왜곡되지 않도록 하기 위해 조심스럽게 논의하고 처리할 필요가 있다는 것을 경고하고 있다.

그는 저서 『학교의 과제물 Aus der Arbeit der Schule』에서 『임멘호』는 상급수준의 학생을 위한 교과과정의 일부가 되었고, 종종 여학교에서 선택되곤 하였으며, 김나지움 Gymnasium 6학년 수업(미국 고등학교 10학년에 해당)에서도 다루도록 권장되었다.[98]고 지적하고 있다. 학생들은 엘리자베트가 라인하르트와의 약속을 깨뜨렸기 때문에, 그 결과로 인해서 괴로워하고 있다고 인식하고 있다. 크뤼거는 또한 이 중편소설이 비록 낭만주의에 뿌리를 두고 있지만, 1966년까지 지속되었던 19세기의 경향을 반영한다는 것을 학생들이 염두에 두도록 권고하였다. 크뤼거에게 있어서는 학생들이 이 작품

---

98) Vgl. Fritz Küger: Aus der Arbeit der Schule. Die Werkstatt der höheren Schule. Theodor Storm. Mathiesen Verlag, Lübeck 1976, S. 15.

의 언어와 이에 수반되는 작문 연습을 하는 것이 문학적 논의보다 더 중요한 것이었다. 또한 대부분의 학생들은 영화 각색의 존재를 알고 있었기 때문에 『임멘호』의 영화버전을 만드는 것에 대해 어려움을 논의하였다.[99] 이러한 『임멘호』에 대한 논의는 젊은 사람들이 어떻게 슈토름에게 접근하며 슈토름에 대해 그들이 갖는 이미지가 어떻게 형성되는가를 보여주는 것이다.

1966년 후줌의 신문 「후줌의 소식 Husumer Nachrichten」은 『임멘호』의 실제 상황에 대한 기사를 썼는데, 당시 후줌에서 슈토름 하우스 Storm-Haus의 큐레이터인 라게 Karl Ernst Laage는 늙은 라인하르트가 엘리자베트에 대한 자신의 사랑을 회상하는 집은 후줌에 있는 슈토름의 증조부의 집이며, 그 집은 1897년에 허물어졌다고 기록하고 있다. 이 기사는 이야기에 등장하는 호수의 위치나 숲의 위치를 언급하지 않고 독자로 하여금 그 장면들이 독일 북부의 어디쯤에 있는지 혹은 남쪽에 있는지 많은 주장과 함께 궁금증을 유발시키고 있다. 이 기사는 단지 독자들이 늘 알고 있었던 대로, 슈토름이 실제 인근 지역에서 영감을 받았다는 것을 증명할 뿐이다.[100]

1967년은 슈토름의 탄생 150주기로서 후줌에서는 심포지엄이 열리고 지역신문에 증보판이 발간되었다. 이 증보판은 슈토름의 삶과 작품, 정치적 견해, 판사로서의 경력, 작품 속에서 현실과 시의 관계, 현 연구에서 그의 위치, 그의 성가대, 그리고 그의 가장 유명한 작

99) Vgl. Fritz Küger: Aus der Arbeit der Schule. a.a.O., S. 24.

100) Vgl. Karl Ernst Laage: Schauplatz der Novelle 『Immensee』. Husumer Nachrichten 151, Husum 1966, S. 15-16.

품인 『임멘호』에 대해 기술하고 있다. 그리고 마오찌뚱이 슈토름의 작품들 특히 이 작품의 열렬한 팬이었으며 자연에 대한 설명을 특히 좋아했다고 보고하고 있으며, 일본인들 역시 슈토름을 사랑하고 그 자신은 1944년 『임멘호』를 처음 읽었으며 깊은 감동을 받았다고 동경의 키혼 대학 Kihon University의 독문학자인 고키타 Hiroshi Gokita 교수는 보고한다.[101] 1967년 독일어를 공부하는 대부분의 일본 학생들은 이 작품을 읽었는데, 이 작품이 그들에게는 여전히 매력적이었다는 점이다. 고키타 Gokita의 학생들은 엘리자베트가 너무 수동적이라고 느끼지만, 예전과 달리 일본 여인들 사이에는 옛날의 단정함이 존재하지 않는 것이 여전히 유감이라는 것이다.

한편 키일 Kiel의 신문인 「키일 소식 Keiler Nachrichten」은 전세계에서 온 학자들의 중대한 발표들이 슈토름 연구에 새로운 촉진제를 제공할 수도 있다는 기사를 실었다. 미국의 독일어학자인 실츠 Walter Silz는 『임멘호』에 대해 독일어를 공부하는 학생들 사이에 잘 알려져 있고 많이 사용된 텍스트라고 언급했고, 무수히 많은 미국 논문들이 슈토름에 대해 쓰여 졌다고 주장하였다.

그는 또한 1930년대와 1940년대에 교사들이 보다 많은 읽기 교재를 요구할 때까지는 슈토름에 대한 연구가 진지하게 발전하지 않았는데, 결국은 『임멘호』가 교실의 학생들로부터 효과적으로 이동하여 교사와 학자들에게로 돌아갔다고 지적하고 있다.[102] 도쿄의 다카하시 Takahashi 교수는 슈토름의 작품은 괴테, 하이네, 헤세 그리고

101) Vgl. Wiebke Strehl: Theodor Storm's Immensee. a.a.O., S. 57.
102) Vgl., Walter Silz: Storm-Forschung in den Vereinigten Staaten. Schriften der Theodor-Storm-Gesllschaft 17. 1988, S. 41-46.

토마스 만과 함께 가장 많이 읽힌 독일 작가들의 무리에 속한다고 말했다. 슈토름의 대부분의 작품이 일본어로 번역이 되었으며, 『임멘호』는 가장 인기가 있었고 그 외에도 15가지의 다른 번역본이 나왔다. 그는 또 일본에서의 슈토름 연구는 여전히 초기 단계에 머물러 있다고 말했다. 미국의 학자인 베른트 Clifford A. Bernd는 하이제와 슈토름 사이의 관련성에 관해 책을 출판할 계획이라고 언급하였는데, 이는 이들의 작품을 이해하는데 있어서 새로운 계기를 마련해주는 하나의 시발점이 될 것이 분명했다. 분명한 것은 위에서도 언급하였듯이 이 작품이 1960년대에도 여전히 얼마나 많이 읽혀졌고 또 연구되어졌는가를 명확히 알 수 있다.

슈토름에 관한 의견을 교환할 수 있는 중앙의 장소와 조직을 제공하는 「슈토름 협회 Storm Gesellschaft」의 큐레이터였던 라게는 1968년에 슈토름과 그의 고향 후줌과의 관계에 대해 쓴 글에서, 슈토름의 친구인 폰타네에 의해 처음 붙여진 명칭인 향토시인 Heimatdichter으로서의 슈토름의 개념을 성공적으로 설명하였다. 라게는 슈토름이 그의 대부분의 중편소설들을 친근한 고향마을을 배경으로 설정했지만 그럼에도 불구하고 후줌의 부르주아적 세계로부터 거리를 유지했다는 점을 지적하고 있다.[103] 이러한 거리감은 이미 이 작품에서 물질적으로 부르주아적 성향을 지닌 어머니가 자신의 딸을 사랑이 없는 에리히와의 결혼으로 몰아갈 때 이미 나타나고 있음을 발견할 수 있다. 라게는 슈토름이 예술가이자 비현실적인

103) Vgl. Karl Ernst Laage: Theodor Storm und seine Vaterstadt: Ein Beitrag zum Neuverständnis des Dichters. Schriften der Theodor-Storm-Gesellschaft 17, Husum 1968, S. 19-20.

인물이며 사회의 일부가 아닌 라인하르트의 입장에 서있다고 믿고 있다. 라인하르트는 우리에게 부르주아가 아닌 현실 밖의 긍정적 이미지를 줌으로써 부르주아 세계에 대한 잠재적인 비판을 가한다.[104] 또한 라게는 슈토름의 작품들이 그의 고향과 너무 밀접하게 관련되어 있기 때문에, 많은 비평가들이 작품의 비판적인 관점을 보지 못한다고 주장하고 있다. 그러나 일단 비평가들이 이러한 지리적 제약을 초월하여 보게 되면 슈토름은 향토시인으로서 일축될 수 없을 것이다. 왜냐하면 사실 그의 작품들은 단순히 그의 고향을 묘사한 중편소설 이상이었기 때문이다.

동독 출신의 독문학자인 골트아머 Peter Goldammer는 1968년 슈토름 관한 저서 『슈토름. 삶과 작품의 입문서 Theodor Storm. Eine Einführung in Leben und Werk』를 출판했다. 이 저서에서 그는 『임멘호』가 1848년 혁명이 실패한 후 많은 부르주아 멤버들이 느꼈던 무기력감을 반영한다는 자신의 동료 베트거의 견해에 동의하는데, 사실 그러한 감정적 어조는 1848년 이후 전체 사회 계급의 삶에 대한 태도를 대변하고 있다. 물론 이 작품의 스토리 내에 여러 주관적이고 서정적인 순간들이 있기는 하지만, 슈토름은 어떤 측면에서 보면 사건을 진실되고 공정하게 서술하고 있다고 할 수 있다.[105] 작품에 대한 그의 해석은 모든 역사가 혁명과 그 결과의 역사라는 믿음에 명확하게 기인하고 있다는 점이다.

벨가르트 Raimund Belgardt는 비평가로서 1969년에 쓴 『존재 문

104) Vgl. Ebd., S. 21.

105) Vgl. Peter Goldammer: Theodor Storm. Eine Einführung in Leben und Werk. Universalbibliothek 400, P. Reclam, Leipzig 1968, S. 68-69.

제로서의 시인정신 Dichtertum als Existenzproblem』이라는 저서에서 라인하르트의 침묵과 엘리자베트의 수동성을 설명하려고 시도하였다. 그는 라인하르트의 침묵은 바로 시인의 자질 Dichternatur을 지녔기 때문이라고 언급하고, 엘리자베트의 수동성은 그녀의 성격의 일부가 아니라면 라인하르트의 행동에 대한 반응이라고 주장하고 있다.[106] 예술가인 라인하르트는 다른 사람들과는 좀 다른 면이 있으며 사랑과 삶에 대한 그의 태도 또한 다른 사람들과 같지 않다. 벨가르트는 라인하르트가 사랑의 대상으로서 엘리자베트에게 관심이 없고 오히려 그녀의 순수한 아름다움이 그에게 주는 시적 영감에 관심이 있음을 보여준다고 지적하고 있다. 라인하르트는 예술가이기 때문에 그녀를 아내로 선택하지 않고, 그의 행동은 깊은 내면으로부터 온 것이라 이성이나 논리로도 설명이 되지 않는다.[107] 그는 엘리자베트에 대한 사랑을 표현하지 않고 오히려 자신의 감정을 "시화하고, 양식화하고, 신비화하는"[108] 예술적인 마법에 걸린 것처럼 보인다. 결국 라인하르트는 낙담하고 자포자기한 사람으로 변모되지 않는다. 그래서 벨가르트는 그를 "잔혹한 몽상가"[109]라 부르고 있다.

라인하르트는 그의 시와 노래가 지속될 것이라는 것을 알고 있으며, 엘리자베트가 가능하게 만든 미적 경험에서 어떤 개인적인 행복

---

106) Vgl. Reimund Belgardt: Dichtertum als Existenzproblem: Zum Deutung von Storms 『Immensee』, Schriften der Theodor-Storm-Gesellschaft, Michigan 1989, S. 77.

107) Vgl. Ebd., S. 81.

108) Vgl. Ebd., S. 82. "poetisiert, stilisiert, mystifiziert."

109) Vgl. Ebd., S. 81. "brutaler Schwärmer"

을 발견한다. 그는 비록 자신의 삶을 지적이고 심미적인 존재로 제한다 하더라도 그 자신의 운명과 과거로부터의 존재는 평화롭다고 할 수 있다. 벨가르트는 슈토름이 『임멘호』에서 인간생활의 깊은 문제들을 예술적인태도로 본다고 자신의 관점을 피력하고 있다.

라인하르트가 마지막에 평화를 찾는다는 개념은 난폭하고 지배적인 남성들이 더 이상 강하게 보이는 것이 아니며 더 이상 긍정적인 특성이 아니라는 1960년대의 성향에서 영향을 받은 완전히 새로운 관점으로 볼 수 있다. 벨가르트는 라인하르트와 엘리자베트의 외로움에 대한 논리적인 설명을 제공하고, 그의 분석은 이 작품의 연구에 새로운 차원으로 접근하고 있다.

로거스 Terence John Rogers는 엘리자베트와 라인하르트의 외로움의 본질에 대해 벨가르트의 견해에 동의하지 않는다. 로거스는 라인하르트가 엘리자베트에 대해 그들의 초기 우정이 시작된 이후로 깊은 감정을 지니게 되었다고 생각하고 있다. 엘리자베트가 에리히를 그녀의 남편으로 선택한 이유는 라인하르트와의 이별과 그 후의 소외가 원인이라는 것이며, 그러한 이유는 라인하르트와 엘리자베트가 서로 강렬한 관계를 맺고 있다는 사실에 내재한다. 그들이 서로 떨어져 있는 것은 그들이 어떤 일을 하기 때문에 혹은 그들에게 어떤 일이 생겼기 때문이 아니라, 그들이 어떤 사람들이냐 하는 것 때문이다.110) 로거스는 "라인하르트와 엘리자베트가 별스럽지 않고 매우 평범한 사람들"이고 그들은 우리가 문학적인 인물들이 행동할

110) Vgl., Terence John Rogers: Techniques of Solipsism. A Study of Storm's Narative Fiction. Modern Humanities Research Association Dissertation Series 1. Cambridge: Modern Humanities Research Association, 1970, S. 16.

것으로 생각하는 방식으로 하는 것이 아니라 평범하게 행동한다고 생각한다. 이는 "슈토름이 보는 바와 같은 인간 한계의 힘"이이라고 할 수 있다. 슈토름에게 있어서 외로움은 자연스럽고 정상적인 존재의 조건이었다. 그럼에도 불구하고 슈토름은 인간이 이러한 상태에서는 완전한 인간일 수 없다고 생각한다.

로거스는 또한 틀의 중요성에 대해 언급하였는데, 그에 의하면 틀은 "세 가지의 관련 객체들인 서술된 것, 서술자, 그리고 독자 사이의 '실제' 관계를 수립하고 있다. 그는 슈토름이 독자들로 하여금 무슨 일이 일어나고 있는지 혹은 인물이 어떤 상황에서 어떻게 반응하는가를 완전하게 볼 수 있게 하지 않는다고 언급하고 있다. 『임멘호』는 일련의 개별적 지점들처럼 읽히는데, 독자들은 이 지점들을 연결하여 자신만의 연속된 선을 창조해야 한다는 것이다.[111] 로거스는 이것이 슈토름의 가장 자연스럽고 잠재의식적인 창작 방법이며 그로 인해 그는 자신의 믿음과 삶에 대한 자세를 표현할 수 있었다고 주장하고 있다.

슈스터 Ingrid Schuster는 1971년 저서 『슈토름. 그의 단편소설의 시대비평적 의의 Theodor Storm. Die zeitkritsche Dimension seiner Novellen』에서 『임멘호』를 포함한 슈토름의 중편 소설에서 세 가지 서술적 측면을 분석했고 이를 통해 작가의 의도와 일치할 수 있는 구조적 의미를 찾으려고 시도하였다. 그녀는 각각의 서술적 측면에 대해 논의했는데, 하나는 이 작품을 쓸 때의 측면, 그리고 다른 하나는 영원하고 보편적인 진실한 측면이다. 『임멘호』는 어조와 갈등

---

111) Vgl., Terence John Rogers: Techniques of Solipsism. a.a.O., S. 131.

에서 낭만주의 시대를 반영하지만 낭만적 전통이 아닌 곳에서 그 해결책을 찾고 있다. 그녀는 벨가르트와는 달리 라인하르트가 결국에는 엘리자베트로부터, 부르주아로부터 그리고 실생활로부터 고립된 것을 후회한다고 지적하고 있다.112) 이 같은 근거는 비록 1848년 무렵 슈토름의 산문이 그 시대에 관한 언급을 거의 포함하지 않지만, 그럼에도 불구하고 그의 작품들은 슈토름으로 하여금 예술가가 시민계급과 일상생활로부터 분리될 수 없다는 것을 깨닫게 하는 슐레스비히-홀스타인의 불안한 정치적 상황에 기인하고 있다는 점이다.113) 특히 현실을 자신의 작품 속에 담아서 이를 보다 시사와 관련시키고 효과적으로 만드는 것이 그의 의무였다. 이 작품은 슈토름의 그러한 방향으로 진행되는 첫 번째 단계의 작품이라 할 수 있다. 따라서 슈스터는 예술과 부르주아의 존재는 상호의존적이지만 양립할 수 없다는 보다 전통적인 해석을 믿고 있다.

장 Jürgen Sang은 『슈토름의 작품에서 현실통합의 해체 Die Auflosung der Wirklichkeitseinheit bei Theodor Storm』라는 1971년의 저서에서 숲속의 고독 Waldeinsamkeit이 엘리자베트에게 무서운 것으로 받아들여지고 라인하르트에게는 아름답고 예술적인 영감을 주는 것으로 받아들여질 때부터 라인하르트와 엘리자베트가 서로 얼마나 다른 시각을 가지고 있는가를 지적하고 있다.114) 물론 두

112) Vgl. Ingrid Schuster: Theodor Storm. Die zeitkritische Dimension seiner Novellen. Studien zur Germanistik, Anglistik und Komparatistik 12, Bouvier Verlag, Bonn 1971, S. 8.

113) Vgl. Ebd., S. 9.

114) Vgl. Jürgen Sang: Die Auflösung der Wirklichkeitseinheit bei Theodor Storm. Schriften der Theodor-Storm-Gesellschaft 20, München 1981, S. 54.

사람의 의사소통 문제는 그들의 삶에서 일시적인 헤어짐으로 인해서 악화되었지만, 그들은 함께 있을 때조차도 자신들의 감정을 표현하지 않았고 그 결과로 서로간의 간격은 더욱 벌어지게 되었다. 『임멘호』에서의 침묵은 말이 필요한 상황에 대한 정상적인 반응이다. 입 밖으로 표현하지 않는 말과 감정으로 인한 긴장감은 두 사람에게 부담감이 되고, 결국 그들은 자신들의 현실을 주고받지 못하고 과거를 회상한다. 이러한 감정적인 고통 속에서도 그들은 서로를 묶어 줄 수 있는 상호간의 감정과 묘안을 찾을 생각을 하지 않는다.[115] 장은 어떻게 해서 "지적인 논의"[116]가 이 작품의 인물들에게서 사라졌는가를 지적하면서 그 이유는 그들이 개성이 없고 수동적이기 때문이라고 주장하고 있다.

저명한 슈토름 평론가인 베른트 Clifford Bernd는 특히 분위기 Stimmung를 강조하고 있다. 그는 『임멘호』에서 유년기의 행복을 잃어버린 것에 대한 고통의 소리에서 들을 수 있다고 말하고 있다. 그에 따르면 슈토름은 특히 그 자신의 우울감 Wehmut이 진정한 낭만적 지각이라는 관점에서 자신의 분위기 예술 Stimmungskunst에 관해 낭만주의에 의존하고 있다고 주장하고 있다. 『임멘호』에는 확실히 우울한 구조가 내포되어 있다. 노인은 제일 먼저 삶의 전환을 경험하면서 슬픔을 느끼고, 그 후 행복한 생각과 기억으로 이러한 감정을 극복하고, 마침내 그는 이러한 감정이 자신과 함께 사라져 버려 동일한 순간으로 소속된다는 것을 깨닫게 된다.

---

115) Vgl. Ebd., S. 57.
116) Vgl. Ebd., "geistige Auseinandersetzung"

V. 결 론

슈토름은 당시 대부분의 사실주의자들처럼 기독교적 내세사상을 부정하고 인간 존재와 삶을 현실에 한정시킴으로써 현재의 모든 존재는 시간이라는 제약을 피할 수 없다는 심오한 인식에서 체념적 비관주의에 빠지게 된다. 그는 인간이 의지할 수 있는 영속적인 것은 이 세상에 아무것도 존재하지 않고, 인간은 결국 고독하게 사라져가며, 그리고 모든 인간은 결국 잊혀지게 될 것이라는 생각을 늘 지니고 있었다. 슈토름이 유명하게 된 것도 젊은 시절의 이룰 수 없었던 사랑이야기를 다룬 이 작품이 고독과 외로움과 인생무상을 아름다운 자연과 풍물을 배경으로 하여 서정적 분위기를 고양시켰기 때문이다.

한 노인이 그의 유년 시절로 돌아가 젊은 시절의 첫사랑에 대한 순수한 추억을 서정적으로 노래한 이 작품은 틀 소설이라는 형식 속에서 회상기법을 통해 과거 자신의 세계를 재조명해보고 자신의 정체성을 찾으려고 시도하고 있다. 이러한 회상 속에는 노래와 시, 사물, 동물과 식물 그리고 자연이 총체적이고 아주 다양하게 구성되어 있다.

틀 속에서 주요인물인 라인하르트는 비실용적 성향을 지니고 있다. 그는 침착하고 현실적인 삶에 무관심하여 시민적인 계산이 존재하지 않으며 시를 쓰고 동화를 좋아하여 예술가로서의 성공만을 지향하는 동시에 환상적이고 낭만적인 인간으로 묘사된다. 그래서 그는 미적, 정신적 대상에 관심을 두고 능동적으로 추구하는 것이 아니라 감정에 사로잡혀 소극적이고 수동적으로 행동하는 인물이다. 엘리자베트는 수동적이고 소극적인 행동을 취하며 자기의 주장을 고집하기보다는 다른 사람의 말을 순진하게 따르고 일을 쉽게 체념하는 인물이다. 그녀는 평범하고 이성적인 시민의 전형이며 가족과 사회질서를 존중하기 때문에 자기 어머니의 간섭과 요구를 뿌리치지 못한다. 결국 그녀는 라인하르트의 비실용적이고 예술적면에, 그리고 에리히와의 실패한 결혼에 희생물이 되어 고통과 괴로움 속에서 살아가는 인물이다. 라인하르트와 매우 대조적인 에리히는 활력이 넘치고 유능하고 출세 지향적이다. 현실주의자인 에리히는 예술적 성향을 지닌 라인하르트와 조화를 이룬다는 것이 매우 어렵고 그와 대립될 수밖에 없다. 그는 많은 재산축적으로 인해 삶에서 물질적인 풍요로움을 누리는 데만 몰두하고 있을 뿐 인간으로서 자신의 정신세계나 내면적인 삶을 가치 있게 만드는 데는 전혀 관심이 없는 현실적이고 타산적인 인물이다.

또한 여기에서 살펴본 것처럼 당시의 문학가들이 『임멘호』에 대해 여러 측면에서 나름대로의 비평이나 견해를 밝히고 있는데, 이것은 이 작품을 보는 시각이 그들의 관점에 따라 다르기 때문에 서로 다른 해석이 나올 수밖에 없는 것으로 생각된다. 어쨌든 이 작품은 라인하르트와 엘리자베트의 순수한 사랑이야기를 주된 테마로 삼고 있지만, 결국에 가서는 시민 기업가와 교양시민 사이의 경쟁, 즉 예술을 추구하는 시민과 시민적인 기업가 사이의 경쟁에서 예술이 패배하고 출세지향적인 시민성이 승리함으로써 이 두 사람 사이의 결말은 비극적으로 종결된다. 또한 라인하르트가 가까운 거리에 있었으나 아무리 접근을 시도해도 거리가 좁혀지지 않는 수련은 쉽게 성취될 것 같으면서도 실제로는 잘 잡히지 않는 인간들이 추구하는 행복을 상징하는 것으로 볼 수 있다.

참고문헌

김종운 역: Damian Grant: Realism, 서울대학교 출판부, 서울 1985.

조창섭: 현실주의 독일문학, 서울대학교출판부, 서울 1994.

Belgardt, Reimund: Dichtertum als Existenzproblem: Zum Deutung von Storms 『Immensee』, Schriften der Theodor-Storm-Gesellschaft, Michgan 1989.

Bernd Lutz(Hrsg.): Metzler Autoren Lexikon, J. B. Metzlerische Verlagsbuchhandlung, Stuttgart 1986.

Boll, Karl Friedrich: Theodor Storm, ein Kind seiner Zeit. Schriften der Theodor-Storm-Gesellschaft 10, Berlin 1971.

Böttger, Fritz: Theodor Storm in seiner Zeit. Verlag der Nation, Berlin 1978.

Fasold, Reigna: Theodor Storm. J.B. Metzler Verlag, Stuttgart und Weimar 1997.

Freund, Winfried: Theodor Storm, J.B. Metzlersche Verlagsbuchhanlung, Stuttgart/Berlin/Köln/Mainz 1997.

Goldammer, Peter: Theodor Storm. Eine Einführung in Leben und Werk. Universalbibliothek 400, P. Reclam, Leipzig 1968.

Günther und Irmagard Schweikle (Hrsg.): Metzlerlexikon, J.B. Metzlerische Verlagsbuchhandlung, Stuttgart 1990.

Joachim Bark u.a. (Hrsg): Epochen der deutschen Literatur, Ernst Klett Schulbuchverlag, Stuttgart 1989.

Kohlschmidt, Werner Hildeburg: Theodor Storm-Eduard Mörike;

Theodor Storm-Margarethe Mörike. Mit Storms "Erinnerungen an Eduard Mörike." Schmidt Verlag, Berlin 1988.

Laage, Karl Ernst: Schauplatz der Novelle 『Immensee』. Husumer Nachrichten 151, Husum 1966.

Laage, Karl Ernst: Theodor Storm und seine Vaterstadt: Ein Beitrag zum Neuverständnis des Dichters. Schriften der Theodor-Storm-Gesellschaft 17, Husum 1968.

Laage, Karl Ernst: Das Erinnerungsmotiv in Theodor Storms Novellistik. In: Theodor Storm, Studien zu seinen Lebenu. Werke mit einem Hanschriften-Katalog. Erich Schmidt Verlag, Berlin 1995.

Ladendorf, Otto: Deutsche Dichter des neunzehnten Jahrhunderts. Teubner Verlag, Leipzig & Berlin 1973.

McCormick, Allen E.: Theodor Storm's Novellen, Essays on Literary Technique. Studies in the Germanic Languages and Literatures 47. Chapel Hill: University of North Carolina Press, 1984.

Mielke, Helmut: Der deutsche Roman. Carl Reissner Verlag, Dresden 1972.

Mörike, Eduard: Sämtliche Werke, Hrsg. von Herbert G. Göpfert, Fink Verlag, München 1988.

Niewerth, Heinz-Peter: Theodor Storm, in: Karl Konrad Polheim(Hrsg.): Handbuch der deutschen Erzählung, Bagel

Verlag, Düsseldorf 1991.

Pastor, Eckart: Die Sprache der Erinnerung. Zu den Novellen von Theodor Storm, Fischer Taschenbuch Verlag, Frankfurt a.M 1988.

Plotke, Georg J.(Hrsg.): Mörike-Storm-Briefwechsel, Band I. Fink Verlag, München 1987.

Ritchie, James M. and M. A. McHaffie.: Bee's Lake, or the Curse of Silence: A Study of Theodor Storm's Immensee, German Life and Letters 16, New York, 1986.

Rogers, Terence John: Techniques of Solipsism. A Study of Storm's Narative Fiction. Modern Humanities Research Association Dissertation Series 1. Cambridge: Modern Humanities Research Association, 1970.

Salomon, Ludwig: Geschichte der deutschen Nationalliteratur des neunzehnten Jahrhunderts. Bd.II, Verlag von Leon Müller, Stuttgart 1987.

Sammern-Frankenegg, Fritz Rüdiger: Perspektivische Strukturen einer Erinnerungsdichtung. Studien zur Deutung von Storms 『Immensee』, Alfred Kröner Verlag, Stuttgart 1986.

Sang, Jürgen: Die Auflösung der Wirklichkeitseinheit bei Theodor Storm. Schriften der Theodor-Storm-Gesellschaft 20, München 1981.

Schmidt, Erich: Theodor Storm, Charakteristiken, Bd.II, Weimar Hofbuchdruckerei, Thüringen 1982.

Schuster, Ingrid: Theodor Storm. Die zeitkritische Dimension seiner Novellen. Studien zur Germanistik, Anglistik und Komparatistik 12, Bouvier Verlag, Bonn 1971.

Schütze, Paul: Theodor Storm. Sein Leben und seine Dichtung. Paetel Verlag, Berlin 1987.

Silz, Walter: Storm-Forschung in den Vereinigten Staaten. Schriften der Theodor-Storm-Gesllschaft 17. 1988, S. 41-46.

Storm, Gertrud: Theodor Storms Briefe in die Heimat aus den Jahren 1853-1864, Karl Krutius Verlag, Berlin 1977.

Storm, Theodor: Immensee und andere Novellen, Wilhelm Goldmann Verlag, München 1993.

Strehl, Wiebke: Theodor Storm's Immensee. A critical Overview, Camden House published, New York 2000.

Stuckert, Franz: Theodor Storm. sein Leben und seine Welt. Carl Schünemann Verlag, Bremen 1985.

Vinçon, Hartmut: Theodor Storm mit Selbstzeubnissen und Biddokumenten. Rowohlt Verlag, Reinbeck/Hamburg 1982.

Walter Jens(Hrsg.): Kindelers Neues literatur Lexikon, Kindler Verlag. München, 1992.

Wedde, Johannes: Theodor Storm. Einige Züge zu seinem Bilde. Grüning Verlag, Hamburg 1988.

Werner Kohlschmidt und Wolfgang Mohr: Reallexikon der deutshcen Literaturgeschichte, Walter de Gruyter & Co. Berlin 1977.

Zusammenfassung

Untersuchung über dem 『Immensee』 von Theodor Storm

Nachdem am 21. März 1848 der dänische König Friedrich VII. die Herzogtümer Schleswig und Holstein annektiert hatte, begann die Auflehnung gegen Dänemark. Theodor Storm arbeitete als Berichterstatter für die 「Schleswig-Holsteinische Zeitung」, das Organ der provisorischen Regierung, die am 24. März 1848 gebildet wurde. Er engagierte sich vor allem, weil er um den Bestand der deutschen Sprache fürchtete.

Theodor Storm, vor allem als Lyriker bekannt, gilt auch als einer der bedeutendsten deutschen Novellisten. Er verfasste insgesamt 85 Novellen, Erzählungen und Kunstmärchen. 『Immensee』, sein frühes vollendetes Werk, gilt zugleich als das berühmteste und das künstlerisch anspruchvollste seiner Werke. 『Immensee』 hat im Jahre 1850 erschienen, dem angehenden Schriftsteller Storm einen großen Widerhall gebracht und ihm sein Leben lang den Ruf des Autors von 『Immensee』 bekommen

Das Ziel dieses Aufsatzes liegt darin, den Rahmenstruktur und die Personen in der Rahmenstruktur und den Überblick der Schriftsteller über dem 『Immensee』 zu erhellen. Dieses Werk hat eine relativ einfache Rahmenstruktur, die durch die Einleitung des

Rahmens sowie den Rahmenabschluss konstituiert ist. Das Wichtigste in der Rahmenstruktur ist eine Rückerinnerung an dem Leben von Reinhardts. Diese Erinnerung schließt alles ein, was er, wegen seiner phantasievollen, unvernünftigen Gedanken, in seiner Jugend verloren hat. Aber Diese Erinnerung legt die Gründe das mißlingende Leben Reinhardts.

Dann fallen die Charaktere der Personen sehr ausführlich aus, weil diese in dem Text sehr viel erklärt werden. In der Personenkonstellation und in den Charaktereigenschaften sind einige Gründe für sein biographisches Leben angelegt. Reinhardt ist eine unpraktiche Gestalt, und er assimilierte sich nicht in das bürgerliche Leben. Elisabth ist eine weibliche Hauptfigur dieser Novelle, sie ist gehorsam, einsam und unglücklich. Erich ist eine fähige Gestalt, die den Sieg in dem Konkurrenzkammpf zwischen dem bürgerlichen Unternehmer und dem Bildungsbürger gewonnen hat.

Die fern und einsam auf dem Immensee schwimmende Wasserlilie stellt in diesem Werk symbolisch das Glück des Menschen, das am nahe liegt aber man nie fasst.

Text

Immensee

Der Alte

An einem Spätherbstnachmittage ging ein alter wohlgekleideter Mann langsam die Sraße hinab. Er schien von einem Spaziergange nach Hause zurückzukehren ; denn seine Schnallenschuhe, die einer vorübergegangenen Mode angehörten, waren bestäubt. Den langen Rohrstock mit goldenem Kopf trug er unter dem Arm ; mit seinen dunklen Augen, in welche sich die ganze verlorne Jugend geretett zu haben schien, und welche eigentümlich von den schneeweißen Haaren abstachen[117], sah er ruhig umher oder in die Stadt hinab, welche im Abendsonnendufte vor ihm lag. - Er schien fast ein Fremder ; denn nur wenige von den Vorübergehenden grüßten ihn, obgleich mancher unwillkürlich in diese ernsten Augen zu sehen gezwungen wurde.

Endlich stand er vor einem hohen Giebelhause still, sah noch einmal in die stadt hinaus und trat dann in die Hausdiele. Bei dem Schall der Türglocke wurde drinnen in der Stube von einem Guckfenster, welches nach der Diele hinausging, der grüne Vorhang weggeschoben und das Gesicht einer alten Frau dahinter sichtbar. Der Mann winkte ihr mit seinem Rohrstock. "Noch kein Licht!" sagte er in einem etwas südlichen Akzent ; und die Haushälterin ließ den Vorhang wieder fallen. Der Alte ging nun über die weite Hausdiele, dann durch einen Pesel,[118] wo große Eichschränke mit Porzellanvasen an den Wänden standen ; durch die gegenüberstehende Tür trat er in einen kleinen Flur, von wo aus eine enge Treppe zu den oberen Zimmern des Hinterhauses führte.

Er stieg die Treppe langsam hinauf, schloß oben eine Tür auf und trat dann in ein mäßig großes Zimmer. Hier war es heimlich und still ; die eine Wand war fast

117) abstechen von et:~과 대조를 이루다.
118) Pesel(m)거실.

mit Repositorien und Bücherschränken bedeckt ; an der andern hingen Bilder von Menschen und Gegenden ; vor einem Tische mit grüner Decke, auf dem einzelne aufgeschlagene Bücher umherlagen, stand ein schwerfälliger Lehnstuhl mit rotem Samtkissen. – Nachdem der Alte Hut und Stock in die Ecke gestellt hatte, setzte er sich in den Lehnstuhl und schien mit gefalteten Händen von seinem Spaziergange auszuruhen. – Wie er so saß, wurde es allmählich dunkler ; endlich fiel ein Mondstrahl durch die Fensterscheibe auf die Gemälde an der Wand. Und wie der helle Streif langsam weiterrückte, folgten die Augen des Mannes unwillkürlich. Nun trat er über ein kleines Bild in schlichtem schwarzem Rahmen. "Elisabeth!" sagte der Alte leise ; und wie er das Wort gesprochen, war die Zeit verwandelt – er war in seiner Jugend.

Die Kinder

Bald trat die anmutige Gestalt eines kleinen Mädchens zu ihm. Sie hieß Elisabeth und mochte fünf Jahre zählen ; er selbst war doppelt so alt. Um den Hals trug sie ein rotseidenes Tüchelein ; das ließ ihr hübsch zu den braunen Augen.

"Reinhard," rief sie, "wir haben frei, frei! Den ganzen Tag keine Schule, und morgen auch nicht."

Reinhard stellte die Rechentafel, die er schon unterm Arm hatte, flink hinter die Haustür. Und dann liefen beide Kinder durchs Haus in den Garten und durch die Gartenpforte hinaus auf die Wiese.

Die unverhofften Ferien kamen ihnen herrlich zustatten. Reinhard hatte hier mit Elisabeths Hilfe ein Haus aus Rasenstücken aufgeführt ; darin wollten sie die Sommerabende wohnen ; aber es fehlte noch die Bank. Nun ging er gleich an die Arbeit ; Nägel, Hammer und die nötigen Bretter lagen schon bereit. Währenddessen ging Elisabeth an dem Wall entlang und sammelte den ringförmigen Samen der wilden Malve[119] in ihre Schürze ; davon wollte sie sich Ketten und Halsbänder

---

119) Malve(f)아욱.

machen ; und als Reinhard endlich trotz manches krummgeschlagenen Nagels seine Bank dennoch zustande gebracht hatte und nun wieder in die Sonne hinaustrat, ging sie schon weit davon am andern Ende der Wiese.

“Elisabeth!" rief er, "Elisabeth!", und da kam sie, und ihre Locken flogen. "Komm," sagte er, "nun ist unser Haus fertig. Du bist ganz ja heiß geworden ; komm herein, wir wollen uns auf die neue Bank setzen. Ich erzähle dir etwas."

Dann gingen sie beide hinein und setzten sich auf die neue Bank. Elisabeth nahm ihre Ringelchen aus der Schürze und zog sie auf lange Bindfäden ; Reinhard fing an zu erzählen : "Es waren einmal drei Spinnfrauen...."

"Ach," sagte Elisabeth, "das weiß ich ja auswendig ; du mußt auch nicht immer dasselbe erzählen."

Da mußte Reinhard die Geschichte von den drei Spinnfrauen steckenlassen, und statt dessen erzählte er die Geschichte von dem armen Mann, der in die Löwengrube geworfen war.

"Nun war es Nacht," sagte er, "weißt du? ganz finstere, und die Löwen schliefen. Mitunter aber gähnten sie im Schlaf und reckten die roten Zungen aus ; dann schauderte der Mann und meinte, daß der Morgen komme. Da war es um ihn her auf einmal einen hellen Schein, und als er aufsah, stand ein Engel vor ihm. Der winkte ihm mit der Hand und ging dann gerade in die Felsen hinein."

Elisabeth hatte aufmerksam zugehört. "Ein Engel?" sagte sie. "Hatte er denn Flügel?"

"Es ist nur so eine Geschichte," antwortete Reinhard ; "es gibt ja gar keine Engel."

"O pfui, Reinhard!" sagte sie und sah ihm starr ins Gesicht. Als er sie aber finster anblickte, fragte sie ihn zweifelnd : "Warum sagen sie es denn immer? Mutter und Tante und auch in der Schule?"

"Das weiß ich nicht," antwortete er.

"Aber du," sagte Elisabeth, "gibt es denn auch keine Löwen?"

"Löwen? ob es Löwen gibt! In Indien ; da spannen[120] die Götzenpriester[121] sie vor den Wagen und fahren mit ihnen durch die Wüste. Wenn ich groß bin, will ich einmal selber hin. Da ist es viel tausendmal schöner als hier bei uns ; da gibt es gar keinen Winter. Du mußt auch mit mir. Willst du?"

"Ja," sagte Elisabeth ; "aber Mutter muß dann auch mit, und deine Mutter auch."

"Nein," sagte Reinhard, "die sind dann zu alt, die können nicht mit."

"Ich darf aber nicht allein."

"Du sollst schon dürfen ; du wirst dann wirklich meine Frau, und dann haben die andern dir nichts zu befehlen."

"Aber meine Mutter wird weinen."

"Wir kommen ja wieder," sagte Reinhard heftig ; "sag es nur gerade heraus : Willst du mit mir reisen? Sonst gehe ich allein ; und dann komme ich nimmer wieder."

Der Kleinen kam das Weinen nahe. "Mach nur nicht so böse Augen," sagte sie ; "ich will ja mit nach Indien."

Reinhard faßte sie mit ausgelassener Freude bei beiden Händen und zog sie hinaus auf die Wiese. "Nach Indien, nach Indien!" sang er und schwenkte sich[122] mit ihr im Kreise, daß ihr das rote Tüchelchen vom Hals flog. Dann aber ließ er sie plötzlich los und sagte ernst : "Es wird doch nichts draus werden ; du hast keine Courage."

"Elisabeth! Reinhard!" rief es jetzt von der Gartenpforte. "Hier! Hier!" antworteten die Kinder und sprangen Hand in Hand nach Haus.

Im Walde

So lebten die Kinder zusammen ; sie war ihm oft zu still, er war ihr oft zu

---

120) spannen das Pferd vor den Wagen:말을 마차에 매다.

121) Götze(f)우상.

122) schwenken sich:빙빙돌다.

heftig, aber sie ließen deshalb nicht voneinander ; fast alle Freistunden teilten sie, winters in den beschränkten Zimmern ihrer Mütter, sommers in Busch und Feld. – Als Elisabeth einmal in Reinhards Gegenwart von dem Schullehrer gescholten wurde, stieß er seine Tafel zornig auf den Tisch, um den Eifer des Mannes auf sich zu lenken. Es wurde aber ihm nicht bemerkt.

Aber Reinhard verlor alle Aufmerksamkeit an den geogra- phischen Vorträgen ; statt dessen verfaßte er ein langes Gedicht ; darin verglich er sich selbst mit einem jungen Adler, den Schulmeister mit einer grauen Krähe, Elisabeth war die weiße Taube ; der Adler gelobte, an der grauen Krähe Rache zu nehmen, sobald ihm die Flügel gewachsen sein würden. Dem jungen Dichter standen die Tränen in den Augen ; er kam sich sehr erhaben[123)] vor. Als er nach Hause gekommen war, wußte er sich einen kleinen Pergamentband mit vielen weißen Blättern zu verschaffen ; auf die ersten Seiten schrieb er mit sorgsamer Hand sein erstes Gedicht. – Bald darauf kam er in eine andere Schule ; hier schloß er manche neue Kameradschaft mit Knaben seines Alters ; aber sein Verkehr mit Elisabeth wurde dadurch nicht gestört.

Von den Märchen, welche er ihr sonst erzählt und wieder erzählt hatte, fing er jetzt an, die, welche ihr am besten gefallen hatten, aufzuschreiben ; dabei wandelte ihn oft die Lust an, etwas von seinen eigenen Gedanken hineinzudichten ; aber er wußte nicht weshalb, er konnte immer nicht dazu gelangen. So schrieb er Märchen genau auf, wie er sie selber gehört hatte. Dann gab er die Blätter an Elisabeth, die sie in einem Schubfach ihrer Schatulle sorgfaltig aufbewahrte ; und es gewährte[124)] ihm eine anmutige Befriedigung, wenn er es hörte, daß sie mitunter abends ihrer Mutter diese Geschichten in seiner Gegenwart aus den von ihm geschriebenen Heften vorlas.

Sieben Jahre waren vorüber. Reinhard sollte zu seiner weiteren Ausbildung die

---

123) erhaben(a)돌출한, 높아진, 우수한, 탁월한.
124) gewähren(t)주다, 수여하다, 승락(허락)하다.

Stadt verlassen.

Elisabeth konnte sich nicht in den Gedanken finden, daß es nun eine Zeit ganz ohne Reinhard geben werde. (S.17)Es freute sie, als er ihr eines Tages sagte, daß er, wie sonst, Märchen für sie aufschreiben werde; er wolle sie ihr mit den Briefen an seine Mutter schicken ; sie müsse ihm dann wieder schreiben, daß die Briefe ihr gefallen hätten. Die Abreise rückte heran ; vorher aber kam noch mancher Reim in den Pergamentband. Das allein war für Elisabeth ein Geheimnis, obgleich sie die Veranlassung zu dem ganzen Buche und zu den meisten Liedern war, welche nach und nach fast die Hälfte der weißen Blätter gefüllt hatten.

Es war im Juni ; Reinhard sollte am andern Tage reisen. Nun wollte man noch einmal einen festlichen Tag zusammen begehen. Dazu wurde eine Landpartie nach einer der nahe gelegenen Holzungen in größerer Gesellschaft veranstaltet. Der stundenlange Weg bis an den Saum des Waldes wurde zu Wagen zurückgelegt ; dann nahm man die Proviantkörbe herunter und marschierte weiter. Ein Tannengehölz mußte zuerst durchwandert werden ; es war kühl und dämmerig und der Boden überall mit feinen Nadeln bestreut.

Nach halbstündigem Wandern kam man aus dem Tannen- dunkel in eine Buchenwaldung ; hier war alles licht und grün, mitunter brach ein Sonnenstrahl durch die blätterreichen Zweige ; ein Eichkätzchen sprang über ihren Köpfen von Ast zu Ast. - Auf einem Platze, über welchem uralte Buchen mit ihren Kronen zu einem durchsichtigen Laubgewölbe zusammenwuchsen, machte die Gesellschaft halt. Elisabeths Mutter öffnette einen der Körbe ; ein alter Herr warf sich zum Proviantmeister auf.

"Alle um mich herum, ihr jungen Vögel!" rief er. "Und merkt genau, was ich euch zu sagen habe. Zum Frühstück erhält jetzt ein jeder von euch zwei trockene Wecken ; die Butter ist zu Hause geblieben, die Zukost müßt ihr euch selber suchen. Es stehen genug Erdbeeren im Walde, das heißt, für den, der sie zu finden weiß. Wer ungeschickt ist, muß sein Brot trocken essen ; so geht es überall im

Leben. Habt ihr meine Rede begriffen?"

"Jawohl!" riefen die Jungen.

"Ja, seht," sagte der Alte, "meine Rede ist aber noch nicht zu Ende. Wir Alten haben uns im Leben schon genug umhergetrieben ; darum bleiben wir jetzt zu Haus, das heißt, hier unter diesen breiten Bäumen, und schälen die Kartoffeln und machen Feuer und rüsten[125] die Tafel. Und wenn die Uhr zwölf ist, sollen die Eier gekocht werden. Dafür seid ihr uns die Hälfte von euren Erdbeeren schuldig, damit wir auch einen Nachtisch servieren können. Und nun geht nach Ost und West und seid ehrlich!"

Die Jungen machten allerlei schelmische Gesichter. "Halt!" rief der alte Herr noch einmal. (S.18)"Das brauche ich euch wohl nicht zu sagen : Wer keine findet, braucht auch keine abzuliefern ; aber das schreibt euch wohl hinter eure feinen Ohren, von uns Alten bekommt der Junge auch nichts. Und nun habt ihr für diesen Tag gute Lehren genug ; wenn ihr nun noch Erdbeeren dazu habt, so werdet ihr für heute schon durchs Leben kommen."

Die Jungen waren derselben Meinung und begannen sich paarweise auf die Fahrt zu machen.

"Komm, Elisabeth," sagte Reinhard, "ich weiß einen Erdbeerenschlag ; du sollst kein trockenes Brot essen."

Elisabeth knüpfte die grünen Bänder ihres Strohhutes zusammen und hing ihn über den Arm. "So komm," sagte sie, "der Korb ist fertig."

Dann gingen sie in den Wald hinein, tiefer und tiefer ; durch feuchte undurchdringliche Baumschatten, wo alles still war, nur unsichtbar über ihnen in den Lüften das Geschrei der Falken ; dann wieder durch dichtes Gestrüpp, so dicht, daß Reinhard vorangehen mußte, um einen Pfad zu machen, hier einen Zweig zu knicken, dort eine Ranke[126] beseitezubiegen. Bald aber hörte er hinter sich

---

125) rüsten(t)준비하다, 무장시키다.
126) Ranke(f)넝쿨.

Elisabeth seinen Namen rufen. Er wandte sich um. "Reinhard!" rief sie. "Warte doch, Reinhard!" Er konnte sie nicht gewahr werden ; endlich sah er sie in einiger Entfernung mit den Sträuchern kämpfen ; ihr feines Köpfchen schwamm nur kaum über den Spitzen der Farrenkräuter. Nun ging er noch einmal zurück und führte sie durch das Wirrnis der Kräuter und Stauden auf einen freien Platz hinaus, wo blaue Flater zwischen den einsamen Waldblumen flatterten. Reinhard strich ihr die feuchten Haare aus dem erhitzten Gesichtchen ; dann wollte er ihr den Strohhut aufsetzen, und sie wollte es nicht leiden ; dann aber bat er sie, und dann ließ sie es doch geschehen.

"Wo bleiben denn aber deine Erdbeeren?" fragte sie endlich, indem sie stehenblieb und einen tiefen Atemzug tat.

"Hier haben sie gestanden," sagte er ; "aber die Kröten sind uns zuvorgekommen, oder die Marder, oder vielleicht die Elfen.[127]"

"Ja," sagte Elisabeth, "die Blätter stehen noch da ; aber sprich hier nicht von Elfen. Komm nur, ich bin noch gar nicht müde ; wir wollen weiter suchen."

Vor ihnen war ein kleiner Bach, jenseits wieder der Wald. Reinhard hob Elisabeth auf seine Arme und trug sie hinüber. Nach einer Weile traten sie aus dem schattigen Laube wieder in eine weite Lichtung hinaus. "Hier müssen Erdbeeren sein," sagte das Mädchen, "es duftet so süß." – Sie gingen suchend durch den sonnigen Raum ; aber sie fanden keine. "Nein," sagte Reinhard, "es ist nur der Duft des Heidekrautes."

Himbeerbüsche[128] und Hülsendorn standen überall durcheinander ; ein starker Geruch von Heidelbeeren, welche abwechselnd mit kurzem Grase die freien Stellen des Bodens bedeckten, erfüllte die Luft. "Hier ist es einsam," sagte Elisabeth ; "wo mögen die andern sein?"

An den Rückweg hatte Reinhard nicht gedacht. "Warte nur ; woher kommt der

---

127) Elf(m)=Elfe(f)

128) Himbeere(f)나무딸기.

Wind?" sagte er und hob seine Hand in die Höhe. Aber es kam kein Wind.

"Still," sagte Elisabeth, "mich dünkt (es), ich höre die Männer sprechen. Rufe einmal da hinunter."

Reinhard rief durch die hohle Hand : "Kommt hierher!" – "Hierher!" rief es zurück.

"Sie antworten!" sagte Elisabeth und klatschte in die Hände.

"Nein, es war nichts, es war nur der Widerhall."

Elisabeth faßte Reinhards Hand. "Mir graut!" sagte sie.

"Nein," sagte Reinhard, "das muß es nicht. Hier ist es prächtig. Setz dich dort in den Schatten zwischen die Kräuter. Laß uns eine Weile ausruhen ; wir finden die andern schon."

Elisabeth setzte sich unter eine überhängende Buche und lauschte aufmerksam nach allen Seiten.

Reinhard saß einige Schritte davon auf einem Baumstumpf und sah schweigend nach ihr hinüber. Die Sonne stand gerade über ihnen ; es war glühende Mittagshitze ; kleine goldglänzende, stahlblaue Fliegen standen flügelschwingend in der Luft ; rings um sie her wurde ein feines Schwirren[129] und Summen gehört. Und manchmal hörte man tief im Walde das Hämmern der Spechte und das Kreischen der andern Waldvögel.

"Horch!" sagte Elisabeth. "Es läutet."

"Wo?" fragte Reinhard.

"Hinter uns. Hörst du? Es ist Mittag."

"Dann liegt hinter uns die Stadt ; und wenn wir in dieser Richtung gerade durchgehen, so müssen wir die andern treffen."

So traten sie ihren Rückweg an ; das Erdbeersuchen hatten sie aufgegeben, denn Elisabeth war müde geworden. Endlich klang zwischen den Bäumen hindurch das Lachen der Gesellschaft ; dann sahen sie auch ein weißes Tuch am Boden

---

129) schwirren(i)빙빙돌다, 어지럽다, 윙윙거리다.

schimmern, das war die Tafel, und darauf standen Erdbeeren in Hülle und Fülle. Der alte Herr hatte eine Serviette im Knopfloch und hielt den Jungen die Fortsetzung seiner moralischen Reden, während er eifrig an einem Braten herumtranschierte.

(S.20)"Da sind die Nachzügler," riefen die Jungen, als sie Reinhard und Elisabeth durch die Bäume kommen sahen.

"Hierher!" rief der alte Herr, "Tücher ausgeleert, Hüte umgekehrt! Nun zeigt her, was ihr gefunden habt."

"Hunger und Durst!" sagte Reinhard.

"Wenn das alles ist," erwiderte der Alte und hob ihnen die volle Schüssel entgegen, "so müßt ihr die Abrede auch behalten. Ihr kennt die Abrede ; hier werden keine Müßiggänger gefüttert." Endlich ließ er sich aber doch erbitten,[130] und nun wurde Tafel gehalten ; dazu schlug die Drossel aus den Wacholderbüschen.

So ging der Tag hin. - Reinhard hatte aber doch etwas gefunden ; es waren keine Erdbeeren, so war es doch auch im Walde gewachsen. Als er nach Hause gekommen war, schrieb er in seinen alten Pergamentband :

Hier an der Bergeshalde
Verstummet ganz der Wind ;
Die Zweige hängen nieder,
Darunter sitzt das Kind.

Sie sitzt in Thymiane,[131]
Sie sitzt in lauter Duft ;
Die blauen Fliegen summen

---

130) lassen sich erbitten:청을 들어주다.
131) Thymian(m)백리향.

Und blitzen durch die Luft.

Es steht der Wald so schweigend,
Sie schaut so klug darein ;
Um ihre braunen Locken
Hinfließt der Sonnenschein.

Der Kuckuck lacht von ferne,
Es geht mir durch den Sinn :
Sie hat die goldenen Augen
Der Waldeskönigin.

So war sie nicht allein sein Schützling ; sie war ihm auch der Ausdruck für alles Liebliche und Wunderbare seines aufgehenden Lebens.

Da stand das Kind am Weg

Weihnachtsabend kam heran. – Es war noch nachmittags, als Reinhard mit andern Studenten im Ratskeller am alten Eichentisch zusammensaß. Die Lampen an den Wänden waren ange- zündet, denn hier unten dämmerte es schon ; aber die Gäste waren sparsam versammelt, die Kellner lehnten müßig an den Mauerpfeilern. In einem Winkel des Gewölbes saßen ein Geigenspieler und ein Zithermädchen mit feinen zigeunerhaften Zügen. Sie hatten ihre Instrumente auf dem Schoße liegen und schienen teilnahmslos vor sich hinzusehen.

Am Studententisch knallte ein Champagnerpfropfen. "Trinke mein böhmisch Liebchen!" rief ein junger Mann von junkerhaften Äußern, indem er ein volles Glas zu dem Mädchen hinüberreichte.

"Ich mag nicht," sagte sie, ohne ihre Stellung zu verändern.

"So singe!" rief der Junker und warf ihr eine Silbermünze in den Schoß. Das

Mädchen strich sich langsam mit den Fingern durch ihr schwarzes Haar, während der Geigenspieler ihr ins Ohr flüsterte ; aber sie warf den Kopf zurück und stützte das Kinn auf ihre Zither. "Für den mag ich nicht spielen," sagte sie.

Reinhard sprang mit dem Glas in der Hand auf und stellte sich vor sie.

"Was willst?" fragte sie trotzig.[132] – "Deine Augen sehen."

"Was gehen dich meine Augen an?"

Reinhard sah funkelnd auf sie nieder. "Ich weiß wohl, daß deine Augen falsch sind!" – Sie legte ihre Wange in die flache Hand und sah ihn lauernd an. Reinhard hob sein Glas an den Mund. "Auf deine schönen, sündhaften Augen!" sagte er und trank.

Sie lachte und warf den Kopf herum. "Gib!" sagte sie, und indem sie ihre schwarzen Augen in die seinen Augen heftete, trank sie langsam den Rest. Dann griff sie einen Dreiklang und sang mit tiefer, leidenschaftlicher Stimme :

Heute, nur heute
Bin ich so schön ;
Morgen, ach morgen
Muß alles vergehen!

Nur diese Stunde
Bist du noch mein ;
Sterben, ach sterben
Soll ich allein.

Während der Geigenspieler in raschem Tempo das Nachspiel einsetzte, gesellte[133] sich ein neuer Ankömmling zu der Gruppe.

---

132) trotzig(a)반항적인, 대담한, 고집센, 완고한.
133) gesellen sich zu et:~에 끼어들다, 한패가 되다.

"Ich wollte dich abholen, Reinhard," sagte er. "Du warst schon fort, aber das Christkind war bei dir eingekehrt."

"Das Christkind?" sagte Reinhard, "das kommt nicht mehr zu mir."

"Ei was! Dein ganzes Zimmer roch nach Tannenbaum und braunen Kuchen."

Reinhard setzte das Glas aus der Hand und griff nach seiner Mütze.

"Was willst du tun?" fragte das Mädchen.

"Ich komme schon wieder."

Sie runzelte die Stirn. "Bleib!" rief sie leise und sah ihn vertraulich an.

Reinhard zögerte : "Ich kann nicht so," sagte er.

Sie stieß ihn lachend mit der Fußspitze. "Geh!" sagte sie. "Du taugst nichts ; ihr taugt alle miteinander nichts." Und während sie sich abwandte, stieg Reinhard langsam die Kellertreppe hinauf.

Draußen auf der Straße war es tiefe Dämmerung ; er fühlte die frische Winterluft an seiner heißen Stirn. Hie und da fiel der helle Schein eines brennenden Tannenbaums aus den Fenstern, dann und wann hörte man von drinnen das Geräusch von kleinen Pfeifen und Blechtrompeten und dazwischen jubelnde Kinder-stimmen. Scharen von Bettelkindern gingen von Haus zu Haus oder stiegen auf die Treppengeländer und suchten durch die Fenster einen Blick in die versagte Herrlichkeit zu gewinnen.

Mitunter wurde auch eine Tür plötzlich aufgerissen, und scheltende Stimmen trieben einen ganzen Schwarm solcher kleinen Gäste aus dem hellen Hause auf die dunkle Gasse hinaus , anderswo wurde auf dem Hausflur ein altes Weihnachtslied gesungen ; es waren klare Mädchenstimmen darunter. Reinhard hörte die Mädchenstimmen nicht, er ging rasch an allem vorüber, aus einer Straße in die andere. Als er an seine Wohnung gekommen, war es fast völlig dunkel geworden ; er stolperte die Treppe hinauf und trat in seine Stube.

Ein süßer Duft schlug ihm entgegen ; das heimelte ihn an[134], das roch wie zu

---

134) anheimeln(t)고향생각이 나게 하다.

Haus der Mutter Weihnachtsstube. Mit zitternder Hand zündete er sein Licht an ; da lag ein mächtiges Paket auf dem Tisch, und als er es öffnete, fielen die wohlbekannten braunen Festkuchen heraus ; auf einigen Kuchen waren die Anfangsbuchstaben seines Namens in Zucker ausgestreut ; das konnte niemand anders als Elisabeth getan haben. Dann kam ein Päckchen mit feiner gestrickter Wäsche zum Vorschein, Tücher und Manschetten, zuletzt Briefe von der Mutter und von Elisabeth. (S.23)Reinhard öffnete zuerst den letzteren ; Elisabeth schrieb :

"Die schönen Zuckerbuchstaben können dir wohl erzählen, wer bei den Kuchen mitgeholfen hat ; dieselbe Person hat die Man- schetten für dich gestickt. Bei uns wird es nun Weihnachtsabend sehr still werden ; meine Mutter stellt immer schon um halb zehn ihr Spinnrad in die Ecke ; es ist gar so einsam diesen Winter, wo du nicht hier bist. Nun ist auch vorigen Sonntag der Hänfling gestorben, den du mir geschenkt hattest ; ich habe sehr geweint, aber ich habe ihn doch immer gut gewartet.

Der Hänfling sang sonst immer nachmittags, wenn die Sonne auf sein Bauer[135] schien ; du weißt, die Mutter hing oft ein Tuch darüber, um ihn zu geschweigen, wenn er so recht aus Kräften sang. Da ist es nun noch stiller in der Kammer, nur daß dein alter Freund Erich uns jetzt mitunter besucht. Du sagtest einmal, er sähe seinem braunen Überrock ähnlich. Daran muß ich nun immer denken, wenn er zur Tür hereinkommt, und es ist gar zu komisch ; sag es aber nicht zur Mutter.

Die Mutter wird dann leicht verdrießlich. – Rat, was ich deiner Mutter zu Weihnachten schenke! Du rätst es nicht? Mich selber! Der Erich zeichnet mich in schwarzer Kreide ; ich habe vor ihm nun schon dreimal sitzen müssen, jedesmal eine ganze Stunde. Es war mir recht zuwider, daß der fremde Mensch mein Gesicht so auswendig lernte. Ich wollte auch nicht, aber die Mutter redete mir zu ; sie sagte, daß es der guten Frau Werner eine gar große Freude machen würde.

Aber du hältst nicht Wort, Reinhard. Du hast keine Märchen geschickt. Ich habe

---

135) Bauer(n)새장.

dich oft bei deiner Mutter verklagt ; sie sagt dann immer, daß du jetzt mehr zu tun habest, als solche Kindereien. Ich glaube es aber nicht ; es ist wohl anders."

Nun las Reinhard auch den Brief seiner Mutter, und als er beide Briefe gelesen und langsam wieder zusammengefaltet und weggelegt hatte, überfiel ihn unerbittliches Heimweh. Er ging eine Zeitlang in seinem Zimmer auf und nieder ; er sprach leise und dann verständlich zu sich selbst :

Er wäre fast verirrt
und wußte nicht hinaus ;
Da stand das Kind am Wege
Und winkte ihm nach Haus!

Dann trat er an sein Pult, nahm einiges Geld heraus und ging wieder auf die Straße hinab. – Hier war es mittlerweise stiller geworden ; die Weihnachtsbäume waren ausgebrannt, die Umzüge[136] der Kinder hatten aufgehört.

(S.24)Der Wind fegte durch die einsamen Straßen ; Alte und Junge saßen in ihren Häusern familienweise zusammen ; der zweite Abschnitt des Weihnachtsabends hatte begonnen.

Als Reinhard in die Nähe des Ratskellers kam, hörte er aus der Tiefe herauf Geigenstrich und den Gesang des Zithermädchens ; nun klingelte unten die Kellertür, und eine dunkle Gestalt schwankte die breite, matterleuchtete Treppe herab. Reinhard trat in den Häuserschatten und ging dann rasch vorüber. Nach einer Weile erreichte er den erleuchteten Laden eines Juweliers ; und nachdem er hier ein kleines Kreuz von roten Korallen[137] eingehandelt hatte, ging er auf demselben Weg, den er gekommen war, wieder zurück.

Nicht weit von seiner Wohnung bemerkte er ein klenes, in klägliche Lumpen

136) Umzug(m)행렬.
137) Koralle(f)-n산호(세공), 산호충.

gehülltes Mädchen an einer hohen Haustür stehen, in vergeblicher Bemühung, sie zu öffnen. "Soll ich dir helfen?" sagte er. Das Kind erwiderte nichts, ließ aber die schwere Türklinke fahren. Reinhard hatte schon die Tür geöffnet. "Nein," sagte er, "sie können dich hinausjagen ; komm mit mir! Ich will dir Weihnachtskuchen geben." Dann machte er die Tür wieder zu und faßte das kleine Mädchen an der Hand, das stillschweigend mit ihm in seine Wohnung ging.

Er hatte das Licht beim Weggehen brennen lassen. "Hier hast du Kuchen," sagte er und gab ihr die Hälfte seines ganzen Kuchens in ihre Schürze, nur keine mit den Zuckerbuchstaben. "Nun geh nach Hause und gib deiner Mutter auch davon." Das Kind sah mit einem scheuen Blick zu ihm hinauf ; das Kind schien solcher Freundlichkeit ungewohnt und nichts darauf erwidern zu können.

Reinhard machte die Tür zu und leuchtete ihr, und nun flog die Kleine wie ein Vogel mit ihren Kuchen die Treppe hinab und zum Hause hinaus.

Reinhard schürte das Feuer in seinem Ofen an und stellte das bestaubte Tintenfaß auf seinen Tisch ; dann setzte er sich hin und schrieb, und schrieb die ganze Nacht Briefe an seine Mutter, an Elisabeth. Der Rest der Weihnachtskuchen lag unberührt neben ihm ; und die Manschetten von Elisabeth hatte er angeknüpft, was sich gar wunderlich zu seinem weißen Flausrock[138] ausnahm. So saß er noch, als die Wintersonne auf die gefrorenen Fensterscheiben fiel und ihm gegenüber im Spiegel ein blasses, ernstes Antlitz zeigte.

Daheim

Als es Ostern geworden war, reiste Reinhard in die Heimat. Am Morgen nach seiner Ankunft ging er zu Elisabeth. "Wie groß du geworden bist!" sagte er, als das schöne schmächtige Mädchen ihm lächelnd entgegenkam. Sie errötete, aber sie erwiderte nichts ; ihre Hand, die er beim Willkommen in die seine Hand genommen hatte, suchte sie ihm sanft zu entziehen. Er sah sie zweifelnd an ; das hatte sie

138) Flaus(m)(양털의)술. Flausrock(m)술이 달린 외투.

früher nicht getan ; nun war es, als träte etwas Fremdes zwischen sie. – Das blieb immer auch, obwohl er noch länger dagewesen wäre, oder obwohl er Tag für Tag immer wiedergekommen wäre.

Wenn sie allein zusammensaßen, entstanden Pausen, die ihm peinlich waren und denen er dann ängstlich zuvorzukommen suchte.

Um während der Ferienzeit eine bestimmte Unterhaltung zu haben, fing er an, Elisabeth in der Botanik zu unterrichten, womit er sich in den ersten Monaten seines Universitätslebens an gegentlich beschäftigt hatte. Elisabeth, die ihm in allem zu folgen gewohnt und überdies lehrhaft war, ging bereitwillig darauf ein. Nun wurden mehrere Male in der Woche Exkursionen ins Feld oder in die Heiden gemacht ; und hatten sie dann mittags die grüne Botanisierkapsel voll Kraut und Blumen nach Hause gebracht, so kam Reihard einige Stunden später wieder, um mit Elisabeth den gemeinschaftlichen Fund zu teilen.

Mit solcher Absicht trat er eines Nachmittags ins Zimmer, als Elisabeth am Fenster stand und ein vergoldetes Vogelbauer, das er sonst nicht dort gesehen hatte, mit frischem Hühnerschwarm besteckte. Im Bauer saß ein Kanarienvogel, der mit den Flügeln schlug und kreischend nach Elisabeths Finger pickte. Sonst hatte Reinhards Vogelbauer an dieser Stelle gehangen. "Hat mein armer Hänfling sich nach seinem Tode in einen Goldfinken verwandelt?" fragte er heiter.

"Das pflegen die Hänflinge nicht," sagte die Mutter, welche spinnend im Lehnstuhl saß. "Ihr Freund Erich hat ihn heute mittag für Elisabeth von seinem Hofe hereingeschickt."

"Von welchem Hofe?"

"Das wissen Sie nicht?"

"Was denn?"

"Daß Erich seit einem Monat den zweiten Hof seines Vaters am Immensee angetreten[139] hat?"

---

139) antreten(t)(재산)상속하다, 물려받다.

"Aber Sie haben mir kein Wort davon gasagt."

"Ei," sagte die Mutter, "Sie haben sich auch noch mit keinem Wort nach Ihrem Freunde erkundigt. (S.26)Er ist ein gar lieber, verständiger junger Mann."

Die Mutter ging hinaus, um den Kaffee zu besorgen ; Elisabeth hatte Reinhard den Rücken zugewandt und war noch mit dem Bau ihrer kleinen Laube beschäftigt. "Bitte nur ein kleines Weilchen," sagte sie ; "gleich bin ich fertig." - Da Reinhard wider seine Gewohnheit nicht antwortete, so wandte sie sich um. In seinen Augen lag ein plötzlicher Ausdruck von Kummer, den sie nie darin gewahrt hatte. "Was fehlt dir, Reinhard?" fragte sie, indem sie nahe zu ihm trat.

"Mir?" fragte er gedankenlos und ließ seine Augen träumerisch in den ihren Augen ruhen.

"Du siehst so traurig aus."

"Elisabeth," sagte er, "ich kann den gelben Vogel nicht leiden."

Sie sah ihn staunend an ; sie verstand ihn nicht. "Du bist so sonderbar," sagte sie.

Er nahm ihre beiden Hände, die sie ruhig in den seinen Händen ließ. Bald trat die Mutter wieder herein.

Nach dem Kaffee setzte diese sich an ihr Spinnrad ; Reinhard und Elisabeth gingen ins Nebenzimmer, um ihre Pflanzen zu ordnen. Nun wurden Staubfäden[140] gezählt, Blätter und Blüten sorgfältig ausgebreitet und von jeder Art zwei Exemplare zum Trocknen zwischen die Blätter eines großen Folianten gelegt. Es war sonnige Nachmittagsstille ; nur nebenan schnurrte der Mutter Spinnrad.

Und von Zeit zu Zeit wurde Reinhards gedämpfte Stimme gehört, wenn er die Ordnungen und Klassen der Pflanzen nannte oder Elisabeths ungeschickte Aussprache der lateinischen Namen korrigierte.

"Mir fehlt noch von neulich die Maiblume," sagte sie jetzt, als der ganze Fund bestimmt und geordnet war.

---

140) Staub(m)화분 *Staubfaden(m)꽃술.

Reinhard zog einen kleinen weißen Pergamentband aus der Tasche. "Hier ist ein Maiblumenstengel für dich," sagte er, indem er die halbgetrocknete Pflanze herausnahm.

Als Elisabeth die beschriebenen Blätter sah, sagte sie : "Hast du wieder Märchen gedichtet?"

"Es sind keine Märchen," antwortet er und reichte ihr das Buch.

Es waren lauter Verse, die meisten füllten höchstens eine Seite. Elisabeth wandte ein Blatt nach dem andern um ; sie schien nur die Überschriften[141] zu lesen : "Als sie vom Schulmeister gescholten war." (S.27)"Als sie sich im Wald verirrt hatten." "Mit dem Ostermärchen." "Als sie mir zum erstenmal geschrieben hatte." ; in der Weise lauteten fast alle.

Reinhard blickte forschend zu ihr hin. Und während sie immer weiter blätterte, sah er, daß zuletzt auf ihrem klaren Antlitz ein zartes Rot hervorbrach und es allmählich ganz überzog. Er wollte ihre Augen sehen ; aber Elisabeth sah nicht auf und legte das Buch am Ende schweigend vor ihm hin.

"Gib es mir nicht so zurück!" sagte er.

Sie nahm ein braunes Reis[142] aus der Blechkapsel. "Ich will dein Lieblingskraut in das Buch hineinlegen," sagte sie und gab ihm das Buch in seine Hände....

Endlich kam der letzte Tag der Ferienzeit und der Morgen der Abreise. Auf ihre Bitte erhielt Elisabeth von der Mutter die Erlaubnis, ihren Freund an den Postwagen zu begleiten, der einige Straßen von ihrer Wohnung seine Station hatte. Als sie vor die Haustür der Position nahe traten, gab Reinhard ihr den Arm ; so ging er schweigend neben dem schlanken Mädchen her. Je näher sie ihrem Ziele kamen, desto mehr war es ihm, daß er ihr, ehe er auf so lange Abschied nehme, etwas Notwendiges mitzuteilen habe - es war etwas, wovon aller Wert und Lieblichkeit seines künftigen Lebens abhänge, und doch konnte er sich des

---

141) Überschrift(f)표제, 제목.

142) Reis(n)잔(어린)가지. 2)=Real(m)은화.

erlösenden Wortes nicht bewußt werden. Das änstigte ihn ; er ging immer langsamer. "Du kommst zu spät," sagte sie, "es hat schon zehn geschlagen auf St. Marien."

Er ging aber darum nicht schneller. Endlich sagte er stamm- elnd[143] : "Elisabeth, du wirst mich nun in zwei Jahren gar nicht sehen..., wirst du mich wohl noch ebenso liebhaben wie jetzt, wenn ich wieder da bin?"

Sie nickte und sah ihm freundlich ins Gesicht. - "Ich habe dich auch verteidigt," sagte sie nach einer Pause.

"Mich? Gegen wen hattest du das nötig?"

"Gegen meine Mutter. Wir sprachen gestern abend, als du weggegangen warst, noch lange über dich. Sie meinte, du seiest nicht mehr so gut, wie du gewesen."

Reinhard schwieg einen Augenblick ; dann aber nahm er ihre Hand in die seine, und indem er ihr ernst in ihre Kinderaugen blickte, sagte er : "Ich bin noch ebenso gut, wie ich gewesen bin ; glaube du das nur fest! Glaubst du es, Elisabeth?"

"Ja," sagte sie.

Er ließ ihre Hand los und ging rasch mit ihr durch die letzte Straße. Je näher ihm der Abschied kam, desto freudiger ward sein Gesicht ; er ging ihr fast zu schnell.

(S.28)"Was hast du, Reinhard?" fragte sie.

"Ich habe ein Geheimnis, ein schönes!" sagte er und sah sie mit leuchtenden Augen an. "Wenn ich nach zwei Jahren wieder da bin, dann sollst du es erfahren."

Mittlerweile hatten sie den Postwagen erreicht ; es war noch eben Zeit genug. Noch einmal nahm Reinhard ihre Hand. "Leb wohl!" sagte er, "leb wohl, Elisabeth. Vergiß mein Wort nicht."

Sie schüttelte mit dem Kopf. "Leb wohl!" sagte sie. Reinhard stieg in den Postwagen hinein, und die Pferde zogen an.

Als der Wagen um die Straßenecke rollte, sah er noch einmal ihre liebe Gestalt,

---

143) stammeln(i)말을 더듬다, 중얼거리다.

wie sie langsam den Weg zurückging.

Ein Brief

Fast zwei Jahre nachher saß Reihard vor seiner Lampe zwischen Büchern und Papieren in Erwartung eines Freundes, mit welchem er gemeinschaftliche Studien übte. Jemand kam die Treppe herauf. "Herein!" - Es war die Wirtin. "Ein Brief für Sie, Herr Werner!" Dann entfernte sie sich wieder.

Reinhard hatte seit seinem Besuch in der Heimat nicht an Elisabeth geschrieben und von ihr keinen Brief mehr erhalten. Auch dieser Brief war nicht von ihr ; es war die Hand seiner Mutter. Reinhard brach und las, und bald las er folgendes :

"Mein liebes Kind! in deinem Alter hat Jeder noch fast jedes Jahr sein eigenes Gesicht ; denn die Jugend läßt sich nicht ärmer machen. Hier ist auch manches anders geworden, was dir wohl erstan wehtun wird, wenn ich dich sonst recht verstanden habe. Erich hat sich gestern endlich das Jawort der Heirat von Elisabeth geholt, nachdem er in dem letzten Vierteljahr zweimal vergebens angefragt hatte. Sie hat sich immer nicht dazu entschließen können ; nun hat sie das Jawort endlich doch getan ; sie ist auch noch gar so jung. Die Hochzeit soll bald sein, und die Mutter wird dann mit ihnen fortgehen."

Immensee

Wiederum waren Jahre vorüber. - Auf einem abwärtsführenden schattigen Waldwege wanderte an einem warmen Frühlings- nachmittag ein junger Mann mit kräftigem, gebräuntem[144] Antlitz. Mit seinen ernsten grauen Augen sah er gespannt in die Ferne, als erwarte er endlich eine Veränderung des einförmigen Weges, die jedoch immer nicht eintreten wollte. (S.29)Endlich kam ein Karrenfuhrwerk langsam von unten herauf. "Holla! guter Freund," rief der Wanderer dem nebengehenden Bauer zu, "geht es hier recht nach Immensee?"

---

144) bräunen(t)갈색이 되게 하다, 햇볕에 그을리다.

"Immensee geradeaus," antwortete der Mann und rückte an seinem Rundhute.

"Hat es denn noch weit bis dahin?"

"Du bist dicht davor. Keine halbe Pfeife Tobak, so haben Sie den See ; das Herrenhaus[145] liegt hart daran."

Der Bauer fuhr mit der Karre vorüber ; der Wanderer ging eiliger unter den Bäumen entlang. Nach einer Viertelstunde hörte ihm zur Linken plötzlich der Schatten auf ; der Weg führte an einem Abhang, aus dem die Gipfel hundertjähriger Eichen nur kaum hervorragten. Über die Gipfel hinweg öffnete sich eine weite, sonnige Landschaft. Tief unten lag der See ruhig dunkelblau, fast ringsum von grünen sonnbeschienenen Wäldern umgeben ; nur an einer Stelle traten sie auseinander und gewährten eine tiefe Fernsicht, bis auch diese durch blaue Berge geschlossen wurde.

Quergegenüber, mitten in dem grünen Laub der Wälder, lag es wie Schnee ; das waren blühende Obstbäume, und daraus hervor auf dem hohen Ufer erhob sich das Herrenhaus, weiß mit roten Ziegeln. Ein Storch flog vom Schornstein auf und kreiste langsam über dem Wasser. - "Immensee!" rief der Wanderer. Es war fast, als hätte er jetzt das Ziel seiner Reise erreicht ; denn er stand unbeweglich und sah über die Gipfel der Bäume zu seinen Füßen hinüber ans andere Ufer, wo das Spiegelbild des Herrenhauses leise schaukelnd auf dem Wasser schwamm. Dann setzte er plötzlich seinen Weg fort.

Es ging jetzt fast steil den Berg hinab, so daß die unten stehenden Bäume wieder Schatten gewährten, zugleich aber die Aussicht auf den See verdeckten,[146] der nur zuweilen zwischen den Lücken der Zweige hindurchblitzte. Bald ging es wieder sanft empor, und nun verschwand rechts und links die Holzung ; statt dessen streckten sich dichtbelaubte Weinhügel am Wege entlang ; zu beiden Seiten des Weges standen blühende Obstbäume voll summender, wühlender Bienen.

---

145) Herrenhaus(n)저택. *hart=dicht.
146) verdecken(t)은폐(차단)하다.

Ein stattlicher[147] Mann in braunem Überrock kam dem Wanderer entgegen. Als er den Wanderer fast erreicht hatte, schwenkte er seine Mütze und rief mit heller Stimme : "Willkommen, willkommen, Bruder Reinhard! Willkommen auf gut Immensee!"

"Gott grüß dich, Erich, und Dank für dein Willkommen!" rief ihm der andere entgegen.

(S.30)Dann waren sie zueinander gekommen und reichten sich die Hände. "Bist du es denn aber auch?" sagte Erich, als er so nahe in das ernste Gesicht seines alten Schulkameraden sah.

"Freilich bin ich es, Erich, und du bist es auch ; nur siehst du noch fast heiterer aus, als du schon sonst immer getan hast."

Ein frohes Lächeln machte Erichs einfache Züge bei diesen Worten noch um vieles heiterer. "Ja, Bruder Reinhard," sagte er, diesem noch einmal seine Hand reichend, "ich habe aber auch seitdem das große Los gezogen,[148] du weißt es ja." Dann rieb er sich die Hände und rief vergnügend : "Das wird eine Über- raschung! Dich erwartet sie nicht, in alle Ewigkeit nicht!"

"Eine Überraschung?" fragte Reinhard. "Für wen denn?"

"Für Elisabeth."

"Elisabeth! Du hast ihr nicht von meinem Besuch gesagt?"

"Kein Wort, Bruder Reinhard ; sie denkt nicht an dich, die Mutter auch nicht. Ich habe dich ganz im geheim verschrieben, damit die Freude desto größer sei. Du weißt, ich hatte immer so meine stillen Plänchen."

Reinhard wurde nachdenklich ; der Atem schien ihm schwer zu werden, je näher sie dem Hofe kamen.

An der linken Seite des Weges hörten nun auch die Weingärten auf und machten einem weitläufigen Küchengarten Platz, der sich fast bis an das Ufer des

---

147) stattlich(a)훌륭한, 늠름한, 장려한.
148) ziehen das große Los:운이 참 좋다.

Sees hinabzog. Der Storch hatte sich mittlerweile niedergelassen und spazierte gravitätisch[149] zwischen den Gemüsebeeten umher. "Holla!" rief Erich, in die Hände klatschend, "stiehlt mir der hochbeinige Ägypter schon wieder meine kurzen Erbsenstangen!" Der Vogel erhob sich langsam und flog auf das Dach eines neuen Gebäudes, das am Ende des Küchengartens lag und dessen Mauern mit aufgebundenen Pfirsich- und Aprikosenbäumen überzweigt waren. "Das ist die Spritfabrik," sagte Erich ; "ich habe sie erst vor zwei Jahren angelegt. Die Wirtschaftsgebäude hat mein Vater selig neu aufsetzen lassen ; das Wohnhaus ist schon von meinem Großvater gebaut worden. So kommt man immer ein bißchen weiter."

Sie waren bei diesen Worten auf einen geräumigen Platz gekommen, der an den Seiten durch die ländlichen Wirtschaftsgebäude, im Hintergrunde durch das Herrenhaus begrenzt wurde, an dessen beide Flügel sich eine hohe Gartenmauer anschloß ; hinter dieser Gartenmauer sahen sie die Züge dunkler Taxuswände, und hin und wieder ließen Syringenbäume ihre blühenden Zweige in den Hofraum hinunterhängen.

Männer mit sonnen- und arbeitsheißen Gesichtern gingen über den Platz und grüßten die Freunde, während Erich dem einen und dem andern einen Auftrag oder eine Frage über ihr Tagewerk entgegenrief. - Dann hatten sie das Haus erreicht. Ein hoher, kühler Hausflur nahm sie auf, an dessen Ende sie links in einen etwas dunkleren Seitengang einbogen.

Hier öffnete Erich eine Tür, und sie traten in einen geräumigen Gartensaal, der durch das Laubgedränge, welches die gegenüberliegenden Fenster bedeckte, zu beiden Seiten mit grüner Dämmerung erfüllt war ; zwischen diesen Fenstern aber ließen zwei hohe, weit geöffnete Flügeltüren den vollen Glanz der Frühlingssonne hereinfallen und gewährten die Aussicht in einen Garten mit gezirkelten[150]

149) gravitätisch(a)엄숙한, 장중한.
150) zirkeln(t)원형으로 하다.

Blumenbeeten und hohen steilen Laubwänden. Der Garten war geteilt durch einen geraden breiten Gang, durch welchen man auf den See und weiter auf die gegenüberliegenden Wälder hinaussah. Als die Freunde hineintraten, trug die Zugluft[151] ihnen einen Strom von Duft entgegen.

Auf einer Terrasse vor der Gartentür saß eine weiße, mädchenhafte Frauengestalt. Sie stand auf und ging den Eintretenden entgegen ; aber auf halbem Wege blieb sie wie angewurzelt stehen und starrte den Fremden unbeweglich an. Der Fremde streckte ihr lächelnd die Hand entgegen. "Reinhard!" rief sie, "Reinhard! Mein Gott, du bist es! – Wir haben uns lange nicht gesehen."

"Lange nicht," sagte er und konnte nichts weiter sagen, denn als er ihre Stimme hörte, fühlte er einen feinen körperlichen Schmerz am Herzen. Und als er zu ihr aufblickte, stand sie vor ihm, dieselbe leichte zärtliche Gestalt, der er vor Jahren in seiner Vaterstadt Lebewohl gesagt hatte.

Erich war mit freudestrahlendem Antlitz an der Tür zurückgeblieben. "Nun, Elisabeth," sagte er, "gelt! hättest du nicht erwartet, Reinhard in alle Ewigkeit nicht!" – Elisabeth sah ihn mit schwesterlichen Augen an. "Du bist so gut, Erich!" sagte sie.

Erich nahm ihre schmale Hand liebkosend[152] in die seinen Hände. "Und nun wir ihn haben," sagte er, "nun lassen wir ihn so bald nicht wieder los. Er ist so lange draußen gewesen, wir wollen ihn wieder heimisch machen. Schau nur, wie fremd und vornehm er aussehen worden ist."

Ein scheuer Blick Elisabeths streifte Reinhards Antlitz. "Es ist nur die Zeit, die wir nicht beisammen waren," sagte er.

In diesem Augenblick kam die Mutter mit einem Schlüsselkörbchen am Arm zur Tür herein. "Herr Werner!" sagte sie, als sie Reinhard erblickte ; "ei, ein eben so lieber als unerwarteter Gast." – Und nun ging die Unterhaltung in Fragen und

151) Zugluft(f)기류, 샛바람.
152) liebkosen(t)애무(귀여워)하다.

Ant- worten ihren ebenen Tritt. Die Frauen setzten sich zu ihrer Arbeit, und während Reinhard die für ihn bereiteten Erfrischungen genoß, hatte Erich einen soliden Meerschaumkopf angebrannt und saß dampfend und diskurrierend an seiner Seite.

Am anderen Tage mußte Reinhard mit ihm hinaus ; auf die Äcker, in die Weinberge, in den Hopfengarten,[153] in die Spritfabrik. Es war alles wohlbestellt : Die Leute, welche auf dem Felde und bei den Kesseln arbeiteten, hatten alle ein gesundes und zufriedenes Aussehen. Zu Mittag kam die Familie im Gartensaal zusammen, und der Tag wurde dann, je nach der Muße der Wirte, mehr oder minder gemeinschaftlich verlebt.

Nur die Stunden vor dem Abendessen, wie die Stunden des Vormittags, blieb Reinhard arbeitend auf seinem Zimmer. Er hatte seit Jahren, wo er deren habhaft werden konnte, die im Volke lebenden Reime und Lieder gesammelt und ging nun daran, seinen Schatz zu ordnen und womöglich mit neuen Aufzeichnungen aus der Umgebung zu vermehren.

Elisabeth war zu allen Zeiten sanft und freundlich ; Erichs immer gleichbleibende Aufmerksamkeit nahm sie mit einer fast demütigen Dankbarkeit auf, und Reinhard dachte mitunter, das heitere Kind von ehedem[154] habe wohl eine weniger stille Frau versprochen.

Seit dem zweiten Tage seines Hierseins pflegte er abends einen Spaziergang an dem Ufer des Sees zu machen. Der Weg führte hart unter dem Garten vorbei. Am Ende des Weges, auf einer vorspringenden Bastei, stand eine Bank unter hohen Birken ; die Mutter hatte sie die Abendbank getauft, weil die Bank gegen Abend lag und des Sonnenuntergangs halber um diese Zeit am meisten benutzt wurde. – Von einem Spaziergang auf diesem Wege kehrte Reinhard eines Abends zurück, als er vom Regen überrascht wurde.

---

153) Hopfen(m)(맥주제조용)홉.
154) ehedem(ad)옛날에, 예전에.

Er suchte Schutz unter einer am Wasser stehenden Linde ; aber die schweren Tropfen schlugen bald durch die Blätter. Durchnäßt, wie er war, ergab er sich in den Schutz und setzte langsam seinen Rückweg fort. Es war fast dunkel ; der Regen fiel immer dichter. Als er sich der Abendbank näherte, glaubte er zwischen den schimmernden Birkenstämmen eine weiße Frauengestalt zu unterscheiden.

Sie stand unbeweglich, und er meinte beim Näherkommen zu erkennen, zu ihm hingewandt, als wenn sie jemanden erwarte. Er glaubte, es sei Elisabeth. Als er aber rascher zuschritt, um sie zu erreichen und dann mit ihr zusammen durch den Garten ins Haus zurückzukehren, wandte sich die Frau langsam ab und verschwand in die dunklen Seitengänge.

Er konnte das nicht reimen[155] ; er war aber fast zornig auf Elisabeth, und dennoch zweifelte er, ob sie es gewesen sei ; aber er scheute sich, sie danach zu fragen ; ja, er ging bei seiner Rückkehr nicht in den Gartensaal, nur um Elisabeth nicht etwa durch die Gartentür hereintreten zu sehen.

Meine Mutter Hat es gewollt

(S.33)Einige Tage nachher, es ging schon gegen Abend, saß die Familie, wie gewöhnlich um diese zeit, im Gartensaal zusammen. Die Türen standen offen, die Sonne war schon hinter die Wäldern jenseits des Sees.

Reinhard wurde um die Mitteilung einiger Volkslieder gebeten, welche er am Nachmittag von einem Freunde geschickt bekommen hatte. Er ging auf sein Zimmer und kam gleich auf den Gartensaal mit einer Papierrolle zurück, welche aus einzelnen sauber geschriebenen Blättern zu bestehen schien.

Sie setzten sich an den Tisch, Elisabeth an Reinhards Seite. "Wir lesen auf gut Glück," sagte er, "ich habe die Papierrolle selber noch nicht durchgesehen."

Elisabeth rollte das Manuskript auf. "Hier sind Noten," sagte sie, "das mußt du singen, Reinhard."

---

155) reimen(t)(운, 가락)맞추다, 일치(조화)시키다.

Und Reinhard las nun zuerst einige Tiroler Schnaderhüpferl, indem er beim Lesen je zuweilen die lustige Melodie mit halber Stimme anklingen ließ. Eine allgemeine Heiterkeit bemächtigte[156] sich der kleinen Gesellschaft. "Wer hat doch aber die schönen Lieder gemacht?" fragte Elisabeth.

"Ei," sagte Erich, "das hört man den Dingern schon an ; Schneidergesellen und Friseure und derlei luftiges Gesindel."

Reinhard sagte : "Sie werden gar nicht gemacht ; sie wachsen, sie fallen aus der Luft, sie fliegen über Land wie Mariengarn hierhin und dorthin, und werden an tausend Stellen zugleich gesungen. Unser eigenstes Tun und Leiden finden wir in diesen Liedern ; es ist als ob wir alle an ihnen mitgeholfen hätten."

Er nahm ein anderes Blatt : "Ich stand auf hohen Bergen..."

"Das kenne ich!" rief Elisabeth. "Stimme nur an,[157] Reinhard, ich will dir helfen." Und nun sangen sie jene Melodie, die so rätselhaft ist, daß sie nicht glauben können, sie sei von Menschen erdacht worden ; Elisabeth mit ihrer etwas verdeckten Altstimme dem Tenor sekundierend.

Die Mutter saß inzwischen emsig an ihrer Näherei. Erich hatte die Hände ineinandergelegt und hörte andächtig zu. Als das Lied zu Ende war, legte Reinhard das Blatt schweigend beiseite. - (S.34)Vom Ufer des Sees herauf kam durch die Abendstille das Geläute der Herdenglocken ; sie horchten unwillkürlich ; da hörten sie eine klare Knabenstimme singen :

Ich stand auf hohen Bergen
Und sah ins tiefe Tal...

Reinhard lächelte : "Hört ihr das Singen wohl? So geht es von Mund zu Mund."

"Es wird oft in dieser Gegend gesungen," sagte Elisabeth.

---

156) bemächtigen sich eines Dinges:~을 점령하다, 사로잡다.
157) anstimmen(t)조율하다, (노래를)부르다.

"Ja," sagte Erich, "es ist der Hirtenkaspar ; er treibt die starken Herden[158] heim."

Sie horchten noch eine Weile, bis das Geläute oben hinter den Wirtschaftsgebäuden verschwunden war. "Das sind Urtöne," sagte Reinhard ; "die Töne schlafen in Waldesgründen[159] ; Gott weiß, wer sie gefunden hat."

Er zog ein neues Blatt heraus.

Es war schon dunkler geworden ; ein roter Abendschein lag auf den Wäldern wie Schaum jenseits des Sees. Reinhard rollte das Blatt auf, Elisabeth legte an der einen Seite ihre Hand darauf und sah mit hinein. Dann las Reinhard :

Meine Mutter hat es gewollt,
Den anderen ich nehmen sollt ;
Was ich zuvor besessen,
Mein Herz sollt es vergessen ;
Das hat es nicht gewollt.

Meine Mutter klag ich an,
Sie hat nicht wohlgetan ;
Was sonst in Ehren stünde,
Nun ist es worden Sünde.
Was fang ich an!

Für all mein Stolz und Freud
Gewonnen hab ich Leid.
Ach, wär das nicht geschehen,
Ach, könnt ich betteln gehen

158) Herde(f)가축들(무리), 집단.
159) Grund(m)골짜기, (숲)속

Über die braune Heid!

(S.35)Während des Lesens in diesen Wörtern hatte Reinhard ein unmerkliches Zittern des Papiers empfunden ; als er zu Ende des Lesens war, schob Elisabeth leise ihren Stuhl zurück und ging schweigend in den Garten hinab. Ein Blick der Mutter folgte ihr. Erich wollte nachgehen ; doch die Mutter sagte : "Elisabeth hat draußen zu tun." So unterblieb[160] es.

Draußen aber legte sich der Abend mehr und mehr über Garten und See, die Nachtschmetterlinge schossen[161] surrend an den offenen Türen vorüber, durch welche der Duft der Blumen und Gesträuche immer stärker hereindrang ; vom Wasser herauf kam das Geschrei der Frösche, unter den Fenstern schlug eine Nachtigall, tiefer im Garten eine andere ; der Mond sah über die Bäume. Reinhard blickte noch eine Weile auf die Stelle, wo Elisabeths feine Gestalt zwischen den Laubgängen verschwunden war ; dann rollte er sein Manuskript zusammen, grüßte die Anwesenden und ging durchs Haus an das Wasser hinab.

Die Wälder standen schweigend und warfen ihr Dunkel weit auf den See hinaus, während die Mitte des Sees in schwüler Mondesdämmerung lag. Mitunter schauerte ein leises Säuseln durch die Bäume ; aber es war kein Wind, es war nur das Atmen der Sommernacht.

Reinhard ging immer am Ufer entlang. Einen Steinwurf vom Lande konnte er eine weiße Wasserlilie erkennen. Auf einmal wandelte ihn die Lust an, sie in der Nähe zu sehen ; er warf seine Kleider ab und stieg ins Wasser. Es war flach, scharfe Pflanzen und Steine schnitten ihn an den Füßen, und er kam immer nicht in die zum Schwimmen nötige Tiefe.

Dann war es plötzlich unter ihm der Grund weg, die Wasser quirlten über ihm zusammen, und es dauerte eine Zeitlang, ehe er wieder auf die Oberfläche kam.

---

160) unterbleiben(i)중지되다.

161) schiessen(i)질주(돌진)하다, 바쁘게 움직이다.

Nun regte er Hand und Fuß und schwamm im Kreis umher, bis er sich bewußt geworden, von wo er hineingegangen war. Bald sah er auch die Lilie wieder ; sie lag einsam zwischen den großen blanken Blättern. - Er schwamm langsam hinaus und hob mitunter die Arme aus dem Wasser, daß die herabrieselnden[162] Tropfen im Mondlicht blitzten ; aber es war, als ob die Entfernung zwischen ihm und der Blume dieselbe zwischen ihm und dem Ufer bliebe ; nur das Ufer lag hinter ihm in immer ungewisserem Dufte, wenn er sich umblickte.

Er gab indes sein Unternehmen nicht auf, sondern schwamm rüstig in derselben Richtung fort. Endlich war er der Blume so nahe gekommen, daß er die silbernen Blätter deutlich im Mondlicht unterscheiden konnte ; zugleich aber fühlte er sich wie in einem Netze verstrickt ; die glatten Stengel langten vom Grund herauf und rankten sich an seine nakten Glieder.

Das mit der Tiefe unbekannte Wasser lag so schwarz um ihn her, hinter sich hörte er das Springen eines Fisches ;(S.36)es wurde ihm plötzlich so unheimlich in dem fremden Elemente,[163] daß er mit Gewalt das Gestrick der Pflanzen zerriß und in atemloser Hast dem Ufer zuschwamm. Als er vom Ufer auf den See zurückblickte, lag die Lilie wie zuvor fern und einsam über der dunklen Tiefe. - Er kleidete sich an und ging langsam nach Hause zurück. Als er aus dem Garten in den Saal trat, fand er Erich und die Mutter in den Vorbereitungen einer kleinen Geschäftsreise, welche am anderen Tage vor sich gehen sollte.

"Wo sind Sie denn so spät in der Nacht gewesen?" rief ihm die Mutter entgegen.

"Ich?" erwiderte er ; "ich wollte die Wasserlilie besuchen ; es ist aber nichts daraus geworden."

"Das Wort versteht wieder einmal kein Mensch!" sagte Erich. "Was tausend hattest du denn mit der Wasserlilie zu tun?"

---

162) rieseln(i)졸졸 흐르다, 보슬보슬 내리다.
163) Element(n)자연.

"Ich habe sie früher einmal gekannt," sagte Reinhard ; "es ist aber schon lange her."

Elisabeth

Am folgenden Nachmittag wanderten Reinhard und Elisabeth jenseits des Sees, bald durch die Holzung, bald auf dem hohen vorspringenden Uferrande. Elisabeth hatte von Erich den Auftrag erhalten, während seiner und der Mutter Abwesenheit Reinhard mit den schönsten Aussichten der nächsten Umgegend, namentlich[164)] auf den Hof selber von der anderen Uferseite, bekannt zu machen.

Nun gingen sie von einem Punkt zum anderen. Endlich wurde Elisabeth müde und setzte sich in den Schatten überhängender Zweige, Reinhard stand ihr gegenüber an einen Baumstamm gelehnt ; da hörte er tiefer im Walde den Kuckkuck rufen, und es kam ihm plötzlich, dies alles sei schon einmal ebenso gewesen.

Er sah sie seltsam lächelnd an. "Wollen wir Erdbeeren suchen?" fragte er.

"Es ist keine Erdbeerenzeit," sagte sie.

"Sie wird aber bald kommen."

Elisabeth schüttelte schweigend den Kopf ; dann stand sie auf, und beide setzten ihre Wanderung fort ; und als sie so an seiner Seite ging, wandte sein Blick sich immer wieder nach ihr hin ; denn sie ging schön, als wenn sie von ihren Kleidern getragen würde. Er blieb oft unwillkürlich einen Schritt zurück, um sie ganz und voll ins Auge fassen zu können. (S.37)So kamen sie an einen freien, heidebewachsenen Platz mit einer weit ins Land reichenden Aussicht. Reinhard bückte sich und pflückte etwas von den am Boden wachsenden Kräutern. Als er wieder aufsah, trug sein Gesicht den Ausdruck leidenschaflichen Schmerzes. "Kennst du diese Blume?" sagte er.

Sie sah ihn fragend an. "Es ist eine Erika. Ich habe sie oft im Walde gepflückt."

---

164) namentlich(ad)특히.

"Ich habe zu Hause ein altes Buch," sagte er, "ich pflegte sonst allerlei Lieder und Reime hineinzuschreiben ; es ist aber lange nicht mehr geschehen. Zwischen den Blättern liegt auch eine Erika ; aber es ist nur eine verwelkte. Weißt du, wer sie mir gegeben hat?"

Sie nickte stumm ; aber sie schlug die Augen nieder und sah nur auf das Kraut, das er in der Hand hielt. So standen sie lange. Als sie die Augen gegen ihn aufschlug, sah er, daß ihre Augen voll Tränen waren.

"Elisabeth," sagte er, "hinter jenen blauen Bergen liegt unsere Jugend. Wo ist sie geblieben?"

Sie sprachen nichts mehr ; sie gingen stumm nebeneinander zum See hinab. Die Luft war schwül, im Westen stieg schwarzes Gewölk auf.

"Es wird Gewitter," sagte Elisabeth, indem sie ihren Schritt beeilte. Reinhard nickte schweigend, und beide gingen rasch am Ufer entlang, bis sie ihren Kahn erreicht hatten.

Während der Überfahrt des Sees ließ Elisabeth ihre Hand auf dem Rande des Kahnes ruhen. Er blickte beim Rudern zu ihr hinüber ; sie aber sah an ihm vorbei in die Ferne. So glitt sein Blick herunter und blieb auf ihrer Hand ; und diese blasse Hand verriet[165] ihm, was ihr Antlitz ihm verschwiegen hatte. Er sah auf ihr jenen feinen Zug geheimen Schmerzes, der sich so gern schöner Frauenhände bemächtigt, die nachts auf krankem Herzen liegen. – Als Elisabeth sein Auge auf ihrer Hand ruhen fühlte, ließ sie ihre Hand langsam über Bord ins Wasser gleiten.

Auf dem Hofe angekommen, trafen sie einen Scherenschleiferkarren[166] vor dem Herrenhause ; ein Mann mit schwarzen niederhängenden Locken trat emsig das Rad und summte eine Zigeunermelodie zwischen den Zähnen, während ein eingeschirrter Hund schnaufend danebenlag. Auf dem Hausflur stand in Lumpen gehüllt ein Mädchen mit verstörten schönen Zügen und streckte bettelnd die Hand

---

165) verraten(t)나타내다.
166) Scherenschleifer(m)가위 가는 사람.

gegen Elisabeth aus.

(S.38)Reinhard griff in seine Tasche ; aber Elisabeth kam ihm zuvor und schüttete hastig den ganzen Inhalt ihrer Börse in die offene Hand der Bettlerin. Dann wandte sie sich eilig ab, und Reinhard hörte, wie sie schluchzend die Treppe hinaufstieg.

Er wollte sie aufhalten, aber er besann sich und blieb an der Treppe zurück. Das Mädchen stand noch immer auf dem Flur, unbeweglich, das empfangene Almosen in der Hand. "Was willst du noch?" fragte Reinhard.

Sie fuhr zusammen. "Ich will nichts mehr," sagte sie ; dann, den Kopf nach ihm zurückwendend, ihn anstarrend mit den verirrten Augen, ging sie langsam gegen die Tür. Er rief einen Namen aus, aber sie hörte es nicht mehr ; mit gesenktem Haupte, mit über der Brust gekreuzten Armen schritt sie über den Hof hinab.

Sterben, ach sterben
soll ich allein!

Ein altes Lied brauste ihm ins Ohr, der Atem stand ihm still ; es war eine kurze Weile, dann wandte er sich ab und ging auf sein Zimmer.

Er setzte sich hin, um zu arbeiten, aber er hatte keine Gedanken. Nachdem er es eine Stunde lang vergebens versucht hatte, ging er ins Familienzimmer hinab. Es war niemand da, nur kühle grüne Dämmerung ; auf Elisabeths Nähtisch[167] lag ein rotes Band, das sie am Nachmittag um den Hals getragen hatte.

Er nahm das rote Band in die Hand, aber es tat ihm weh, und er legte es wieder hin. Er hatte keine Ruhe, er ging an den See hinab und band den Kahn los ; er ruderte hinüber und ging noch einmal alle Wege, die er kurz vorher mit Elisabeth zusammen gegangen war. Als er wieder nach Hause kam, war es dunkel ; auf dem Hofe begegnete ihm der Kutscher, der die Wagenpferde ins Gras bringen

167) Nähtisch(m)재봉틀.

wollte ; die Reisenden waren eben zurückgekehrt. Bei seinem Eintritt in den Hausflur hörte er Erich im Gartensaal auf- und abschreiten.

Er ging nicht zu Erich hinein ; er stand einen Augenblick still und stieg dann leise die Treppe hinauf nach seinem Zimmer. Hier setzte er sich in den Lehnstuhl ans Fenster ; er saß vor sich selbst, als wolle er den Schlag der Nachtigall hören, die unten in den Taxuswänden schlug ; aber er hörte nur den Schlag seines eigenen Herzens.

Unter ihm im Hause ging alles zur Ruhe, die Nacht verrann,[168] er fühlte es nicht. - So saß er stundenlang. Endlich satand er auf und legte sich ans offene Fenster. Der Nachttau rieselte zwischen den Blättern, die Nachtigall hatte aufgehört zu schlagen. Allmählich wurde auch das tiefe Blau des Nachthimmels von Osten her durch einen blaßgelben Schimmer[169] verdrängt ; ein frischer Wind erhob sich und streifte Reinhards heiße Stirn ; die erste Lerche stieg jauchend in die Luft.

Reinhard kehrte sich plötzlich um und trat an den Tisch ; er tappte nach einem Bleistift, und als er diesen gefunden, setzte er sich und schrieb damit einige Zeilen auf einen weißen Bogen Papier. Nachdem er hiemit fertig war, nahm er Hut und Stock, und das Papier zurücklassend, öffnete er behutsam die Tür und stieg in den Flur hinab. - Die Morgendämmerung ruhte noch in allen Winkeln ; die große Hauskatze dehnte sich auf der Stroh- matte und sträubte den Rücken gegen seine Hand, die er der Hauskatze gedankenlos entgegenhielt.

Draußen im Garten aber priesterten schon die Sperlinge von den Zweigen und sagten es allen, daß die Nacht vorbei sei. Da horte er oben im Hause eine Tür öffnen ; Jemand kam die Treppe herunter, und als er aufsah, stand Elisabeth vor ihm. Sie legte die Hand auf seinen Arm, sie bewegte die Lippen, aber er hörte keine Worte. "Du kommst nicht wieder," sagte sie endlich. "Ich weiß es, lüge nicht ; du kommst nie wieder."

---

168) verrinnen(i)흐르다, (시간)지나가다.
169) Schimmer=Dämmerung.

"Nie," sagte er. Sie ließ die Hand sinken und sagte nichts mehr. Er ging über den Flur der Tür zu ; dann wandte er sich noch einmal. Sie stand bewegungslos an derselben Stelle und sah ihn mit toten Augen an. Er tat einen Schritt vorwärts und streckte die Arme nach ihr aus. Dann kehrte er sich gewaltsam ab und ging zur Tür hinaus. - Draußen lag die Welt im frischen Morgenlicht, die Tauperlen, die in den Spinnweben hingen, blitzten in den ersten Sonnenstrahlen. Er sah nicht rückwärts ; er wanderte rasch hinaus ; und mehr und mehr versank hinter ihm das stille Gehöft,[170] und vor ihm stieg die große Welt auf....

Der Alte

Der Mond schien nicht mehr in Fensterscheiben, es war dunkel geworden ; der Alte aber saß noch immer mit gefalteten Händen in seinen Lehnstuhl und blickte vor sich hin in den Raum des Zimmers. Allmählich verzog sich die schwarze Dämmerung um ihn her vor seinen Augen zu einem breiten dunklen See ; ein schwarzes Gewässer legte sich hinter das andere, immer tiefer und ferner. Und auf dem letzten, so fern, daß die Augen des Alten sie kaum erreichten, schwamm einsam zwischen breiten Blättern eine weiße Wasselilie.

(S.40)Die Stubentür ging auf, und ein heller Lichtstrahl fiel ins Zimmer.

"Es ist gut, daß Sie kommen, Brigitte," sagte der Alte. "Stellen Sie das Licht nur auf den Tisch."

Dann rückte er auch den Stuhl zum Tische, nahm eines der aufgeschlagenen Bücher und vertiefte[171] sich in Studien, an denen er einst die Kraft seiner Jugend geübt hatte.

---

170) Gehöft(n)농장.

171) vertiefen sich in et(4격):~에 몰두하다.

著者 金保會

충남 공주에서 출생.
현재 공주대학교 인문사회과학대학 독어독문학과 교수(문학박사)로 재직.
논문으로는 『"판결"에 나타난 대립적 관계에서의 파멸』, 『카프카와 프라하의 독일문학』, 『소외로서의 카프카문학』, 『카프카 작품에 나타난 동물을 통한 내면세계의 형상화』, 소외된 실존으로서의 『사냥꾼 그라쿠스』 외 다수가 있고,
번역서로는 토마스 만의 『토니오 크레거』, 마르티니의 『계몽주의와 질풍노도』,아이헨도르프의 『어느 건달의 삶』 외 다수가 있으며,
저서로는 『Lesetexte für Studenten』, 『Deutsche Sprache für Studenten』, 『Deutsche Erzählungen』, 『Die Erzählungsanalyse von Franz Kafka』, 『獨逸文學史 槪要 I』 외 다수가 있다.

Realismus und Immensee
사실주의와 임멘호

인　쇄 | 2014년 3월 10일
발　행 | 2014년 3월 11일

저　자 | 金 保 會
발행인 | 朴 相 奎
발행처 | 도서출판 보성

주　소 | 대전광역시 동구 삼성2동 318-31
전　화 | (042) 673-1511
팩　스 | (042) 635-1511
E-mail | bspco@hanmail.net
등록번호 | 61호
ISBN　978-89-6236-114-8 93850

값 15,000원